내가 죽어야 성령이 산다

내가 죽어야 성령이 산다

저자 앤드류 머레이
역자 임종원

초판 1쇄 발행 2017. 7. 5.
개정증보판 1쇄 발행 2023. 4. 10.
개정증보판 5쇄 발행 2025. 2. 13.

발행처 도서출판 브니엘
발행인 권혁선

책임교정 조은경
책임영업 기태운
책임편집 브니엘 디자인실

등록번호 서울 제2006-50호
등록일자 2006. 9. 11.

서울특별시 송파구 백제고분로28길 25 B101호 (05590)
마케팅부 02)421-3436
편 집 부 02)421-3487
팩시밀리 02)421-3438

ISBN 979-11-90308-97-7 03230

독자의견 02)421-3487
이 메 일 editorkhs@empal.com

북카페 주소 cafe.naver.com/penielpub.cafe
인스타그램 @peniel_books

도서출판 브니엘은 독자들의 원고를 설레는 마음으로 기다리고 있습니다.
위의 이메일로 간단한 기획 내용 및 원고, 연락처 등을 보내주십시오.

도서출판 브니엘은 갓구운 빵처럼 항상 신선한 책만을 고집합니다.

내가 죽어야
성령이 산다

오롯이 예수님과 동행하며 성령으로 충만한 삶을 살기

앤드류 머레이 지음 | 임종원 옮김

브니엘

그리스도의 교회에는 언제나 두 부류의 그리스도인이 존재한다. 첫째는 오랫동안 예수님을 믿고 살아왔지만 여전히 어린아이와 같은 신앙에 머무르고 있는 성도들이다. 둘째는 성령님의 인도하심, 즉 성령님의 온전하신 지배에 자기를 내맡김으로써 영적으로 살아가고 있는 성도들이다. 우리는 이 두 부류 가운데 어디에 속할지를 결정해야 한다. 하나님의 깊은 은혜로 나아가 겸손하게 영에 속한 삶을 살아갈 것인가, 아니면 계속해서 육신에 속한 삶을 살아갈 것인가?

이 둘 가운데 어느 쪽으로 나아가느냐를 결정하는 가장 중요한 요소는 바로 자아와 성령이다. 그리고 그리스도를 주인으로 모시고 하나님이 전부가 되게 하는 것이다. 이 책에서 앤드류 머레이는 내가 죽어야 성령이 산다고 되풀이하여 역설한다.

이처럼 우리가 영에 속한 삶을 살아가기 위한 첫 번째 비결은 먼저 내 안에 자리 잡고 있는 자아를 죽이느냐 살리느냐에 달려 있다는 것이다. 예수님은 제자들에게 이렇게 말씀하셨다. "누구든지 나를 따라오려거든 자기를 부인하고 자기 십자가를 지고 나를 따를 것이니라"(마 16:24, 막 8:34, 눅 9:23). 우리는 나 자신을 부인하고 예수님을 나의 생명으로 받아들여야 한다. 자기중심적인 삶과 그리스도 중심적인 삶, 이 두 가지 가운데 반드시 하나를 선택해야 한다. 그런데 왜 우리는 오랫동안 자아와 싸워왔지만 아직도 이 자아를 제대로 다스리지 못하는 것일까? 왜 그토록 많은 그리스도인이 하나님의 자녀로서의 모습과 특권과 영광으로 사는 대신 고통스러운 속박의 삶을 사느라 인생을 낭비하고 있는가? 무언가 잘못되었음을 깨닫고 이에 맞서 싸우지만 왜 그것을 극복해내지 못하는 것일까? 기도하고 엎드리기를 골백번도 더 하는데 왜 여전히 혼란스럽고 복잡한 삶을 마지못해 사는 것일까?

이 모든 질문에 단 하나의 답이 있다. '자기'가 모든 문제의 근원이다. 우리가 인류 최초의 조상으로부터 물려받은 자기는 저주받은 자기이다. 이 세상에 황폐와 파괴를 가져오는 것도 바로 그 자기이다. 그리스도께서 우리를 위해 행하신 일을 완전히 이해하고 온전한 구원의 참여자가 되길 원한다면 우리는 이 저주받은 자기를 알고 미워하며 철저히 내버려야 한다. 죽기까지 자신을 겸허히 낮추어야 한다. 이 겸손은 자아를 포기하는 것을 의미하며, 하나님 앞에서 완전히 아무것도 아닌 존재의 자리로 나아가는 것을 의미한다. 예수님은 자신을 겸손히 낮추셨으며 죽기까지 순종하셨다. 예수님은 죽기까지 순종함으로써 하나님의 영광이 되셨고, 우리를 죽음에서 구원하셨다. 그리고 우리 안에 성령님이 내주하시게 하셨다.

두 번째 비결은 그리스도를 주인으로 모셔 들이는 것이다. 그리스도께서는 모든 영혼의 생명이 되길 원하신다. 그분은 우리에게도 자신을 따르도록 가르치시며, 우리가 그분께 고정된 마음과 삶을 갖도록 함으로써 항상 우리 영혼의 빛이 되고자 하신다. 그러면 우리는 이렇게 말할 수 있다. "내가 사는 것이 아니요 오직 내 안에 그리스도께서 사시는 것이라." 그 두 가지 진리는 항상 함께한다. 먼저 "내가 사는 것이 아니요." 그다음은 "내 안에 그리스도께서 사시는 것이라."

예수 그리스도께서는 우리에게 죄로부터 승리를 가져다주시고, 우리를 실제적인 죄로부터 지켜주실 수 있다. 성령이 선물로서 우리에게 권능으로 임하실 때 그분은 예수 그리스도의 은혜와 하나님의 사랑 안에서 우리의 모든 존재를 채우려고 오신다. 바로 이때 우리는 죄에 맞서 싸워 승리를 거두면서 육체의 욕망을 따르지 않을 힘이 생겨나게 된다. 그로 말미암아 충분히 자아를 이겨낼 원동력을 갖게 되는 것이다. 육신에 속한 사람들에게서는 성령의 모습이 거의 나타나지 않고 온통 육체가 점령하고 있다. 성령님이 그들의 모든 삶을 다스리지 않는 것이다. 반면에 영적인 사람들 안에는 육체의 일이 없고 성령님이 모든 지배권을 전적으로 소유하고 계신다.

우리가 자기중심적인 삶에서 벗어나는 단 한 가지 길이 있다. 바로 그리스도를 따르는 것이다. 우리의 마음을 그분께 고정시키고, 그분의 가르침을 들으며, 날마다 자기를 그분께 드려서 그분이 우리의 전부가 되게 해야 한다. 그러면 그리스도의 능력으로 자기를 부인하는 복된 축복이 지속될 것이다. 우리는 그리스도의 삶을 살도록 부름받았으며, 그리스도께서는 우리 안에서 그분의 삶을 사시기 위해 오셨다. 그러나 먼저 한 가지 조건이 충족되어야 한다. 그것은 우리가 먼저 자기를 부인하고 미워하는 것이다. 다른 어떤 것도 그렇게 할 수 없다. 오직 자기를 부인하고, 날마다 자기 십자가를 지고 예수님과 함께 죽는 것, 오직 그분만을 따르는 삶뿐이다.

세 번째 비결은 우리 삶에서 하나님이 전부가 되게 하는 것이다. 그러기 위해서는 먼저 우리가 나를 버리고 오직 하나님만 바라야 한다. 하나님이 나를 매 순간 소유하셔야 하며, 다른 어떤 것보다 나와 가장 가까이 계셔야 한다는 사실은 창조 안에서 가장 자연스러운 일이다. "나의 영혼아 잠잠히 하나님만 바라라." 이것이 바로 창조주의 영광이요, 그리스도께서 세상에 가지고 오신 바로 그 생명이요, 그분이 살았던 삶이며, 당신으로 하여금 하나님께 완전히 의존하기까지 끌어올리는 삶이다.

우리는 모든 기도와 예배와 삶의 자리에서 이렇게 잠잠히 하나님만 바라는 마음을 가져야 한다. "하나님을 더욱 원합니다! 하나님

을 더욱 원합니다! 하나님을 더욱 원합니다!" 이것이 우리 심령의 외침이 되어야 한다. 그와 동시에 우리의 영혼은 이 말씀을 꽉 붙잡고 있어야 한다. "나의 영혼아 잠잠히 하나님만 바라라. 무릇 나의 소망이 그로부터 나오는도다"(시 62:5). 하나님은 사랑이시며 그 자신을 우리에게 주기를 애타게 바라시기 때문이다.

네 번째 비결은 내 안에서 거하시는 성령님이 살아 있게 하느냐 떠나게 만드느냐에 달려 있다. 최초의 인간이 죄를 범하여서 모든 사람이 죄를 갖고 태어나고, 본질에서는 하나님과 원수가 되어 창조주와 교제할 수 없으며, 죽을 수밖에 없는 상태에 이르렀다. 그러나 하나님이 세상을 사랑하셔서 독생자 아들을 주셨고, 대속의 은혜로 믿는 자들에게 구원을 허락하셨다. 이것은 헤아릴 수 없는 가장 큰 축복이다. 그리고 이에 더하여 또 하나의 큰 축복을 주셨는데, 그것은 바로 우리에게 성령님과 함께하는 복을 주신 것이다.

"볼지어다. 내가 세상 끝날까지 너희와 항상 함께 있으리라." 예수님의 이 약속은 이루어졌다. 그리스도인은 성령님의 내주하심 가운데 살아간다. 내 안에 성령님이 계신다. 그런데도 우리는 여전히 자주 넘어지고, 믿음이 흔들리며, 어떤 때에는 하나님이 없는 것처럼 살아간다. 이유가 무엇일까? 우리의 주님이신 성령님의 내주하심이야말로 그리스도인이 영적으로 승리할 수 있는 진정한 비밀이다. 그러기 위해서는 우리가 내주하시는 성령님께 자신을 온전히 드려야 한다는 것이다.

이 책에서 탁월한 영성 신학자라 불리는 앤드류 머레이는 결론적으로 성령님께 자신을 온전히 드리기 위해서는 먼저 자기를 부인해야 한다고 강조한다. 오직 성령만을 바라고 잠잠히 기다려야 한다는 것이다. 그러면 우리는 성령 안에서 안식할 수 있다. 그리고 성령 안에서 기뻐할 수 있다. 평안함과 기쁨은 모든 사람이 바라는 가장 큰 행복이 아닐 수 없다. 이 책을 통해 모든 독자가 자기를 버리고, 즉 내주하시는 성령께 자기를 드리고 안식과 기쁨은 물론이요, 모든 일에서 믿음의 승리를 얻길 바란다.

또한 내주하시는 성령님은 우리의 기도를 도우시고 우리 힘의 근원이 되신다. 이 책을 읽고 우리가 기도를 더욱 잘 이해하여 기도를 통해 하나님과 교제하고, 바른 길을 갈 수 있도록 인도하시는 성령님을 항상 경험하게 되기를 소망한다. 그리고 예수 그리스도처럼 하나님께 순복하고, 참으로 하나님이 우리 한 사람 한 사람을 포함한 만유 안에 계시고, 만유의 주가 되시는 영광을 누리길 바란다.

옮긴이 임종원

"누구든지 나를 따라오려거든 자기를 부인하고
자기 십자가를 지고 나를 따를 것이니라" (마 16:24).

:
:

내가 죽어야
성령이 하신다

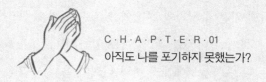

사도 바울은 고린도에 있는 성도들에게 문안하면서 두 가지 형태의 그리스도인에 관하여 말한다. 먼저 육신에 속한 성도들이다. "형제들아 내가 신령한 자들을 대함과 같이 너희에게 말할 수 없어서 육신에 속한 자 곧 그리스도 안에서 어린아이들을 대함과 같이 하노라"(고전 3:1). 바울은 여기서 이 편지를 받는 사람은 그리스도 안에 있는 그리스도인이라고 하지만, 영적이라기보다는 육적인 성도들이라고, 처음으로 '육신에 속한 자'를 말한다.

그리고 고린도전서 3장 2~3절에서 "내가 너희를 젖으로 먹이고 밥으로 아니하였노니 이는 너희가 감당하지 못하였음이거니와 지금도 못하리라. 너희는 아직도 육신에 속한 자로다"라고 두 번째로 '육신에 속한 자'를 말한다. 그리고 다음 말씀에서 두 번이나 '육신'이라는 단어를 사용한다. "너희 가운데 시기와 분쟁이 있으니 어찌 육신에 속하여 사람을 따라 행함이 아니리요. 어떤 이는 말하되 나는 바울에게라 하고 다른 이는 나는 아볼로에게라 하니 너희가 육의 사람이 아니리요"(고전 3:3-4).

바울은 성령이 주신 지혜로 고린도에 있는 그리스도인의 영적인 상태를 알고 그들에게 그것을 일깨워주고자 했다. 만약 육신에 속한 그리스도인에게 신령한 양식을 준다면 그것은 오히려 그들에게 선보다 해를 끼치는 것이다. 아직 그들은 그것을 감당할 영적 능력이 없기 때문이다. 그래서 서신 첫머리에 바울이 느끼는 그들의 상태를 말한 것이다.

고린도전서 1장과 2장에서 바울은 성령으로 행한 자신의 사역에 관해 말했다. 그리고 지금 그는 사람들에게 영적인 진리를 받아들일 수 있는 상태가 되어야 한다고 말한다. "형제들아 내가 신령한 자들을 대함과 같이 너희에게 말할 수 없어서 육신에 속한 자 곧 그리스도 안에서 어린아이들을 대함과 같이 하노라. 내가 너희를 젖으로 먹이고 밥으로 아니하였노니 이는 너희가 감당하지 못하였음이거니와 지금도 못하리라"(고전 3:1-2).

이 말씀은 그리스도의 교회에 두 부류의 그리스도인이 존재한다는 중대한 사실을 알려준다. 첫째, 수년간이나 예수님을 믿고 살지만 여전히 어린아이와 같은 신앙에 머무르고 있는 성도들이다. 둘째, 성령의 인도하심, 즉 성령의 온전하신 지배에 자기를 내맡김으로써 영적으로 사는 성도들이다. 우리가 축복을 받고자 한다면 먼저 이 두 부류 가운데 어디에 속할지를 결정해야 한다. 당신은 하나님의 은혜로 깊은 겸손함 속에서 영적인 삶을 사는가, 아니면 육신에 속한 삶을 사는가?

먼저 많은 그리스도인이 사는 육신에 속한 삶이 무엇을 의미하는지 알아보자. 우리는 고린도전서를 통해서 육신적 삶의 네 가지 특징을 찾아볼 수 있다.

첫 번째 육신적 삶의 특징은 유아기의 삶을 연속적으로 산다는 것이다. 예를 들어 말하지도 걷지도 못하는 생후 6개월 된 아기를 본다면 우리는 그 아기에게 문제가 있다고 하지 않는다. 그러나 1년 후에도 그 아기가 전혀 성장하지 않았고, 또한 3년 후에도 성장을 멈춘 채 그대로라고 생각해보라. 그러면 이렇게 말할 것이다. "뭔가 심각한 장애가 있음이 분명해." 그리고 6개월째에 많은 사람에게 기쁨을 주었던 그 아기는 이제 그 부모와 다른 사람들에게 걱정과 슬픔이 될 것이다. 아이가 자랄 수 없다니, 무언가 잘못된 것이다. 생후 6개월에는 우유를 먹어야 하겠지만, 세월이 흘러도 여전히 같은 유약한 상태로 남아 있다면 문제인 것이다.

이것은 지금 많은 그리스도인의 영적 상태와도 같다. 그들은 회심했다. 믿음과 확신한다는 것이 무엇을 의미하는지 알고 있다. 그들은 죄의 용서를 믿는다. 하나님을 위하여 살기로 했다. 그러나 아직도 진정으로 하늘나라에 속한 삶을 살아가는 영적인 진보는 거의 없다. 우리는 그들과 마주치면서 무언가가 결핍되었다는 사실을 느낀다. 그들 속에 거룩한 아름다움이든가, 성령의 능력이 없는 것이다. 이것이 육에 속한 고린도 교인들의 상태였다.

히브리서에도 비슷한 모습이 나온다. "때가 오래 되었으므로 너희가 마땅히 선생이 되었을 터인데 너희가 다시 하나님의 말씀의 초보에 대하여 누구에게서 가르침을 받아야 할 처지이니 단단한 음식은 못 먹고 젖이나 먹어야 할 자가 되었도다"(히 5:12). 예수님을 믿은 지 5년, 10년, 혹은 20년이 되었다는 성도들이 아직 거룩한 성장도, 영적 능력도, 구원의 기쁨도 나타나지 않는다면 슬프지 않겠는가?

어린아이의 특징은 무엇인가? 자기 앞가림을 못한다는 것이다. 어린아이는 항상 다른 사람에 의해 돌봄을 받아야 한다. 아이는 집에서 종종 무지막지한 폭군 같지 않은가? 엄마는 외출할 수 없고 언제나 아이 곁을 지켜야 한다. 지속해서 관심을 두어야 한다. 하나님은 다른 것들을 돌보라고 인간을 만드셨지만 아이는 보살핌을 받고 도움을 받을 수밖에 없다. 마찬가지로 항상 도움이 필요한 그리스도인들이 있다. 그들의 담당 목회자와 영적 리더는 언제나 그들을 가르치고 위로해야 한다. 그들은 교회의 성경공부나 기도 모임, 기타 부흥회 등에 참여하지만 늘 도움이 필요하다. 이것이 영적 어린아이라는 증거이다.

영적 유아의 또 다른 증거는 동료를 돕기 위해서 아무것도 하지 못한다는 사실이다. 모든 사람에게는 사회의 안녕을 위해 무언가 헌신할 것이 요구된다. 사람들에게는 각자가 가야 하는 장소와 해야 할 일이 있다. 그러나 아이는 사회를 위해 할 수 있는 일이 없다.

그리스도인도 마찬가지다. 공동체를 위해 그들이 할 수 있는 일이 얼마나 많은가! 그들은 일이라는 것을 하지만, 영적인 능력을 행하거나 진짜로 축복을 전달하는 경우는 드물다. 그러므로 우리는 자신에게 이렇게 물어보아야 한다. "나는 진정으로 영적 유아기에서 벗어났는가?" 어떤 사람들은 이렇게 대답할 것이다. "아니다. 믿음의 진보 대신에 퇴보가 있었고, 회심의 기쁨과 주님과의 첫사랑이 모두 다 퇴색되어 버렸다." 슬프다! 그들은 그리스도 안에서 아직도 육에 속한 어린아이들이다.

두 번째 육신적 삶의 특징은 지속해서 죄와 실패가 나타난다는 것이다. 바울은 말한다. "너희 가운데 시기와 분쟁이 있으니 어찌 육신에 속하여 사람을 따라 행함이 아니리요." 어떤 사람이 혈기를 부린다. 그는 직분자일 수도, 목회자일 수도, 혹은 주일학교 교사나 기도 모임에 열심히 참석하는 사람일 수도 있다. 하지만 자주 노함과 다툼과 질투를 보인다. 우리는 갈라디아서 5장 20절에서 특히 분쟁과 시기가 육체의 일이라는 가르침을 받았다. 그런데 마음을 같이 해야 할 그리스도인들 가운데서도 분리와 다툼이 있는 것을 우리는 얼마나 자주 보아왔던가! 하나님이 그들 가운데 자비를 베푸셔서 그의 백성들에게 결핍된, 사랑이신 성령의 열매를 맺게 해주시기를 간구한다.

당신은 묻는다. "왜 나는 20년간이나 내 자아와 싸워왔는데 아직도 그것을 다스리지 못하는 것일까?" 그것은 당신이 그 자아의 뿌리와 싸우지 않았기 때문이다. 당신이 육신에 속해 있어 하나님의 성령께 올바로 자신을 내주지 않았기 때문이다. 당신은 아마 한 번도 이 같은 가르침을 배우지 못했을지도 모른다. 그것에 관한 하나님의 말씀을 전혀 깨닫지 못했거나 믿지 않았기 때문이다.

그러나 성경은 말한다. 하나님의 진리는 변하지 않는다. 예수 그리스도께서는 우리에게 죄로부터 승리를 가져다주시고, 우리를 실제적인 죄로부터 지켜주실 수 있다. 이 말씀은 죄의 뿌리가 근절되어서 더는 죄에 관한 성향이 나타나지 않는다는 뜻이 아니다. 성령이 선물로서 그의 권능을 갖고 올 때는 하나님의 은혜 안에서 우리의 마음속을 채우려고 오신다. 그때 죄에 대항하여 승리하고 육체의 욕망을 따르지 않을 힘이 생긴다는 것이다.

우리는 육신에 속한 증거로 사랑 없음과 이기심과 미움뿐 아니라 다른 많은 죄를 볼 수 있다. 그리스도인의 생활에서 얼마나 많은 세속성과 야망과 명예욕이 육체적 삶의 증거로 발견되고 있는지 모른다. 육적인 상태는 지속적인 죄와 실패의 삶이라는 것을 기억하자. 성령님은 우리에게 개인적인 죄의 고백을 원하실 뿐 아니라 우리가 여전히 육신에 속해 건강하지 못한 삶을 살고 있다는 증거임을 깨닫게 하려고 오신다.

세 번째 육신적 삶의 특징은 은사와 은혜 사이에 차이점이 존재한다는 것이다. 성령의 은혜는 사람으로 하여금 자기로부터 자유롭게 한다. 성령의 은사는 사람으로 하여금 일할 수 있게 한다. 우리는 그 예를 고린도인들에게서 볼 수 있다. 고린도전서 1장에서 바울은 말한다. "항상 하나님께 감사하노니 이는 너희가 그 안에서 모든 일 곧 모든 언변과 모든 지식에 풍족하므로"(4-5절). 12장과 14장에서는 예언의 은사와 사역을 위한 기적들이 그들에게 커다란 능력으로 임했음을 보게 된다. 그러나 성령의 은혜는 현저하게 드러나지 않는다.

고린도교회에서뿐만 아니라 오늘날에도 이런 모습을 발견할 수 있다. 나는 복음의 사역자일지도 모른다. 나는 하나님의 말씀을 아름답게 가르칠 수 있을지도 모른다. 나는 영향력이 있으며, 많은 청중을 모을 수도 있을지 모른다. 그리고 나는 하나님께 쓰임받을 수 있고, 타인을 축복할 수 있을지도 모른다. 하지만 슬프게도 나는 육신에 속한 사람일 수도 있다.

당신은 무엇이든 그것의 가장 뚜렷한 특징에 따라 이름이 붙는다는 법칙을 알 것이다. 지금 육신에 속한 고린도 교인들에게서 성령의 모습은 거의 나타나지 않고 육체가 점령하고 있다. 성령이 그들의 모든 삶을 다스리지 않는 것이다. 반면에 영적인 사람들 안에는 육체의 일이 없고 성령이 그 지배권을 소유하셨다. 그러므로 누군가 그들을 만나서 대화를 나눈다면 하나님의 성령께서 그들을 성화시켰다는 사실을 느낄 수 있기에 그들을 육신에 속한 자로 부르지 않을 것이다.

아, 복 주시는 하나님은 우리를 속이지 않으시며, 그가 우리를 축복하시므로 우리가 영적인 사람이 되어야 한다는 사실을 깨달을 수 있도록 깨어 있자. 우리의 삶이 전적으로 성령의 권능 아래 있지 않더라도 하나님은 우리가 사용할 수 있도록 은사를 주실 수 있다.

네 번째 육신적 삶의 특징은 영적인 진리를 받을 수 있는 능력이 부족하다는 것이다. 이것은 사도 바울이 고린도 교인들에게 말했던 것과 같다. "너희가 그리스도를 믿은 지 오랜 시간이 지났으나 내가 신령한 자들을 대함과 같이 너희에게 말할 수 없어서 내가 너희를 젖으로 먹이고 밥으로 아니하였노니 이는 너희가 감당하지 못하였음이거니와 지금도 못하리라." 오늘날의 교회에서도 종종 심각한 잘못이 일어나고 있다는 사실이 염려스럽다. 대다수가 육신에 속한 수많은 군중이 모이고 있다는 것이다. 우리는 이런 사람들에게 영적인 가르침을 주고, 그들 역시 그것을 동경하고 이해하며 그런 사역에 참여한다. 그러나 그들의 삶은 실제적인 영향을 받지 못한다. 그들은 어떤 의미에서 그리스도를 위하여 일하지만, 사실 진정으로 성령으로 말미암은 성화가 일어나지 않는다. 우리는 그들을 영적인 사람이라고, 성령 충만하다고 감히 말하지 못한다. 이제 이 사실이 우리 자신에게도 해당한다는 것을 인정하자.

매우 열정적이며, 모든 가르침을 이해하고 있는 어떤 사람이 있다. 그는 분별력이 있으며, 그 분별력은 하나의 은사이다. 그는 "저 사람은 이쪽 방면에서 나에게 도움이 되고, 저 사람은 다른 분야에서, 또 다른 저 사람은 이런 쪽에 소질이 있어"라고 말할지 모른다. 그러나 항상 그 안에서 육신의 삶이 강하게 작용하고, 그가 친구나 믿음 있는 동료, 혹은 이 세상에 속한 사람들과의 관계에서 문제가 있을 때에는 육체의 본성이 그 끔찍한 열매를 맺고, 영의 양식은 그의 마음속에 들어갈 틈이 없어진다.

이것을 경계하라. 고린도 교인들의 경우를 눈여겨보고 그들을 통해 깨달으라. 바울은 그들을 향해 "너희는 내가 지금 말하려고 하는 진리를 감당하지 못하리라"고 말했다. 그들이 무지하거나 어리석은 사람들이었기 때문이다. 고린도 사람들은 자신의 지혜를 자랑하고, 다른 무엇보다 열렬히 추구했다. 이에 대해서 사도 바울은 이렇게 책망했다. "너희가 말이나 지혜와 지식에 풍성하므로 하나님께 감사하노라. 그러나 아직도 육신에 속하였도다. 너희의 삶이 거룩하지 않기 때문이다. 너희의 삶은 하나님의 어린 양의 삶에서 보이는 겸손으로 성화되지 않았다. 너희는 아직 진정한 영적 진리를 이해하지 못한다."

비단 고린도 교인뿐만 아니라 오늘날 모든 그리스도인을 통해서도 이런 육신에 속한 상태를 발견할 수 있다. 많은 그리스도인은 묻는다. "왜 교회가 그토록 무력할까요?" 이 질문은 아무리 강조해도 지나침이 없다. 하나님이 친히 우리 마음에 감동을 주셔서 이렇게 말할 수 있게 하시리라고 믿는다. "변화되어야만 합니다. 우리에게 자비를 베푸소서!" 그러나 안타깝도다! 그 기도와 그 변화는 믿는 자들 가운데 육신의 뿌리가 지배하고 있다는 사실을 우리가 깨닫기 전까지는 나타나지 않는다. 그들은 성령을 좇아 살기보다는 육체를 따라 산다. 그들은 아직 육신에 속한 그리스도인이다. 그러므로 우리는 "육적인 것에서 신령한 것으로"라는 구절을 깊이 생각해봐야 한다.

그렇다면 바울은 자신이 말한 신령한 그리스도인을 발견했을까? 당연히 그러하다. 갈라디아서 6장을 읽어보라. 그 교회는 분쟁과 분냄과 시기가 무르익은 교회였다. 그러나 사도 바울은 첫 번째 절에서 이렇게 말하고 있다. "형제들아 사람이 만일 무슨 범죄한 일이 드러나거든 신령한 너희는 온유한 심령으로 그러한 자를 바로잡고." 여기서 우리는 신령한 사람의 특징으로 죄지은 사람을 돕고 바로잡게 할 온유함과 사랑을 볼 수 있다. 육신에 속한 사람은 그런 일을 할 수 없다. 그러므로 우리가 살아야 할 진정한 영적인 삶이 있다면 이것을 물어봐야 한다. "신령한 사람이 되는 길이 열려 있는가? 그러면 나는 어떻게 그 길에 들어갈 수 있는가?"

이에 대해 나는 또다시 네 가지의 짧은 답변을 제시하고자 한다.

첫째는 우리가 이 땅 위에서 살아야 할 신령한 삶이 있다는 것이다. 불신앙만큼이나 그리스도인의 생명의 근원을 잘라버리는 것은 없다. 사람들은 하나님이 그의 자녀들에게 원하시는 것을 따르지 않는다. 그들은 하나님이 말씀하신 "성령으로 충만하라"는 말씀을 믿지 않는다. 하나님은 모든 그리스도인에게 그같이 말씀하셨다. 바울도 에베소 교인 개개인을 향해서 이렇게 편지했다. "술 취하지 말고 오직 성령으로 충만을 받으라." 당신이 술에 취하여 사는 만큼 당신은 성령으로 충만함을 받지 않고 사는 것이다.

그렇다면 우리가 성령 충만을 받기 위해서 가장 먼저 해야 할 일은 무엇인가? 그것은 그런 삶이 가능하다는 사실을 믿고, 그것이 우리의 의무이며, 우리가 신령한 자들이 될 수 있다는 사실을 마음으로 받아들일 때까지 하나님의 말씀을 묵상하고 믿는 것이다. 하나님은 우리 안에 있는 성령이 가능하게 하지 않는 한, 그분의 뜻하심대로 일분일초도 살아가라고 강요하지 않는다는 사실을 말씀으로 가르치셨다.

복음을 전할 때나 사탄의 특별한 유혹이 찾아올 때나 어떤 커다란 짐을 져야 할 때만 성령이 필요한 것이 아니다. 하나님은 말씀하신다. "나의 자녀들은 나의 성령으로 매 순간 인도함을 받지 않으면 올바른 삶을 살 수 없다." 이것은 하나님 자녀의 특징이다. "하나님의 영으로 인도함을 받는 그들은 하나님의 자녀이다." 로마서 5장에 이렇게 쓰여 있다. "우리에게 주신 성령으로 말미암아 하나님의 사랑이 우리 마음에 부은 바 됨이니"(5절). 이 모습이 모든 믿는 자의 어떤 특정한 시간이 아니라 일상의 경험 속에서 상식이 되어야 한다. 어떤 부모가 이렇게 생각하겠는가? "내 아이들이 오늘만 나를 사랑하기를 원한다." 부모들은 자녀들이 날마다 자기를 사랑하기 원한다.

그러므로 하나님도 자신의 자녀들이 날마다 성령으로 사랑이 충만하기를 원하신다. 하나님의 눈으로 볼 때 성령으로 충만하지 않은 사람에게서 사랑을 기대하는 것은 가장 부자연스러운 일이다. 그러므로 우리가 신령한 사람이 될 수 있다는 사실을 믿자. 하나님께 감사하자. 이제 우리 앞에 축복이 기다리고 있다. "성령으로 충만을 받으라." "성령으로 인도함을 받으라." 이 축복은 분명히 존재한다. 당신이 "하나님, 저에게는 그런 축복이 없습니다"라고 말해야 한다면 또한 이렇게 말하라. "주님, 그것이 저의 의무요, 저의 숭고한 책임이라는 것을 잘 알고 있습니다. 성령 충만함이 없이는 제가 온종일 주님과 함께하는 온전한 평강을 누리지 못합니다. 그것이 없이는 주님을 영화롭게 할 수도 없고, 주께서 제게 원하시는 일을 할 수도 없습니다." 이것이 육체에서 영으로 가는 우리의 첫 번째 단계이다. 즉 신령한 삶, 성령을 따라 걷는 걸음을 시작하는 것이다. 우리에게 그런 삶이 가능하다는 분명하고 자신 있는 확신이 없다면 어떻게 하나님이 우리를 영적인 삶으로 인도해주시기를 구할 수 있겠는가?

그다음으로 두 번째 단계가 온다. 자기가 신령한 삶을 살지 않았음을 수치와 죄로 깨닫는 단계이다. 어떤 사람들은 영적인 삶을 살아야 하지만 자기가 그렇게 살지 못했음을 인정한다. 그들은 자신을 유감스럽게 생각하고 연민을 느끼며 이렇게 말한다. "내가 너무나 나약했다는 사실은 얼마나 슬픈가! 하나님이 그 축복을 내가 아닌 다른 사람에게 주셨다는 것이 너무나 슬프도다!" 그들은 "슬프도다! 하나님께 나를 철저히 드리지 못하게 한 것은 나의 불신앙과 불충성이며, 나의 불순종이구나. 하나님 앞에 얼굴을 붉히고 신령한 자의 삶을 살지 않았음을 부끄러워해야 하겠구나"라고 말하지는 않고, 오히려 자신에게 커다란 연민을 느낀다.

사람은 죄의 자각 없이는 회심할 수 없다. 죄에 대한 깨달음으로 눈이 열렸을 때 그는 자신의 죄를 두려워하게 되며, 죄에서 떠나 그리스도에게로 가서 그리스도를 위대한 구원자로 영접하게 된다. 그러나 그에게는 두 번째 죄의 자각이 필요하다. 즉 자신의 특정한 죄에 관해서도 자각해야 한다. 거듭나지 못한 사람의 죄는 거듭난 사람의 죄와는 다르다. 예를 들어 회심하지 않은 사람은 통상적으로 본성의 타락에 대한 죄책감으로 괴로워하지 않는다. 그는 주로 외적인 죄에 관해서만 생각한다. "나는 하나님의 이름을 망령되이 했고, 거짓말쟁이였으니 이제 지옥으로 가겠구나." 그런 후에 그가 회심을 경험한다.

그러나 믿는 자들은 매우 다른 모습이다. 그는 빛과 사랑과 하나님의 성령을 받았으므로 그의 죄는 훨씬 더 비난할 만하다. 그의 죄가 훨씬 더 심각하다. 그는 죄를 정복하려고 애썼지만 자신의 본성이 철저히 타락했으며, 자기에게 있는 육신에 속한 마음, 육체가 자신을 완전히 비참한 상태로 이끌어가고 있음을 깨닫는다. 그리스도인이 성령으로 말미암아 죄를 깨달았을 때 특히 그를 정죄하는 것은 불신앙적인 삶이다. 그에게서 성령의 온전한 선물을 받지 못하도록 하는 것이 바로 불신앙과 관련된 커다란 죄책감이기 때문이다.

그의 얼굴에는 수치와 혼란이 가득하며 울음이 터진다. "화로다. 나여 망하게 되었도다. 내 귀로는 하나님에 대해 들어왔다. 나는 그분을 많이 알고 있었으며 그분을 전파하였지만 지금 나의 눈으로 그분을 보는구나!" 하나님의 신뢰를 받았던 의인 욥에게 하나님이 가까이 다가가셨을 때 그는 전에는 깨닫지 못했던 자신의 죄와 자기의를 보았다. 우리 믿는 사람 각자가 자신의 육적 상태의 부정함을 깨닫기까지, 우리가 하나님으로부터 이러한 죄의 자각을 얻기까지 그분 앞으로 겸손히 나아가 자신은 절대 신령한 자가 될 수 없음을 고백하자.

그다음 육체적인 상태에서 영적인 상태로 나아가는 유일한 단계인 세 번째 지점이 온다. 유일한 단계, 이것은 내가 당신에게 주는 축복의 메시지다. 많은 사람이 그것을 유일한 단계라고 인정하지 않을 수도 있다. 그들은 그것을 그 엄청난 변화에 비해서 너무 시시하다고 생각할 수도 있다. 그러나 회심은 유일한 단계가 아니었던가!

우리가 육신적인 상태에서 신령한 상태로 넘어갈 때도 마찬가지다. 내가 어떤 신령한 사람에 관해 말하는데, 영적으로 성숙한 사람,

진짜 성자를 생각하는 게 아니라면 당신은 이렇게 물을 것이다. "하루 만에 그런 일이 일어납니까? 거룩함에는 성장이 없습니까?" 나는 영적 성숙은 하루에 이루어지지 않는다고 대답할 것이다. 우리는 그것을 기대할 수 없다. 그리스도의 온전한 아름다운 형상이 우리 안에 형성되기까지 성장해 나가야 한다. 그러나 여전히 우리가 육신적인 삶에서 나와 영적인 삶으로 가는 데는 오직 한 가지 단계가 있다고 말하고 싶다. 그것은 우리가 철저히 육체를 깨뜨렸을 때, 육체를 십자가 위 그리스도의 죽음에 내주어 자신의 모든 것은 저주받았으며 자신의 힘으로는 거기서 빠져나오지 못함을 깨달았을 때, 우리는 그리스도의 십자가 능력을 간구하게 될 것이다. 우리가 이렇게 행하고 나를 위해 준비된 이 영적인 삶은 그리스도 예수 안에서 하나님이 주신 선물이라고 여길 때, 비로소 우리는 어떻게 육신의 삶에서 벗어나 신령한 삶으로 나아갈 수 있는지 이해하게 된다.

이러한 신령한 삶 속에서도 아직 배워야 할 것이 많을 것이다. 여전히 불완전함이 있을 것이다. 신령한 삶은 완전하지 않다. 그러나 그 삶에서 두드러진 점은 영적이라는 것이다. 우리가 자신을 성령의 실제적이고 살아 있으며 역사하고 다스리는 능력에 내준다면 우리는 성장할 수 있는 올바른 자리에 오게 된다. 당신은 질병에서 떠나 건강으로 가는 길을 결코 생각하지 못할 것이다. 당신은 마치 아이가 자라서 건강한 성인이 되듯 나약함에서 나와 강함으로 갈 것이다. 그러나 질병이 있는 곳에 치료가 있어야 한다. 그 치료가 효과가 있다면 말이다.

육적인 고린도 사람들에게 무엇이 도움이 되었는가? 그들에게 젖을 주는 것은 도움이 될 수 없었다. 젖은 그들이 잘못된 상태에 있다는 증거였기 때문이다. 그들에게 고기를 주는 것도 도움이 되지 않았다. 그들이 그것을 먹기에 적당하지 않았기 때문이다. 그들에게 필요했던 것은 외과의사의 칼이었다. 바울은 육신의 삶을 반드시 잘라버려야 한다고 말했다. "그리스도의 사람들은 그 육체를 십자가에 못 박았느니라." 이것이 의미하는 바를 이해하고 그리스도의 능력을 믿음으로 그것을 받아들일 때 육신의 삶에서 신령한 삶으로 옮겨갈 수 있다. 그리스도의 죽음 안에서 믿음으로 행한 하나의 행동이, 그리스도의 죽음에 동참하는 한 가지 헌신이, 성령이 우리에게 그것을 가능하게 할 것이라는 믿음이 그 일을 우리에게 성취하게 할 것이며, 스스로 노력해서 얻으려는 의지에서 자유롭게 할 것이다.

회심하기 전의 상황에서 가장 흉악하고 잔인했던, 구제할 길이 없던 죄인을 구원하는 것은 무엇인가? 그는 스스로는 어떤 선한 일도 할 수 없음을 깨달았다. 그는 어떻게 했을까? 그는 자기 앞에 서 계신 전능하신 구세주를 보았고, 그의 팔에 안겼다. 그러고는 그 전능하신 사랑에 자신을 맡기고 울부짖었다. "주여, 저에게 자비를 베푸소서!" 그것이 구원이다. 그가 무엇을 행하여서 그리스도께서 그를 용납하신 것이 아니다.

그리스도인들이여! 우리 가운데 육신이 자기를 지배한다는 것을 의식한 자가 있다면 이렇게 말해야 한다. "나는 이런 사람이다. 나는 신앙심이 깊은 사람이다. 나는 열정 있고 전도하기를 좋아한다. 나는 교회에서 열심히 일한다. 그러나 안타깝도다! 죄와 속된 마음이 여전히 내 영혼을 지배하고 있구나!"

어떤 사람은 와서 이렇게 말할 것이다. "나는 꾸준히 싸웠습니다. 나는 꾸준히 기도도 했습니다. 계속 울어도 보았습니다. 그러나 내게 전혀 도움이 되지 않았습니다." 그렇다면 그는 다른 일을 시도해야 한다. 그는 살아계신 그리스도께서 그의 거룩하고 신령한 삶을 위해 준비되었다는 사실을 깨달아야 한다. 그는 자신이 회심했을 때 한 번 용납해주신 그리스도께서 그 놀라운 사랑으로 지금 그에게 자기를 온전히 하나님께 내드리면 신령한 사람이 될 수 있다고 말하려는 사실을 믿어야 한다. 그것을 믿는다면 그의 두려움은 사라지고 이렇게 말할 것이다. "그것은 이루어질 수 있습니다. 그리스도께서 나를 용납하고 책임지신다면 그렇게 될 것입니다."

마지막으로 내가 제안하는 네 번째 단계이다. 우리는 이 엄숙하지만 복된 걸음을 밟아야 한다. 회심에 이르기까지 어떤 이는 5년, 혹은 10년 이상이 걸린다. 이 단계에 도달하기 전까지는 수년 동안 울며 기도해 보아도 평안을 찾을 수 없다. 그러므로 영적인 삶을 살기 위해 당신은 이 선생, 저 선생 찾아다니며 물을지 모른다. "성령의 세례와 거룩함, 신령한 삶에 관해서 말해주세요." 그런데도 여전히 그 자리에 머무를 것이다. 우리는 누구나 죄를 멀리하고 싶어한다. 누가 성급한 기질을 갖고자 하겠는가? 누가 자만심으로 가득하길 바라겠는가? 세속적인 생각을 하고 싶은 사람은 거의 없다. 아니 아무도 없다.

우리는 그리스도께 가서 그것을 물리쳐주시기를 구하는데, 주님은 그렇게 하시지 않는다. 그래서 우리는 묻는다. "그분이 왜 이루어주시지 않는 걸까요? 제가 얼마나 열심히 기도했는데요." 그것은 당신이 죄의 뿌리는 그대로 둔 채 그 추한 열매들만 물리쳐주기를 원했기 때문이다. 당신은 주님이 당신을 십자가에 못 박아서 자아를 완전히 성령의 능력에 내주게 하시기를 구하지 않았다. 해방은 있지만 우리가 구한 방법으로는 아니다.

어떤 화가에게 한 장의 도화지가 있다고 생각해보자. 그런데 그 도화지는 그의 소유가 아니라, 누군가에게 그것을 가져가서 다른 목적으로 사용할 수 있는 권리가 있다면 당신은 그 화가가 그 도화지 위에다가 훌륭한 작품을 그리리라고 생각하는가? 아니다. 그런데도 사람들은 예수 그리스도께서 그들의 성질이나 다른 죄를 몰아냄으로써 자기의 문제를 해결해주시기를 원한다. 마음속으로는 자신을 그리스도의 명령과 보살핌에 내주지 않고서 말이다. 그럴 수는 없다. 그러나 당신이 전 생애를 그리스도께 맡기면 예수 그리스도께서는 충분히 구원하실 것이다. 예수님은 자비로 기다리신다. 예수님은 당신을 그의 성령으로 채우길 원하신다.

당신은 이 단계를 밟지 않겠는가? 하나님이 성령으로 우리를 인도하셔서 전에는 한 번도 경험하지 못할 만큼 우리 자신을 하나님께 내드리게 하실 것이다. 육신의 삶이 너무나 크게 당신을 지배해 왔으며, 당신의 모습을 그렇게 만들어 왔다는 사실을, 하나님이 주신 모든 축복 때문에 통렬한 양심의 가책을 느끼고 있음을 겸손하게 고백하지 않겠는가? 하나님은 당신이 원하는 모습으로 당신을 만들어 가지 않으신다. 성령님만이 그의 내주하심으로 신령한 사람을 만드실 수 있다.

이제 자신을 하나님의 발아래 내놓고 이렇게 고백하라. "주님, 텅 빈 그릇이 된 저를 내드리오니 주님의 성령으로 채워주시옵소서." 우리는 날마다 탁자 위에 빈 찻잔이 놓여 있는 것을 본다. 그것은 때가 되었을 때 따뜻한 차로 채워진다. 모든 접시와 그릇도 마찬가지다. 그것들이 깨끗이 씻겨서 비어 있다면 채워질 준비가 된 것이다.

오, 비어 있고 깨끗한 그릇이여! 이제 오라. 그릇 하나가 따로 구별되어서 그것에 담아야 할 무엇을 기다리듯, 당신이 지금 이 시각부터 신령한 자가 되기 위해 자신을 내드리고 따로 구별되어 성령으로 채워지기를 갈망한다고 그리스도께 말하라.

깊은 영혼의 갈급함 가운데 엎드려 고백하라. "오, 하나님! 제게는 아무것도 없습니다!" 그러면 당신이 그분 앞에 나아갈 때 확실히 이렇게 당당히 말할 수 있을 것이다. "나의 하나님이 약속을 이루어 주실 것입니다! 하나님이 나를 육체적이 아닌 영적인 그리스도인이

되도록 성령으로 채워주시기를 구합니다." 당신이 하나님의 발치에
앉아서 머무른다면, 그렇게 겸손하게 자기를 맡기고 어린아이 같은
믿음으로 그분과 동행한다면 하나님이 살아계시는 것이 분명하듯
축복은 반드시 올 것이다.

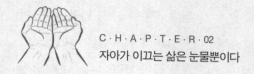

마태복음 16장 13절을 보면 예수님은 가이사랴 빌립보 지방에서 그의 제자들에게 물으셨다. "사람들이 인자를 누구라 하느냐?" 그들이 대답했을 때 주님은 다시 물으셨다. "너희는 나를 누구라 하느냐?" 16절에서 베드로가 대답하여 말했다. "주는 그리스도시요 살아 계신 하나님의 아들이시니이다." 예수님은 그를 향해 이렇게 말씀하셨다. "바요나 시몬아 네가 복이 있도다. 이를 네게 알게 한 이는 혈육이 아니요 하늘에 계신 내 아버지시니라. 또 내가 네게 이르노니 너는 베드로라. 내가 이 반석 위에 내 교회를 세우리니 음부의 권세가 이기지 못하리라"(17-18절).

그 후 21절에서 우리는 예수님이 제자들에게 어떻게 자신의 임박한 죽음에 관해서 말씀하셨는지 보게 된다. 그리고 22절에서 베드로가 예수께 항변하여 말하는 것을 듣게 된다. "주여 그리 마옵소서. 이일이 결코 주께 미치지 아니하리이다." 그러나 예수님은 돌이키시며 베드로에게 말씀하셨다. "사탄아 내 뒤로 물러 가라. 너는 나를 넘어지게 하는 자로다. 네가 하나님의 일을 생각하지 아니하고 도리어 사람의 일을 생각하는도다." 그리고 그의 제자들에게 이르셨다. "누구든지 나를 따라오려거든 자기를 부인하고 자기 십자가를 지고 나를 따를 것이니라"(24절).

우리는 종종 타협하는 삶에 관해 들으면서 이런 질문을 떠올린다. 그 근원은 무엇인가? 왜 그토록 많은 그리스도인이 하나님의 자녀로서의 모습과 특권과 영광으로 사는 대신 고통스러운 속박의 삶을 사느라 인생을 낭비하고 있는가? 그다음 또 하나의 질문이 생각난다. 무언가 잘못되었음을 깨닫고 이에 맞서 싸우지만, 왜 그것을 극복해내지 못할까? 기도하고 엎드리기를 골백번도 더 하는데 왜 여전히 혼란스럽고 복잡한 삶을 마지못해 사는 것일까? 이 모든 질문에 단 하나의 답이 있다. '자기'가 모든 문제의 근원이다. 그러므로 누군가 나에게 "타협하지 않고 살려면 어떻게 해야 합니까?"라고 묻는다면 나의 대답은 "당신은 이렇게 해야만 하오. 그리고 저렇게 하고, 또…"가 아니다. 대답은 이것이다. "위로부터 말미암은 새로운 삶, 그리스도의 삶이 자기중심의 삶을 대신해야 하오. 그러면 우리는 승리자가 될 수 있소."

우리는 항상 외부를 먼저 살피고 내부를 본다. 여기서도 그렇게 하자. 본문의 여러 단어 중에서 '자기'라는 한 단어를 살펴보자. "누구든지 나를 따라오려거든 자기를 부인하고 자기 십자가를 지고 나를 따를 것이니라." 이것은 제자의 특징이다. 또한 그리스도인의 삶의 비밀이다. 자기를 부인하면 모든 것이 바로 드러날 것이다. 베드로가 성령의 가르침을 받았던 제자였다는 사실을 주목하라. 그는 그리스도를 매우 흡족하게 했던 대답을 했었다. "주는 그리스도시요 살아 계신 하나님의 아들이시니이다." 이것이 매우 특별한 일이었다고 생각하지 말라. 우리도 교리문답 때 그것을 배웠다.

그리스도께서는 아버지의 성령이 베드로를 가르쳤다는 사실을 알고 이렇게 말씀하셨다. "바요나 시몬아 네가 복이 있도다." 그러나 베드로에게 아직 얼마나 강한 육신적 자아가 있었는지를 유념하라. 베드로는 영광이 무엇인지도 이해할 수 있었다. "주는 그리스도시요 살아계신 하나님의 아들이시니이다." 그러나 그리스도께서 십자가와 죽음에 관해 말씀하셨을 때 그는 이해하지 못하고 자기의 생각을 확신하며 과감하게 말했다. "주여 이 일이 결코 주께 미치지 아니하리이다." 다시 말해 "주는 십자가에 못 박혀서 죽을 수 없습니다"라고 한 것이다.

그러나 그리스도께서는 그를 꾸짖으셔야 했다. "사탄아 내 뒤로 물러가라. 네가 하나님의 일을 생각하지 아니하는도다." 예수님의 말씀은 이런 것이었다. "너는 하나님의 성령의 가르침을 받은 것 같지 않고 육신에 속한 자에 불과해 보이는구나." 그리고 계속해서 말씀하셨다. "기억하거라. 십자가에 못 박혀야 할 자는 나만이 아니라 너희도 마찬가지다. 죽어야 할 자는 나 혼자가 아니라 너희도 그래야 한다. 누구든지 내 제자가 되려거든 자기를 부인하고 자기 십자가를 지고 나를 따를 것이니라."

이 한 단어, '자기'를 엄밀히 살펴보자. '자기'가 뜻하는 것이 무엇인지 깨달을 때만이 진정으로 우리의 모든 실패의 뿌리에 무엇이 있는지 알고, 구원을 위해 그리스도께 더 가까이 다가갈 수 있다.

이제 몇 가지를 고찰해보자. 먼저 이 자기중심적인 삶의 특성을 알고, 그다음 그 영향력을 표출하고, 마지막으로 "우리가 어떻게 그것에서 해방될 수 있을까?" 자신에게 물어보자.

'자기'(self)는 하나님이 모든 지식 있는 피조물에게 만들어주시고 부여하신 능력이다. '자기'는 피조물의 가장 핵심이다. 그러면 하나님이 천사와 인간들에게 '자기'를 주신 까닭이 무엇일까? 그 주신 목적은 우리가 그것을 빈 그릇처럼 하나님께 가져가면 하나님이 그 안에 하나님의 생명을 넣어주시려는 것이다. 하나님은 나에게 스스로 결정할 수 있는 능력을 주셔서 내가 이 '자기'를 매일 그분께 드리고 "오, 하나님! 그 안에서 역사하소서. 제가 그것을 당신께 바치나이다"라고 말하게 하셨다. 하나님은 친히 그의 신령한 아름다움과 지혜와 능력의 충만함을 부어주실 그릇을 원하셨다. 그래서 하나님은 세상과 해와 달, 별과 나무 등 온갖 것을 만드시고, 이 모든 것이 그분의 지혜와 아름다움과 선함을 풍성히 나타내게 하셨다.

그런 후에 자아와 의지가 있는 천사들을 만드셔서 그들이 그에게 와서 기꺼이 자기를 하나님이 채우실 그릇으로 내드리는지 알기 원하셨다. 그러나 슬프게도 그들은 그렇게 하지 않았다. 그 거대한 무리의 중심에 한 천사는 자신을 우러러보고 하나님이 그에게 부여하신 놀라운 능력에 관해 생각하고 자신을 기뻐하기 시작했다. 그는 이렇게 생각했다. "나같이 대단한 자가 늘 하나님께 의지해야 하나?" 그는 자신을 높였고, 그의 교만으로 말미암아 하나님으로부터 멀어지게 되었다. 그는 이렇게 한순간에 하늘에 있는 천사에서 지옥의 악마가 되었다. 하나님을 향한 '자기'는 창조주가 그 자신을 우리 안에 나타내도록 만드는 영광이다. 그러나 하나님으로부터 돌아선 '자기'는 지옥의 암흑과 불 그 자체이다.

우리는 모두 그 끔찍한 결과를 알고 있다. 하나님이 인간을 창조하셨고, 사탄은 뱀의 모습으로 와서 하나님과 같이 되어 선과 악을 분별하는 독립적인 자기를 가지라고 하와를 유혹했다. 그리고 그가 하와와 말하는 동안 그녀의 속으로 유혹의 말, 지옥의 독과 교만의 말들을 불어넣었다. 그의 악한 영인 지옥의 독이 인간성으로 침투했으며, 그것이 바로 우리가 인류 최초의 조상으로부터 물려받은 저주받은 자기이다. 이 세상에 황폐와 파괴를 가져오는 것도 바로 그 자기이다. 그리고 죄와 어둠과 비참함과 불행이 세상에 있었으며, 또한 지옥의 헤아릴 수 없는 영원한 세월 동안 있게 될 모든 것도 사람을 하나님과 분리시키고 돌아서게 하는 자기의 지배, 자기의 저주일

뿐이다. 그리스도께서 우리를 위해 행하신 일을 완전히 이해하고 온전한 구원의 참여자가 되길 원한다면, 우리는 이 저주받은 자기를 알고 미워하며 철저히 내버려야 한다.

그렇다면 '자기'가 하는 일은 무엇인가? 많은 것을 꼽을 수 있지만 지속적으로 나타나는 몇 가지 단순한 형태만 예로 들어보자. 바로 자기의, 자기과신, 자기예찬 등이다.

'자기의'(self-will)는 자기를 기쁘게 하는 것으로 인간의 커다란 죄악이다. 그것은 세상과 모든 타협의 근원이며 수많은 파멸을 가져온다. 인간은 왜 자신을 기쁘게 하거나 자기가 원하는 대로 하면 안 되는지 이해하지 못한다. 적잖은 그리스도인이 그리스도의 영이 거하고 있는 사람은 절대로 자기 뜻을 따라가지 말고 하나님의 뜻을 따라가야 한다는 사실을 깨닫지 못한 채 살아간다. "하나님이여 보시옵소서. 내가 하나님의 뜻을 행하러 왔나이다."

우리는 수천 가지 방법으로 자기를 기쁘게 하려는 그리스도인들을 볼 수 있다. 그들은 행복하고 선하고 쓰임받을 만한 사람이 되고자 힘쓰지만, 그 뿌리에는 그들을 축복으로부터 가로막는 자기의지가 있다는 사실을 모른다. 그리스도께서는 베드로에게 말씀하셨다. "베드로야 너 자신을 부인하라." 그러나 베드로는 그 말씀을 따르는 대신 이렇게 했다. "나의 주를 부인할지언정 나를 부인하지 않겠나이다." 그는 이것을 말로써 표현한 적은 없다. 그러나 그리스도께서 잡히시기 전날 밤에 베드로에게 이렇게 말씀하셨다. "네가 나를 부인하리라." 그리고 베드로는 그렇게 했다. 그 원인은 무엇이었는가? 자기를 기쁘게 한 것이다.

한 여종이 베드로를 예수께 속한 자라고 고발했을 때 그는 두려워하면서 세 번이나 말했다. "네가 무슨 말을 하는지 알지 못하겠노라. 나는 그 사람을 알지 못하노라." 그는 그리스도를 부인했다. 생각해보라! 베드로가 심히 통곡하고 울었던 것도 놀랄 일이 아니다. 그것은 추하고 저주받은 자기와 아름답고 복된 하나님의 아들 예수 사이의 선택이었다. 그가 '나 자신을 부인하는 대신 예수님을 부인했으니, 내가 무슨 짓을 저질렀단 말인가!'라고 생각했다고 해도 과언이 아니다. 그가 심히 통곡하고 울었던 것은 당연하다.

그리스도인이여, 예수님의 말씀으로 당신의 삶을 조명해보라. 자기의지와 자기를 기쁘게 하는 모습들이 있는가? 이것을 기억하라. 당신이 자기를 기쁘게 할 때마다 예수님을 부인하는 것이다. 그것은 양자선택이다. 그분만을 기쁘게 하고 자기를 부인하든지, 아니면 자기를 기쁘게 하고 주를 부인하든지 말이다.

당신이 자기를 기쁘게 한다면 자기과신(self-confidence)이 뒤따르고, 이와 비슷한 형태인 자기신뢰와 자기노력과 자기의존이 함께 온다. 베드로로 하여금 예수님을 부인하게 했던 것은 무엇인가? 그리스도께서는 그에게 미리 경고하셨다. 그가 왜 그 경고를 잊었을까? 자신과잉 때문이다. 그는 너무나도 확신하며 "주여, 내가 주님을 사랑합니다. 3년 동안이나 주님을 따라다녔습니다. 주님, 제가 주와 함께 감옥에도 가고 죽을 각오가 되어 있습니다." 그것은 단지 자기과신일 뿐이었다.

사람들은 종종 나에게 묻는다. "제가 왜 실패하는 걸까요? 저는 하나님의 뜻대로 살려고 그토록 애쓰며 정말로 열심히 기도하고 있습니다." 그러면 나는 이렇게 말한다. "그것은 단지 당신이 자신을 신뢰하기 때문이지요." 그러나 그들은 말한다. "아니요. 저는 그렇게 하지 않습니다. 저 자신이 선하지 않다는 것을 알고, 하나님이 나를 지켜주실 것을 믿습니다. 저는 예수님을 신뢰합니다." 그러나 나는 대답한다. "아니요. 나의 형제여, 그렇지 않습니다. 당신이 하나님과 예수님을 신뢰한다면 실패할 수 없습니다. 당신은 자신을 신뢰하고 있습니다."

그리스도인의 삶에서 실패의 원인은 오직 이것임을 알자. 예수님을 신뢰하는 대신 저주받은 내 자아를 신뢰한다. 하나님의 전능하신 힘 대신에 이 저주받은 자기를 믿는다. 그리고 그것이 바로 그리스도께서 "자기를 부인해야 한다"고 말씀하신 이유이다.

자기가 하는 일의 세 번째 형태는 자기예찬(self-exaltation)이다. 그리스도인 사이에서도 얼마나 많은 자만과 질투가 있는가? 누가 나에 대해 어떻게 말했는가와 어떻게 생각하고 있는지에 얼마나 민감하게 신경 쓰고 있는가? 항상 "내가 하나님을 기쁘시게 하고 있는가?"를 생각하면서 그분 앞에서 살아가기보다 인간의 칭찬과 사람을 기쁘게 하는 것을 얼마나 원하고 있는가? 예수 그리스도께서는 말씀하셨다. "너희가 서로 영광을 취하니 어찌 나를 믿을 수 있느냐"(요 5:44 참조). 다른 사람에게서 영광을 구하는 것은 믿음의 삶을 절대적으로 불가능하게 만든다. 이 '자기'는 지옥으로부터 시작되었으며, 우리를 하나님으로부터 떼어놓으며, 예수님을 따르는 길에서 벗어나게 하는 저주받은 사기꾼이다.

그렇다면 우리가 '자기'에게서 벗어나기 위해 무엇을 해야 하는가? 예수님은 오늘 우리가 살펴본 이 말씀으로 대답하셨다. "누구든지 나를 따라오려거든 자기를 부인하고 자기 십자가를 지고 나를 따를 것이니라." 이 말씀을 깊이 새기라. 나 자신을 부인하고 예수님을 나의 생명으로 받아들여야 한다. 나는 선택해야 한다. 자기중심적인 삶과 그리스도 중심적인 삶, 이 두 가지 가운데 반드시 하나를 선택해야 한다. "나를 따르라." 예수님은 말씀하신다. "나를 너희의 존재의 법칙이요, 너희의 행동의 규율이 되게 하라. 나에게 온 마음을 다하라. 나를 따르면 내가 모든 것을 처리할 것이다."

오, 친구여! 이것은 우리 앞에 놓인 숭고한 변화이다. 와서 자기의 위험을 그 교만과 악함과 함께 깨닫고, 자신을 하나님의 아들 앞에 바치면서 고백하라. "저의 삶을 부인합니다. 주님의 삶을 제 것으로 받아들입니다."

그리스도인들이 그리스도의 삶이 자신 가운데 들어오기를 기도하고 또 기도하지만 응답받지 못하는 원인은 그들이 자기중심적인 삶을 부인하지 않기 때문이다. 당신은 이렇게 질문할 수 있다. "그렇다면 어떻게 이 자기중심적인 삶에서 벗어날 수 있습니까?" 강한 자가 무장하고 자기 집을 지키다가 더 강한 자가 와서 그를 굴복시킬 때에는 더는 그렇게 할 수 없다는 비유를 기억하라. 그렇게 되면 그 집은 청소되고 수리되었어도 늘 텅 비어 있는 바람에, 그가 다시 돌아가서 그보다 더 악한 다른 귀신 일곱을 데리고 와서 거하므로 형편이 더 심하게 된다.

그러므로 그리스도만이 우리의 삶에 들어와서 우리의 자기를 몰아낼 수 있다. 천국의 환상을 보았던 사도 바울을 생각해보라. 그리스도께서는 그를 겸손하게 만드시려고 육체에 가시를 보내셨다. 바울은 자연스럽게 자신을 높일 수 있는 성향이 있었으며, 그로 인해 넘어질 수 있었지만, 그리스도께서 그의 사랑하는 종을 위한 신실하신 보살핌으로 바울을 그것으로부터 건져주셨다.

그리스도께서는 그의 영광스러운 은혜로 '자기'의 힘으로 자신을 주장하고 우위를 얻으려고 하는 것을 막으실 수 있다. 그리스도께서는 영혼의 생명이 되길 원하신다. 그분은 우리에게도 그를 따르도록 가르치시며, 우리가 그분께 고정된 마음과 삶을 갖게 함으로써 항상 우리 영혼의 빛이 되고자 하신다. 그러면 우리는 사도 바울과 마찬가지로 이렇게 고백할 수 있다. "내가 사는 것이 아니요 오직 내 안에 그리스도께서 사시는 것이라"(갈 2:20). 그 두 가지 진리는 항상 함께한다. 먼저 "내가 아니요." 그다음은 "내 안에 그리스도께서 사시는 것이라."

다시 베드로를 생각해보자. 그리스도께서는 그에게 말씀하셨다. "자기를 부인하고 나를 따르라." 그는 누구를 따라야 했는가? 비록 그가 넘어졌어도 예수님은 그를 인도하셨다. 그런데 그를 어디로 인도하셨는가? 그분은 베드로를 겟세마네로 인도하셨으나, 거기서도 베드로는 넘어졌다. 그는 깨어서 살피고 기도해야 할 시간에 잠을 잤다. 주님은 갈보리를 향하여 베드로를 인도하셨고, 그곳에서도 베드로는 주님을 부인했다.

성령이 아직 그의 권능을 갖고 오지 않았을 때였다. 베드로는 아직 육신에 속한 자였다. 마음은 원이로되 극복하지 못했다. 육신이 약했다. 그렇다면 그리스도께서는 어떻게 행하셨는가? 그분은 베드로가 깊은 슬픔 가운데 철저히 자기를 굴복시키고 겸손하게 깨어지기까지 인도하셨다. 예수님은 무덤을 지나 부활을 통과하고 오순절까지 베드로를 인도하셨다. 그리고 그때 성령이 임하셨고, 성령 안에서 그리스도께서는 그의 영원한 생명을 갖고 오셨다. 이제 베드로는 말할 수 있다. "그리스도께서 내 안에 사십니다."

자기중심의 삶에서 벗어나는 단 한 가지 길이 있다. 그리스도를 따라야 한다. 우리의 마음을 그분께 고정하고, 그분의 가르침을 들으며, 날마다 자기를 그분께 드려서 그분이 우리의 전부가 되게 해야 한다. 그러면 그리스도의 능력으로 자기를 부인하는 복된 축복이 지속될 것이다.

그리스도인이 한 시간 동안만 "나는 완전히 저 자신을 부인했습니다"라고 고백하는 단계에 이르기를 바라는 것이 아니다. 어느 한 순간만 "더는 부인할 '자기'가 남아 있지 않습니다"라고 고백하는 것이 아니다. 그리스도의 십자가에 동참하는 것은 하나님의 은혜로 매시간, 매 순간 끊임없이 자기를 부인하는 것이다. 우리는 그리스도와 함께 십자가에 못 박히기를 원한다. 우리는 그리스도의 죽음으로 세례받은 자들처럼 그분과 함께 살려고 한다.

이것을 생각해보라! 그리스도의 '자기'는 죄가 없으셨다. 그렇지만 그분께도 자기가 있었으며, 그 자기를 실제로 죽음에 이르도록 버리셨다. 겟세마네 동산에서 그분은 이렇게 말씀하셨다. "아버지여 내 뜻대로 마옵시고." 그 죄가 없는 자기도 죽음에 내놓고 무덤에서 다시 살아나셔서 하늘에 올라 영화롭게 되셨다. 우리는 그리스도께서 가셨던 그 길이 아닌 다른 방법으로 하늘에 올라갈 수 있을까? 없다. 그러므로 우리가 예수님을 끝까지 따르며 자기를 죽게 하면 구원과 생명이 올 것이다.

그렇다면 주님께로부터 받은 이 가르침을 어떻게 적용할 수 있을까? 첫 번째 가르침은 우리가 마음속에 있는 이 '자기'가 무엇인지 생각하면서 하나님 앞에서 자기를 낮추는 시간을 가져야 한다는 것이다. 자기가 모든 죄와 모든 부족함과 모든 실패의 원인이며, 그 모든 것이 하나님의 영광을 가리는 것임을 인정하고 고백해야 한다. "주님, 이것이 제 모습입니다." 그런 후에 그리스도의 삶이 우리의 삶이 되리라는 믿음으로 성령이 우리 인생을 온전히 지배하게 해야 한다.

육신에 속한 자기를 없애는 것이 쉬운 일이라고 생각하지 말라. 참회의 기도를 할 때는 허리를 굽히고 기도를 올리며 순종의 행위를 하기가 쉽지만, 우리와 하나님과의 관계도 갈보리에서 그리스도의 죽음만큼 엄숙한(그분은 죄 없는 자기를 하나님께 내드렸다) 것이어야 한다. 자기를 죽음에 내주는 것이다. 그리스도의 죽음의 능력은 날마다 우리의 일상에 자리 잡아야 한다.

오, 자기의지를 따랐던 베드로와 자기의지를 하나님께 내드린 예수님은 얼마나 극명히 대조되는가! 베드로가 자기를 높인 것은 하나님과 사람 앞에서 유순하고 마음이 겸손했던 하나님의 어린 양의 깊은 겸손과 얼마나 대조가 되는가! 베드로의 자신감과 예수님이 "내가 아무것도 스스로는 할 수 없노라"고 말씀하시며 하나님을 온전히 의지하신 모습은 얼마나 대조를 이루는가!

우리는 그리스도의 삶을 살도록 부름받았으며, 그리스도께서는 우리 안에서 그분의 삶을 사시기 위해 오셨다. 그러나 먼저 한 가지 조건이 충족되어야 한다. 그것은 우리가 먼저 자기를 부인하고 미워하는 것이다. 베드로가 예수님을 부인하면서 "나는 그 사람을 도무지 알지 못하노라"고 말했듯이 우리도 말해야 한다. "나는 도무지 '자기'를 알지 못합니다." 그러면 예수 그리스도께서는 모든 것이 되실 것이다.

그러므로 우리는 이 자기가 우리에게 어떤 일을 했는지, 어떻게 그것이 예수님을 멸시했는지 생각하면서 자신을 낮추고, 이렇게 기도해야 한다. "주님, 주님의 빛으로 이 자기를 드러내소서. 우리가 주님의 빛을 기다립니다. 우리의 눈을 열어 '자기'가 한 일을 깨닫게 하시고, 그것은 우리를 퇴보시키는 방해물에 불과함을 알게 하소서."

이렇게 간절히 기도하고, 우리가 모든 종교적인 행위와 종교적인 경험으로부터, 또한 모든 축복으로부터 물러나서 이 한 가지 기도로 하나님께 가까이 갈 때까지 하나님을 섬기자. "주 하나님, '자기'는 천사장을 사탄으로 바꾸게 했습니다. '자기'는 우리의 첫 조상이 죄를 짓게 하고, 에덴에서 어둠과 비참함으로 내몰았습니다. 자기는 나의 삶 속에서도 죄를 짓게 하고 모든 실패의 원인이오니, 제가 자기를 발견하게 하소서."

그런 후에 "또 다른 이가 나의 삶을 살 것입니다. 다른 이가 나와 함께 살게 되며, 다른 이가 나를 위해 모든 것을 할 것입니다"라고 간절히 그리스도의 임재를 구하자. 명심하라! 다른 어떤 것도 그렇게 할 수 없다. 오직 자기를 부인하고, 날마다 자기 십자가를 지고 예수님과 함께 죽는 것, 오직 그분만을 따르는 삶뿐이다.

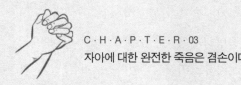

"사람의 모양으로 나타나사 자기를 낮추시고 죽기까지 복종하셨으니 곧 십자가에 죽으심이라"(빌 2:8). 겸손은 죽음으로 나아가는 길이다. 왜냐하면 겸손은 죽음을 통하여 가장 높은 차원의 완전한 증거를 제시하기 때문이다. 겸손은 활짝 꽃을 피우는 것이다. 그러니까 자아에 대한 죽음은 겸손의 완전한 열매이다. 예수님은 죽기까지 자신을 겸손히 낮추셨으며, 우리 역시 걸어가야 할 길을 활짝 열어 젖히셨다. 온 힘을 다하여 하나님께 순복한다는 것을 증명하거나, 하나님의 영광을 위하여 우리의 인간적인 본성을 포기하고 떨쳐 일어나기 위한 다른 방법이 예수님에게조차도 전혀 없었던 것처럼 우리도 오직 죽음을 통하여 그렇게 할 수 있다.

겸손은 우리를 자아의 죽음으로 인도해야 한다. 그래야 우리도 어떻게 우리가 죽기까지 전적으로 자신을 포기했으며, 하나님께 모든 것을 전적으로 내드렸는지를 증명하게 된다. 오직 그렇게 할 때만이 우리가 타락한 본성으로부터 자유로워질 수 있다. 오직 그렇게 할 때만이 하나님 안에서 생명으로 인도하는 길을 발견하게 된다. 장성한 분량의 새로운 본성으로 태어난 겸손이야말로 우리의 호흡이자 우리를 기쁨의 경지에 이르게 한다.

예수님이 제자들에게 부활의 삶에 관하여 이야기하실 바로 그때 성령의 강림을 통하여 영화롭게 되셔서, 보좌에 앉으신 예수님은 실제로 하늘로부터 내려와 제자들 안에 내주하게 되셨다. 예수님은 죽음을 통하여 이 모든 것을 할 수 있는 권세를 얻으셨다. 그 가장 깊숙이 자리 잡고 있는 본성을 통하여 예수님이 나눠주신 생명은 죽음으로부터 완전히 벗어난 생명이었으며, 죽음을 통하여 승리를 거둔 생명이었다.

제자들 안에 내주하기 위하여 찾아오신 예수님은 죽으셨으나, 이제는 영원히 살아계신 바로 그분 자신이셨다. 그분의 생명, 그분의 인격, 그분의 존재에는 죽음의 흔적들이 고스란히 간직되어 있으며, 죽음으로부터 완전히 벗어나 탄생한 생명의 흔적들이 포함되어 있다. 그분의 제자들 안에 있는 바로 그 생명에도 언제나 죽음의 흔적들이 고스란히 간직되어 있다. 그분의 생명에 고스란히 간직되어 있는 생명이 우리에게 알려질 수 있는 것은 오직 죽으신 예수님이 보내신 성령이 우리 영혼에 내주하셔서 역사하실 경우뿐이다.

우리 주 예수 그리스도의 죽음에 관한 가장 중대한 흔적은, 곧 예수님의 참된 추종자들에게서 나타나는 죽음의 흔적 가운데 가장 크고 우선적인 흔적은 바로 겸손이다. 여기에는 다음과 같은 두 가지 이유가 있다. 그 하나는 오직 겸손만이 완전한 죽음으로 인도한다는 것이다. 그리고 또 다른 하나는 오직 죽음만이 겸손을 완전하게 만든다는 것이다. 겸손과 죽음은 그 본질상 하나이다. 겸손은 꽃봉오리다. 그리고 죽음을 통하여 그 열매가 완전하게 무르익게 된다.

겸손은 완전한 죽음으로 인도한다. 겸손은 자아를 포기하는 것을 의미하며, 하나님 앞에서 완전히 아무것도 아닌 존재의 자리로 나아가는 것을 의미한다. 예수님은 자신을 겸손히 낮추셨으며 죽기까지 순종하셨다. 죽음을 통하여 예수님은 하나님의 뜻에 자신의 의지를 포기하는 완벽한 증거를 보여주셨다. 죽음을 통하여 예수님은 그 잔을 마시고 싶지 않다는 자연적인 본성의 거리낌마저도 완전히 포기하셨다. 예수님은 우리의 인간적인 본성과 연합을 이루고 있었던 삶을 포기하셨다. 예수님은 자아에 대하여 죽으셨으며, 자신을 시험에 빠지게 만들었던 죄에 대하여 죽으셨다.

그렇게 함으로써 인간으로서 예수님은 하나님의 완전한 생명으로 들어가셨다. 만약 하나님의 뜻을 행하기 위하여 고난받는 종 이외에는 아무것도 아닌 존재로서 자신을 받아들이는 그분의 한없는 겸손이 없었더라면 그분은 절대 죽지 않으셨을 것이다.

이것은 너무나 자주 던지는 질문이기는 하지만, 그 의미에 관해서는 거의 명확하게 이해되지 않고 있는 질문에 대한 해답을 우리에게 명확히 제시해준다. "과연 어떻게 내가 자아를 죽일 수 있을까?"

자아에 대한 죽음은 당신의 일이 아니라 하나님의 일이다. 그리스도 안에서 비로소 당신은 죄에 대하여 죽는다. 죽음과 부활의 과정을 거쳤던 바로 그 생명이 지금 당신 안에 있다. 그리하여 당신은 사실상 죄에 대하여 죽었다는 것을 확신할 수 있게 된다. 그러나 당신의 성품과 행동에서 이와 같은 죽음의 권세가 충만하게 나타나는 것은 성령이 그리스도의 죽음에 따른 권능을 나눠주시는 정도에 따라 달라진다.

바로 여기가 가르침이 필요한 부분이다. 만약 당신이 그분의 죽음을 통하여 그리스도와 함께 완전한 교제 안으로 들어가 자아로부터 완전히 구원되었다는 사실을 알게 된다면 자신을 겸손히 낮추어야 한다. 이것이 바로 당신의 유일한 의무이다. 하나님 앞에 전적으로 무기력한 모습으로 자신을 내놓아야 한다. 우리는 자신을 죽이거나 살리는 일에 자신이 너무나 무기력하다는 사실에 관해 온 마음으로 동의해야 한다. 하나님을 향한 온유하고 신뢰하는 순복을 통하여 자신이 아무것도 아닌 존재라는 사실에 깊이 깨달아야 한다.

그러므로 우리는 모든 굴욕을 순순히 받아들여야 한다. 당신을 시험하거나 괴롭히는 다른 사람들에 대해, 당신을 겸손하게 만들기 위한 은혜의 수단으로 간주해야 한다. 다른 사람들 앞에서 자신을 겸허히 낮추는 모든 기회를 적극적으로 활용하여 하나님 앞에서 자신을 낮출 수 있도록 도와주는 협력의 기회로 삼아야 한다. 하나님은 그렇게 당신이 자신을 겸손히 낮추는 모습을 보시면서 당신이 온 마음을 다해 겸손을 바라고 있다는 증거로서, 겸손을 위한 최고의 기도로서, 그분의 강력하고도 은혜로운 일 하심을 위한 준비로서 그 모습을 받아들이실 것이다.

바로 그때 성령의 강력한 강화를 통하여 하나님은 그리스도를 당신 안에 충만히 계시하심으로써 종의 형상으로 그분이 당신 안에 진정으로 자리 잡게 하시는 동시에 당신의 마음속에 내주하게 되신다. 완전한 죽음, 곧 우리가 그리스도 안에서 죽었다는 철저하고도 완전한 체험으로 인도하는 것은 바로 겸손의 길이다.

그러므로 다음과 같은 원리가 적용된다. "오직 이와 같은 죽음이야말로 완전한 겸손으로 인도한다." 어쩔 수 없이 겸손해지기는 하지만 지나치게 겸손해지는 것을 두려워하는 너무나 많은 사람이 흔히 저지르는 실수에 주의를 기울이라. 그 사람들은 참된 겸손이 무엇인지, 무엇을 해야 하는지에 대해서 너무나 많은 자격과 제한, 그리고 너무나 많은 추론과 질문을 던진다. 그 사람들은 절대 자신조차도 거기에 아무런 스스럼없이 따르지 못한다. 이것을 조심하기 바란다.

죽기까지 당신 자신을 겸허히 낮추기 바란다. 겸손이 완전해지는 것은 바로 자아의 죽음을 통해서다. 더 많은 은혜에 관한 모든 실질적인 체험의 근저에는, 모든 성별 과정에서 참된 진보가 일어나는 근저에는, 예수님의 형상을 따라 점차 일어나는 모든 실제적인 변화의 근저에는 우리의 기질과 습관을 통하여 하나님과 사람들에게 분명히 증명할 수 있는 자아에 대한 죽음이 자리 잡고 있어야 한다.

슬프게도, 심지어 아무리 부드러운 사랑이라 하더라도, 자아에 대한 사랑이 남아 있는지를 알아챌 수밖에 없을지라도, 죽음과 생명, 그리고 성령과 동행하는 삶에 관하여 이야기하는 것이 얼마든지 가능하다. 자아에 대한 죽음은 스스로 아무런 명예도 취하지 않는 겸손보다 더 확실한 죽음의 흔적을 가질 수는 없다. 그 겸손이란 바로 자신을 비우는 것이며 종의 모습을 취하는 것이다.

멸시당하고 거절당한 예수님과 함께 교제를 나누는 것에 관하여, 그분의 십자가를 지는 것에 관하여 훨씬 더 많이 정직하게 이야기를 나누는 것이 겉으로는 얼마든지 가능하다. 하지만 거기에는 하나님의 어린 양이 보여주시는 온유하고 겸허한, 친절하고 부드러운 겸손이 거의 나타나지 않을 수도 있다. 그와 같은 겸손이 거의 추구되지 않을 수도 있다. 하나님의 어린 양이란 두 가지, 곧 온유함과 죽음을 의미한다. 두 가지 모습을 모두 소유하신 분으로서 하나님의 어린 양을 받아들이도록 노력하자. 하나님의 어린 양 안에서는 그 두 가지가 분리될 수 없다. 그 두 가지 모습은 우리 안에서도 역시 그대로 자리 잡고 있어야 한다.

만약 우리가 직접 그 일을 감당해야 했다면 그것이 얼마나 가망 없는 일이었을까! 자연은 절대 자연을 이길 수 없다. 심지어 은혜의 도움이 있어도 그렇다. 자아는 절대 자아를 쫓아낼 수 없다. 중생한 사람 안에서도 마찬가지다. 하나님을 찬양하라! 그 일은 이미 모두 마무리되었으며 영원히 완성되었다.

예수님이 단번에 영원히 죽으신 것은 자아에 대한 우리의 죽음이다. 그리고 예수님의 승천, 곧 가장 높은 곳에 있는 지성소로 단번에 영원히 들어가신 예수님의 승천은 우리에게 권능을 전해주시는 성령을 허락하셔서 죽음을 이기는 생명의 권세를 우리 것으로 만들기 위함이었다.

겸손을 추구하고 훈련하면서 그 영혼이 예수님의 발자취를 따라갈 때 더 나은 무엇인가가 필요하다는 영혼의 각성이 일어나고, 영혼의 소망과 열망이 재촉되고, 영혼의 믿음이 강화됨으로써 그 영혼은 예수님이 보내신 성령의 참된 충만하심을 찾아서 구하고 받아들이는 법을 배우게 된다. 성령이야말로 자아와 죄에 대한 예수님의 죽음을 충만한 권능 가운데 날마다 유지할 수 있게 하시며, 겸손이 우리의 삶 가운데 두루 퍼진 정신으로 자리 잡을 수 있게 만든다.

"무릇 그리스도 예수와 합하여 세례를 받은 우리는 그의 죽으심과 합하여 세례를 받은 줄을 알지 못하느냐. …이와 같이 너희도 너희 자신을 죄에 대하여는 죽은 자요 그리스도 예수 안에서 하나님께 대하여는 살아 있는 자로 여길지어다. …오직 너희 자신을 죽은 자 가운데서 다시 살아난 자같이 하나님께 드리며 너희 지체를 의의 무기로 하나님께 드리라"(롬 6:3, 11, 13).

그리스도인의 전반적인 자아의식은 그리스도의 죽음을 통하여 고무된 정신으로 말미암아 그 안에 고스란히 스며들고 특징지어지는 것이다. 그리스도인은 항상 자신을 그리스도 안에서 죽은 사람으로, 그리고 그리스도 안에서 죽음으로부터 살아난 사람으로 하나님께 내드리면서 자기 육체에 예수님의 죽음을 간직하고 있어야 한다.

그리스도인의 삶은 항상 이중적인 흔적을 간직하고 있다. 곧 예수님의 무덤 속 깊은 곳, 즉 죄와 자아에 대한 죽음으로 말미암아 찾아들어 온 참된 겸손이 자리 잡고 있는 뿌리와 예수님이 계시는 하늘에까지 부활의 능력으로 말미암아 들려 올라간 그 머리가 자리 잡고 있다.

믿는 자여, 예수 그리스도의 죽음과 생명을 당신 것이라고 주장하라. 예수님의 무덤으로 들어가 자아 자체와 자아의 활동에서 벗어난 안식, 곧 하나님의 안식 가운데로 나아가라. 하나님 아버지의 손에 그분의 영을 완전히 내드린 그리스도와 함께 당신을 겸손히 낮추고, 날마다 어찌할 수 없을 정도로 완전히 하나님을 의지하는 곳으로 내려가라. 하나님은 당신을 높이 들어 올려서 칭송할 것이다.

매일 아침 예수님의 무덤 속으로 깊이깊이 내려가 아무것도 아닌 곳으로 내려가라. 그러면 날마다 예수님의 생명이 당신 안에 분명히 드러날 것이다. 사랑스러운, 평온한, 행복한 겸손이 사실상 지금까지 당신 자신의 생득권을 주장해온 흔적, 곧 예수님의 죽으심으로 받는 세례가 될 수 있도록 하라. "그가 거룩하게 된 자들을 한 번의 제사로 영원히 온전하게 하셨느니라"(히 10:14).

자신의 굴욕으로 들어가는 영혼들은 자아를 죽은 것으로 바라보며, 그렇게 여길 줄 아는 능력을 자신 안에서 찾을 것이다. 그리고 자신을 알고 받아들인 사람으로서, 모든 겸손함과 온유함을 가지고 동행하면서 사랑 가운데 서로를 용납하기 위하여 자아를 죽인 사람들이다. 죽음으로써 나타나는 생명은 그리스도와 마찬가지로 온유함과 겸손함 가운데 드러난다.

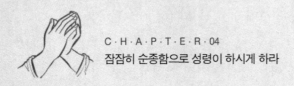

"그는 근본 하나님의 본체시나 하나님과 동등됨을 취할 것으로 여기지 아니하시고 오히려 자기를 비워 종의 형체를 가지사 사람들과 같이 되셨고 사람의 모양으로 나타나사 자기를 낮추시고 죽기까지 복종하셨으니 곧 십자가에 죽으심이라"(빌 2:6-8). 예수님은 죽기까지 순종함으로써 하나님의 영광이 되셨고, 우리를 죽음에서 구원하셨다. 그리고 우리 안에 성령이 내주하시게 하셨다. 그렇다면 우리는 예수님과 같은 순종의 삶으로 어떻게 들어갈 수 있을까? 그리고 어떻게 순종의 삶을 통해 성령이 우리 안에 온전히 내주하게 할 수 있을까?

그리스도께서는 죽기까지 순종하셨다. 이제 막 순종의 삶을 주제로 삼아 논의를 전개하는 상황에서 가장 완전한 형태의 순종을 언급한 것에 대해서 당신은 그것이 혹시 실수는 아닌지 생각할지도 모른다. 그러나 그것은 전혀 실수가 아니다. 경주에서 성공의 비결은 출발선에서부터 아주 명확하게 목표를 바라보는 것이다.

"그는 근본 하나님의 본체시나…. 죽기까지 복종하셨으니 곧 십자가에 죽으심이라"(빌 2:6-8). 우리 가운데 누구에게도 다른 어떤 그리스도는 없으며, 하나님을 기쁘게 하는 다른 어떤 순종도 없고, 우리가 따라야 할 다른 본보기도 없으며, 우리가 순종하는 법을 배워야 할 다른 선생님도 없다. 그리스도인들은 자기가 목표로 삼을 만한 유일한 순종으로서 즉각적으로 온 마음을 다하여 그리스도의 순종을 받아들이지 않기 때문에 감히 상상할 수 없을 정도로 많은 고난을 당하는 것이다.

죽기까지 순종하기로 결단하는 것은 어린 그리스도인들에게 커다란 힘을 불어넣는다. 그것은 동시에 그리스도의 아름다움과 영광이다. 그리스도의 순종을 함께 나누어 갖는 것은 그리스도께서 우리에게 틀림없이 베풀어주시는 지고한 축복이다. 그 순종을 갈망하고 거기에 완전히 굴복하는 것은 심지어 가장 어린 그리스도인에게도 가능한 일이다. 다음의 이야기는 예수님이 그분의 백성들에게 원하시는 순종이 어떤 것인지 아주 구체적으로 설명하고 있다.

자신을 따르는 훌륭한 군대를 거느린 어떤 자부심 강한 왕이 자그맣지만 용감한 다른 나라의 어떤 왕에게 복종을 요구했다. 사신이 그와 같은 메시지를 전달했을 때 그 두 번째로 강한 왕은 병사들 가운데 하나를 불러서 스스로 목숨을 끊으라고 명령했다. 그 병사는 즉시 그 명령에 순종했다. 두 번째 병사도 불려 왔다. 그 병사 역시 즉각 순종했다. 세 번째 병사가 불려 왔는데, 그 병사 역시 죽기까지 순종했다.

그런 다음에 이 왕은 사신에게 이렇게 말했다.

"너희 군주에게 돌아가서 나에게는 이처럼 용맹한 병사가 3천이나 있다고 전하라. 그리고 오히려 너희 군주가 나에게 찾아와 복종하라고 전하라."

이 왕은 자신의 명령을 받았을 때 아낌없이 목숨을 버리는 병사들을 담대하게 의지했다.

하나님이 우리에게 원하시는 것도 바로 이와 같은 형태의 충성스러운 순종이다. 그리스도께서 보여주신 것도 바로 이와 같은 순종이다. 그리스도께서 가르쳐주시는 것도 바로 이와 같은 순종이다. 우리 역시 이와 다름없는 순종을 배우기 위하여 노력해야 한다. 그리스도인의 삶을 시작하는 순간부터 이와 같은 순종이 우리의 목표가 되어야 한다. 그리스도를 '주님'이라고 부르면서도 그분이 말씀하시는 대로 행하지 않는 치명적인 실수를 저지르지 않아야 한다.

어느 정도로든 지금까지 불순종의 죄를 깨달은 사람들은 하나님의 말씀으로부터 공부한 내용에 세심히 귀를 기울여야 한다. 하나님은 그와 같은 죄악을 피할 길을 보여주시며, 그리스도께서 허락하실 수 있는 생명에 접근할 수 있는 법을 알려주신다. 곧 완전한 순종의 삶으로 들어가는 길을 말씀해주신다.

그렇다면 우리가 완전한 순종의 삶으로 들어가기 위해서는 어떻게 해야 하는가?

먼저, 죄의 고백과 정화를 통해서 순종의 삶으로 들어가야 한다. 죄의 고백과 정화가 첫 번째 단계가 되어야 한다는 점을 파악하기란 그리 어렵지 않다. 하나님의 백성이 보여주는 불순종을 가장 많이 지적한 선지자인 예레미야가 기록한 성경에서 하나님은 이렇게 말씀하셨다.

"배역한 이스라엘아 돌아오라. 나의 노한 얼굴을 너희에게로 향하지 아니하리라. 나는 긍휼이 있는 자라 노를 한없이 품지 아니하느니라. 여호와의 말씀이니라. 너는 오직 네 죄를 자복하라. 이는 네 하나님 여호와를 배반하고 네 길로 달려 이방인들에게로 나아가 모든 푸른 나무 아래로 가서 내 목소리를 듣지 아니하였음이라. 여호와의 말씀이니라. 여호와의 말씀이니라. 배역한 자식들아 돌아오라. 나는 너희 남편임이라. 내가 너희를 성읍에서 하나와 족속 중에서 둘을 택하여 너희를 시온으로 데려오겠고"(렘 3:12-14).

우리가 회심하는 과정에서 아무런 죄의 고백 없이 용서받을 수는 없다. 회심 이후에도 새롭고 더 깊은 죄의 자각과 고백이 없다면 죄와 불순종이라는 압도적인 힘으로부터 구원받을 수 없다.

우리의 불순종에 관한 생각이 모호하고 두루뭉술해서는 안 된다. 우리는 구체적으로 죄를 거론하면서 자신의 죄를 고백해야 한다. 그런 다음에는 이 죄들을 깨끗이 단념하고 그리스도의 손에 완전히 놓아드려야 한다. 예수 그리스도를 통해서만 모든 죄악이 깨끗하게 정화된다. 오직 그럴 때에만 비로소 우리는 참된 순종의 길에 들어서게 된다고 소망할 수 있다.

우리 주님의 가르침이라는 빛에 비춰 우리의 삶을 조명하라. 그리스도께서는 율법을 허물기 위해서가 아니라 율법의 완성을 보증하기 위하여 이 땅에 찾아오셨다. 예수님은 젊은 관원에게 이렇게 말씀하셨다. "네가 (이미 충분히) 계명을 아나니"(막 10:19).

율법이 우리의 첫 번째 시험이 되게 하라. 가령 거짓말 같은 어떤 한 가지 구체적인 죄를 한 번 생각해보자. 한 번은 내가 어떤 젊은 여성이 건네준 쪽지를 받은 적이 있었는데, 거기에서 이 여성은 주님께 완전히 순종하고 싶다는 말과 함께 자신이 나에게 내뱉었던 거짓말을 고백하라는 재촉을 느낀다고 말했다. 그것이 그다지 중요한 문제는 아니었지만, 이런 고백이 자신의 죄책감을 떨쳐내도록 도와준다고 생각했다는 측면에서 그 여성이 옳았다.

사회에는 엄격한 진실성의 시험을 이겨내지 못할 것들이 곳곳에 널려 있다. 우리가 모든 계명에 순종하기 위해서는 굉장한 주의를 기울여야 한다. 심지어 탐심을 금지하는 마지막 계명에 이르기까지 말이다. 그리스도인들은 너무나 자주 불순종하려는 마음을 이겨내지 못한 나머지 자기 소유가 아닌 것을 탐내면서 갖고 싶어 한다.

이 모든 것을 완전히 끝내야 한다. 우리는 그와 같은 죄를 고백해야 하며 하나님의 능력으로 영원히 물리쳐야 한다. 만약 우리가 완전한 순종의 삶으로 들어가겠다는 생각을 조금이라도 가지고 있다면 말이다.

그리스도께서는 새로운 사랑의 법을 제시하셨다. 하늘에 계신 아버지처럼 자비를 베푸는 것, 하나님 아버지께서 용서를 베푸시는 것과 마찬가지로 용서하는 것, 원수를 사랑하는 것, 우리를 미워하는 사람에게 선행을 베푸는 것, 자기희생과 자선을 베푸는 삶을 살아가는 것 등 이런 것들이 바로 예수님이 가르치신 것들이다.

우리를 화나게 하거나 함부로 이용하려 할 때 쉽게 용서하지 못하는 우리의 영을 잘 관찰해보자. 사랑하지 않는 생각과 날카로우면서도 불친절한 말들, 자비를 보여주고 선을 베풀고 축복해주라는 부르심에 대한 무시, 그리고 정면으로 불순종하는 태도 따위를 유심히 관찰해보자. 우리는 그와 같은 불순종을 심각하게 느끼면서 애통해하는 가운데 완전한 순종의 능력을 우리 것으로 만들기 위해 오른쪽 눈을 뽑아내야 한다(마 5:29 참조).

그리스도께서는 자기부인에 관하여 상당히 많이 말씀하셨다. 자아는 모든 사랑의 결핍과 온갖 불순종의 뿌리이다. 우리 주님은 각각의 제자를 부르시면서 자기를 부인하고 자기 십자가를 지고 모든 것을 버리고 자기 생명까지도 내놓고 자신을 겸손하게 낮추고 모든 사람의 종이 되라고 말씀하셨다. 자기의지, 자기고집, 자기본위 따위에서처럼 바로 자아가 온갖 죄악의 근원이기 때문에 예수님은 이 모든 것을 요청하신 것이다.

우리가 먹고 마시는 문제에서 지나치게 탐닉함으로써 육신에 굴복할 때, 우리가 자신의 교만을 부추기는 것을 추구하거나 받아들이거나 즐거워함으로써 자아를 만족시킬 때, 자기의지가 함부로 날뛰도록 가만히 내버려두면서 그 소욕을 만족시키려고 준비할 때 우리는 예수님의 명령에 불순종하는 죄를 짓게 된다. 이것은 점차 영혼을 어둡게 만들어 예수님의 빛과 평안을 완전히 만끽하지 못하게 만든다.

그리스도께서는 아버지 하나님께 온 마음을 다하는 사랑을 요청하셨다. 그리스도께서도 자기에게 나아와 자기를 따르는 모든 사람에게 같은 희생을 요청하셨다. 모든 것을 희생하겠다고 구체적으로 목표를 정하지 않은 그리스도인, 하루하루 살아가기 위하여 은혜를 구하기로 결단하지 않은 그리스도인은 불순종의 죄를 짓는 것이다. 그 사람의 신앙적인 행보 가운데 상당히 많은 부분이 유익하고 진지해 보일 수는 있지만, 그 사람은 예수님의 뜻을 행하고 있거나 예수님의 계명을 지키고 있다는 사실을 스스로 깨닫는 것이 거의 불가능하다. 만약 그 사람이 온 마음을 다하여 순복하지 않는다면 말이다.

그와 같은 부르심을 듣고서 다시금 새롭게 참된 순종의 삶을 시작하려고 시도하는 그리스도인이 많다. 그 사람들은 더 많은 기도와 성경 공부를 통하여 자연스럽게 순종의 삶으로 자라가게 될 것이며, 순종이 점진적으로 찾아올 것이라고 생각한다. 그러나 그 사람들은 엄청난 실수를 저지르고 있다. 우리 주 하나님이 예레미야서에서 사용하신 말씀은 그 사람들의 실수가 무엇인지를 정확히 가르쳐준다. "배역한 이스라엘아 돌아오라. …여호와의 말씀이니라"(렘 3:12).

진심으로 전적인 순종을 서약하는 영혼은 빈약한 순종에서 좀 더 완전한 순종으로 자라갈 수 있을 것이다. 그러나 불순종에서 순종으로 점차 자라가는 것은 있을 수 없는 일이다. 단지 불순종에서 완전히 돌아서는 것, 내쫓아버리는 것, 결단만이 필요할 뿐이다. 그것은 오직 지금까지 잘못한 것들에 대한 아주 명확한 통찰과 더불어 부끄러움과 참회를 통하여 깨끗이 죄를 고백함으로써 찾아온다. 오직 참회를 통해서만 그 영혼은 온갖 부정으로부터 거룩하게 될 것이다. 회개는 양심을 준비시켜 새로운 마음을 선물로 받게 한다. 하나님의 성령은 우리로 하여금 그분의 규율 안에서 걸어가게 만들 것이다.

만약 당신이 전혀 다른 삶으로 인도받기를 소망한다면, 그리스도와 같은 순종을 보여주는 사람으로 변화되기를 원한다면 성령이 당신에게 온갖 불순종을 보여주어 죄를 자각하게 해달라고 하나님께 간구함으로써 시작하라. 성령은 겸손히 죄를 고백하는 가운데 하나님이 제공하신 정화로 당신을 인도할 것이다. 거기에 도달하기까지 절대로 멈추지 말라.

두 번째로, 순종을 가능하게 하는 믿음을 통해서 우리는 완전한 순종의 삶으로 들어가게 된다. 우리는 이 단계로 나아가기 위해서 순종이 무엇인지를 명확하게 이해해야 한다. 먼저 이 목적을 달성하기 위해서는 의식적인 죄와 무의식적인 죄 사이의 차이점에 세심한 주의를 기울여야 한다. 순종은 오직 의식적인 죄만을 다룬다.

우리는 하나님이 자기 자녀들에게 허락하시는 새로운 마음이 죄성으로 가득한 육신 가운데 부어진다는 사실을 잘 알고 있다. 이와 같은 육신적인 죄성으로부터, 심지어 참된 순종 가운데 걸어가고 있는 사람에게서조차도 그 사람이 도무지 직접 다스릴 수 없는 교만, 사랑하지 못하는 태도, 불결함과 관련된 사악한 생각이 문득문득 일어난다. 그것들은 본질적으로 죄악 된 본성 탓이지 범죄 행위를 저지르는 사람 탓이 아니다. 그러므로 그것들은 사람이 쉽게 끊어버리고 내던져버릴 수 있는 불순종의 행위가 아니다. 왜냐하면 사람은 우리가 선택해야 하는 율법이나 하나님의 뜻과는 상반되는 행위를 의식적으로 저지를 가능성이 크기 때문이다.

그것들에서 벗어나는 방법은 또 다른 데에서 찾아온다. 그것은 언제나 순종함으로써 중생한 사람의 의지를 통해서가 아니라, 그리스도의 보혈에 내재된 정화시키는 능력과 우리 안에 내주하시는 그리스도의 성령을 통해서만 가능하다. 죄악 된 본성이 불쑥불쑥 솟구칠 때 우리가 할 수 있는 전부는 그것을 미워하는 동시에 즉각적으로 우리를 정화시키고 계속 깨끗하게 지켜주시는 그리스도의 보혈을 신뢰하는 것뿐이다.

이처럼 구별된 삶에 주목하는 것은 굉장히 중요하다. 그것은 그리스도인으로 하여금 순종할 수 없다고 생각하지 못하도록 지켜준다. 그것은 그리스도인을 격려하여 매우 효과적인 영역에서 자신의 순종을 추구하고 제공하도록 한다. 의지의 힘에 비례하여 성령의 능력은 얼마든지 신뢰할 수 있으며 의지의 영역을 훨씬 뛰어넘어 정화시키는 일을 충분히 가능하게 만든다.

이와 같은 어려움이 제거되었을 때 흔히 두 번째 어려움이 생겨나 우리로 하여금 순종이 가능한지를 의심하게 만든다. 사람들은 순종을 절대 완전이라는 개념과 연결시킨다. 사람들은 성경의 모든 명령과 이러한 명령이 지극히 훌륭하게 지시하는 모든 은혜를 한데 모아서 생각한다. 그리고 절대적인 완전 가운데서 온갖 은혜를 보여주는 사람을 순종하는 사람이라고 생각한다.

그런데 이것은 하늘에 계신 하나님 아버지께서 요구하시는 것과 얼마나 다른가! 하나님 아버지께서는 그분의 자녀들이 보여주는 각자 다른 능력과 성취를 참작하신다. 그분은 단지 날마다, 매시간 한 번에 하나씩 순종을 요구하실 뿐이다. 그분은 실제로 온갖 알려진 명령을 온 마음을 다하여 실행하는 일에 내가 얼마나 자신을 내드리는지 살펴보신다. 그분은 내가 정말로 그분의 뜻을 알고 싶어 하는지, 그리고 그분의 뜻을 완벽하게 행하기를 갈망하는지 알고 계신다.

그리고 그분의 자녀가 단순한 믿음과 사랑 가운데 이렇게 할 때
그 순종은 받을 만하게 된다. 성령은 우리가 하나님을 만족스럽게
하고 있으며 "사랑하는 자들아 만일 우리 마음이 우리를 책망할 것
이 없으면 하나님 앞에서 담대함을 얻고 무엇이든지 구하는 바를 그
에게서 받나니 이는 우리가 그의 계명을 지키고 그 앞에서 기뻐하시
는 것을 행함이라"(요일 3:21-22)는 달콤한 확신을 우리에게 심어
주신다.

우리는 순종을 통하여 이와 같은 정도의 은혜를 얼마든지 얻을
수 있다. 순종을 통하여 은혜를 얻는 믿음을 소유하는 것은 그리스
도인의 발걸음에서 반드시 필요한 부분이다. 만약 당신이 하나님의
말씀 가운데서 그와 같은 믿음의 기초를 요구한다면 당신은 하나님
의 새로운 언약의 약속 가운데서 그것을 얼마든지 찾아낼 수 있을
것이다.

"그러나 그날 후에 내가 이스라엘 집과 맺을 언약은 이러하니 곧
내가 나의 법을 그들의 속에 두며 그들의 마음에 기록하여 나는 그
들의 하나님이 되고 그들은 내 백성이 될 것이라. …내가 그들에게
복을 주기 위하여 그들을 떠나지 아니하리라 하는 영원한 언약을 그
들에게 세우고 나를 경외함을 그들의 마음에 두어 나를 떠나지 않게
하고"(렘 31:33, 32:40).

옛 언약에서 드러난 가장 큰 문제는 그 언약이 순종을 요구하기
는 했지만 순종할 만한 능력을 제공하지는 않았다는 점이다. 그러나

새 언약은 그런 능력을 제공한다. 새로운 마음은 사랑과 생명을 뜻한다. 새로운 마음에 새겨진 율법을 갖는다는 것은 그 마음이 새로워진 사람의 가장 깊숙한 곳에 자리 잡고 있는 생명을 손에 넣는다는 뜻이다. 새로운 마음은 하나님의 법을 기뻐한다. 새로운 마음은 기꺼이 하나님의 법에 순종할 뿐만 아니라 그럴 만한 능력도 있다.

당신은 경험을 통하여 그것을 확인할 수 없다는 이유로 이것을 의심할 수도 있을 것이다. 그것은 전혀 놀라운 일이 아니다! 하나님의 약속은 믿음으로 다가가야 하는 일이다. 만약 당신이 그 약속을 믿지 않는다면 당신은 그 약속을 취하거나 활용할 수 없다. 다시 말해 당신이 그것을 믿지 않기 때문에 그것을 경험할 수 없는 것이다.

좀 더 구체적으로 설명하기 위하여 어떤 종이 위에 당신 눈에 보이지 않는 잉크가 있다고 한 번 상상해보라. 그렇게 눈에 보이지 않는 잉크가 무엇인지 알겠는가? 그것은 비록 어떤 사람이 종이 위에 무엇인가 기록하는 것을 목격했을지라도 당신 눈에는 보이지 않을 뿐이다. 그 비밀을 알지 못하는 사람의 눈에는 전혀 아무것도 보이지 않는다.

그러나 비록 눈에 보이지는 않더라도 거기에 무엇이 기록되어 있는지에 관한 이야기를 들었다면 당신은 믿음으로 그 내용을 받아들일 것이다. 그러므로 그 비밀을 터놓고 알려주면 누구나 그것이 사실이라는 점을 믿음으로 받아들이게 될 것이다. 태양을 향하여 그 종이를 들어 올리거나 그 종이에다 화학물질을 떨어뜨려 보라. 그러면 비밀스러운 글자가 확연히 나타나게 될 것이다.

이처럼 하나님의 법 역시 당신 마음속에 기록되어 있다. 만약 당신이 이와 같은 사실을 확실하게 믿고, 하나님의 법이 당신 마음속 깊숙한 곳에 자리 잡고 있다는 사실을 그분께 고백한다면 당신은 그 마음을 성령의 빛과 열기를 향하여 들어 올릴 수 있으며, 하나님의 명령에 순종할 수 있는 능력과 더불어 그와 같은 명령이라는 뜨거운 사랑을 간직하게 될 것이다. 우리의 순종을 확실히 보증하기 위하여 새로운 언약, 은혜의 언약 안에서 이루어진 예비하심이 얼마나 명료하고, 얼마나 확실하고, 얼마나 모든 필요를 충족시킬 수 있단 말인가!

나폴레옹의 병사 가운데 한 사람의 충성심에 관해 들려주는 이야기가 있다. 의사가 심장 부분에 박힌 총알을 뽑아내기 위하여 애쓰고 있었는데, 바로 이때 그 병사가 이렇게 소리쳤다. "더 깊이 절단해 보세요! 그러면 거기에 새겨놓은 나폴레옹이라는 글씨를 찾으실 수 있을 겁니다."

그리스도인이여, 하나님의 법이 당신 마음속 깊숙한 곳에 살아있다는 사실을 믿기 바란다. 다윗의 말과 예수 그리스도의 말씀을 믿음 가운데 고백하기 바란다. "나의 하나님이여 내가 주의 뜻 행하기를 즐기오니 주의 법이 나의 심중에 있나이다"(시 40:8). 이 시편 말씀을 믿는 믿음은 당신에게 순종할 수 있도록 확신을 불어넣을 것이다. 그와 같은 믿음은 참된 순종의 삶으로 나아갈 수 있도록 당신을 도와줄 것이다.

마지막으로 우리는 그리스도께 순복함으로써 완전한 순종의 삶을 살 수 있게 된다. "여호와의 말씀이니라. 배역한 자식들아 돌아오라. 나는 너희 남편임이라. 내가 너희를 성읍에서 하나와 족속 중에서 둘을 택하여 너희를 시온으로 데려오겠고 내가 또 내 마음에 합한 목자들을 너희에게 주리니 그들이 지식과 명철로 너희를 양육하리라"(렘 3:14-15). 하나님이 이스라엘에게 말씀하셨다.

이스라엘은 하나님의 백성이었지만 하나님으로부터 돌아섰다. 그래서 이스라엘이 다시 하나님께로 돌아오기 위해서는 즉각적이고 완전해야 했다. 불순종으로 얼룩진 삶에서 돌아서서 하나님의 은혜를 믿는 믿음으로 나아가기 위해서는 "보소서. 우리가 주께 왔사오니 주는 우리 하나님 여호와이심이니이다"(렘 3:22)라고 말하는 것과 곧 "내가 즉시 순종하겠나이다"라고 말하는 것만이 단지 그 순간에 필요했다.

순종을 서약하고 그 서약을 지키기 위한 능력은 사랑이 넘치는 살아계신 예수 그리스도로부터 비롯된다. 나는 이전부터 순종의 능력이 예수 그리스도의 살아 있는 인격적인 임재의 전능한 영향력 안에 있다고 말해왔다. 우리가 하나님의 뜻에 관한 지식을 어떤 책이나 사람들로부터 취하는 한 우리는 실패할 수밖에 없다. 그러나 예수님을 우리 주님과 능력으로 생각한다면 우리는 얼마든지 예수님께 순종할 수 있다.

우리에게 명령하시는 음성은 우리에게 영감을 불어넣으시는 음성이다. 우리를 인도하시는 눈은 우리를 격려하시는 눈이다. 그리스도께서는 우리에게 모든 것이 되신다. 곧 명령을 내리시는 주군, 가르치시는 본보기, 힘을 불어넣으시는 조력자이시다. 불순종의 삶으로부터 돌아서서 그리스도께로 곧장 나아가라. 믿음 가운데 그분께 자신을 내드리라.

순복을 통하여 그리스도께서 모든 것을 소유할 수 있게 하라. 그리스도께서 그렇게 하기를 원하신다는 사실을 알아감에 따라 당신의 삶이 그리스도 자신, 그리스도의 임재, 그리스도의 뜻, 그리스도의 섬김으로 충만해지도록 그분께 온전히 내드리라. 당신 자신을 그분께 내드림으로써 그리스도께서 그분의 복된 섬김을 통하여 그분으로, 그분의 생명으로, 사람들을 향한 사랑으로 당신을 가득 채울 수 있도록, 그분이 그분 자신을 위하여 당신을 온전히 소유할 수 있게 하라. 믿음을 통하여 그리스도께서 모든 것을 소유할 수 있게 하라. 한 영혼이 그리스도 안에서 이와 같은 새로운 것과 지속적인 순종을 위한 능력을 바라볼 때 그리스도의 위대한 구속이라는 특별한 축복을 취하기 위해서는 새로운 믿음이 필요하다.

이전의 믿음은 죽기까지 자신을 내드린 그리스도의 순종으로 속죄를 이해했다. 그러나 새로운 믿음은 성경을 있는 그대로 받아들이면서 어떻게 그리스도의 순종이 우리 것이 되는지를 주목한다. "너희 안에 이 마음을 품으라. 곧 그리스도 예수의 마음이니 그는 근본 하나님의 본체시나 하나님과 동등됨을 취할 것으로 여기지 아니하시고 오히려 자기를 비워 종의 형체를 가지사 사람들과 같이 되셨고 사람의 모양으로 나타나사 자기를 낮추시고 죽기까지 복종하셨으니 곧 십자가에 죽으심이라"(빌 2:5-8). 새로운 믿음은 그리스도께서 우리 안에 그분 자신과 성령을 믿는 믿음을 부어주시고, 성령이 우리를 준비시켜 순종 안에서 살아가며 행하도록 하신다고 믿게 한다.

하나님은 그리스도를 세상으로 보내서서 우리 마음과 삶 속에서 원래의 자리로 순종을 회복시키도록 하셨다. 하나님의 목적은 그분께 순종하도록, 인간을 원래의 자리로 회복시키도록 하는 것이다. 그리하여 그리스도께서 이 땅에 오셨으며, 죽기까지 하나님께 순종하셨으며, 무엇이 유일한 참된 순종인지를 증명해 보이셨다. 그리스도께서는 십자가의 죽으심을 통하여 죽음의 권세를 이기신 삶으로써 순종을 가능하게 하셨으며, 자신 안에서 그와 같은 순종을 온전하게 하셨다.

이제 그분은 우리에게 이와 같은 순종을 가르쳐주신다. 우리를 사랑하시고, 우리 안에 살아계시며, 우리를 인도하고 가르치시며, 우리에게 힘을 불어넣으시는 바로 그 그리스도께서는 죽기까지 순종하셨던 바로 그 그리스도이시다. '죽기까지 순종하신 것'은 그가 우리에게 나누어주시는 생명의 본질이다. 우리는 그 순종을 받아들일 뿐만 아니라 우리 안에서 그와 같은 순종을 온전하게 하시는 그리스도를 신뢰해야 한다.

당신은 순종의 복된 삶으로 들어가고 싶지 않은가? 여기에 새롭게 활짝 열린 문이 있다는 사실에 주목하라. 예수 그리스도께서는 이렇게 말씀하신다. "나는 양의 문이라"(요 10:7). 또한 "내가 곧 길이요 진리요 생명이니"(요 14:6). 그리고 "그 길은 우리를 위하여 휘장 가운데로 열어 놓으신 새로운 살 길이요 휘장은 곧 그의 육체니라"(히 10:20)고 말이다.

우리는 자신의 모든 불순종이 그리스도를 제대로 알지 못했기 때문이라는 사실을 깨닫기 시작한다. 또한 우리는 순종이란 단지 그리스도와 끊임없이 교제를 나누는 삶을 통해서만 가능하다는 사실에 주목하기 시작한다. 그분의 음성에 따른 영감, 그분의 눈길을 통한 조명, 그분의 손길에 관한 이해가 그 모든 것을 가능하게 하고 확실하게 만든다.

자, 이리로 와서 바로 그 그리스도께 무릎 꿇고 엎드려서 우리 자신을 내드리자. 그리스도께서 그분 자신과 더불어 자신의 존재에 관한 모든 것과 모든 소유를 함께 나누어주신다는 사실을 믿는 믿음으로 죽기까지 그분께 순종하자. 그러면 우리는 자신을 하나도 남김없이 버릴 수 있게 되고, 우리 안에 성령이 거하신다는 놀라운 은혜를 직접 경험하게 될 것이다.

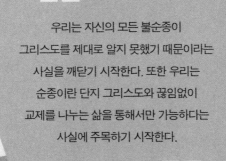

우리는 자신의 모든 불순종이
그리스도를 제대로 알지 못했기 때문이라는
사실을 깨닫기 시작한다. 또한 우리는
순종이란 단지 그리스도와 끊임없이
교제를 나누는 삶을 통해서만 가능하다는
사실에 주목하기 시작한다.

"내가 그리스도와 함께 십자가에 못 박혔나니 그런즉 이제는 내가 사는 것이 아니요
오직 내 안에 그리스도께서 사시는 것이라" (갈 2:20).

:
:
:

날마다 그리스도와
함께 죽으라

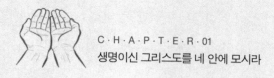

모든 사람의 마음속에 한 가지 질문이 떠오른다. "어떻게 하나님을 완전히 신뢰하는 삶을 살 수 있을까?" 많은 사람이 그 질문의 바른 답, 온전한 답을 알지 못한다. 하지만 그 답은 "그리스도께서 내 안에 사셔야 한다"는 것이다. 그것이 그리스도께서 인간이 되신 이유이기도 하다. 예수님은 하나님을 신뢰하는 삶을 삶으로써 우리가 어떻게 살아야 할지 본을 보이셨다. 그리스도께서는 이 땅에서 하나님을 신뢰하는 일을 행하신 후에, 우리에게 보여주신 모습보다 더 행하게 하려고 하늘로 올라가셨기 때문에 우리에게 믿음의 삶을 주실 수 있으며, 우리 안에서 그 삶을 사신다. 그리스도의 삶의 모습을 알고, 우리가 어떻게 그렇게 살 수 있는지 깨달을 때 그분을 갈망하고 구하게 되며, 그리스도께서는 친히 우리 안에 살아서 역사하시게 된다. 우리가 먼저 그분의 삶이 어떠했는지를 알 때 비로소 그 후에야 실제로 그리스도께서 우리를 소유하실 수 있으며, 자신을 닮아가게 하실 것이다.

나는 특히 위의 첫 번째 질문에 관심을 유도하고 싶다. 나는 당신 앞에 그리스도께서 살았던 삶을 보여줌으로써 그분이 우리를 위해 가진 것과 우리가 그분께 기대할 수 있는 것을 알게 하기를 소망한다. 예수 그리스도께서 이 땅에서 사셨던 삶은 그분이 우리로 하여금 말 그대로 모방하기 원하는 삶이다. 우리는 종종 그리스도를 닮기 원한다고 말한다. 우리는 그분 성품의 특성을 연구하고, 그분의 발자취를 기록하며, 그분과 같이 되는 은혜를 위해 기도한다. 그러나 여전히 미약할 따름이다. 왜 그런가?

그것은 그 뿌리는 없는데 열매만 따려고 하기 때문이다. 우리가 그리스도를 닮는다는 의미를 진정으로 이해하기 원한다면 하나님 앞에서 그리스도의 삶의 뿌리를 형성하는 것을 향해 나아가야 한다. 그것은 절대적으로 의지함, 절대적인 믿음, 절대적인 순종의 삶이다. 또한 우리가 그리스도의 삶의 원칙 안에서 그분과 하나 되기 전에는 그분 삶의 미덕들을 모방하는 것은 헛된 일일 뿐이다.

우리는 복음서에서 특별히 중요한 다섯 가지 특징을 발견할 수 있다. 그것은 그리스도의 출생, 이 땅에서의 삶, 죽음, 부활, 그리고 승천이다. 우리는 이것을 통해 어느 옛 작가가 말한 것처럼 '예수 그리스도의 행로'를 알게 되는데, 그것은 오늘날 그리스도를 우리의 왕이며, 생명이 되게 한 과정들이다. 이 모든 인생 여정을 통해 우리는 그분을 닮아가야 한다. 첫 과정을 보라. 우리는 그의 출생에 관하여 무엇을 말해야 하는가? 바로 그리스도께서 그의 생명을 하나님으로부터 부여받았다는 것이다. 예수님은 하나님을 의지하는 가운데 그의 삶을 살았다. 예수님의 죽음은 어떠한가? 그리스도께서는 하나님께 자신의 생명을 드렸다. 예수님의 부활은? 예수님은 하나님에 의해 죽음에서 일어났다. 예수님의 승천에 관해서는 어떤가? 그리스도께서는 하나님과 영광을 함께하는 삶을 살았다.

먼저 그리스도의 출생을 보자. 그분은 하나님으로부터 생명을 부여받았다. 이것을 살펴보는 것이 중요한 이유는 무엇일까? 그것이 그리스도의 전 생애의 시작점이기 때문이다. 그리스도께서는 말씀하셨다. "아버지께서 나를 세상에 보내셨다.""내 아버지께서 모든 것을 내게 주셨으니.""아버지께서 아들에게도 생명을 주어 그 속에 있게 하셨고." 하나님이 그분 자체에 생명을 가지신 것같이 그리스도께서도 자신의 생명으로 그것을 받았다. 그리고 "전능하신 아버지께서 이 생명을 이 땅에서 인자된 나에게 주셨으므로 나는 그것을 유지하고, 모든 사람을 내게로 이끌기 위해 하나님께 의지할 수 있다." 이것은 우리에게 필요한 첫 번째 가르침이다. 우리는 자주 이것을 묵상하고 기도하고 생각해야 할 필요가 있다. 또한 그분이 우리 마음을 여셔서 영원하신 하나님이 우리 안에 그리스도를 통해서만 존재할 수 있는 영적인 생명을 주셨다는 놀라운 생각을 하도록 그분 앞에서 기다려야 한다.

나는 하나님이 그의 생명을 주셨음을 믿는다. 그 생명은 하나님께 뿌리박고 있으며, 하나님에 의해서만 유지되어야 한다. 우리는 종종 하나님이 우리에게 생명, 곧 영적인 생명을 주셨는데 그것이 지금은 우리의 소유라 생각하고 우리가 책임지려고 한다. 그런 후에는 그것을 올바르게 지킬 수 없다는 사실을 깨닫고 불평한다. 의심할 여지 없이 우리는 예수님이 행하신 대로 행하는 법을 배워야 한다.

나에게는 이 질그릇 안에 하나님이 주신 보물이 있다. 나는 그리스도 앞에서 하나님의 영광을 아는 지식을 가진다. 내 안에는 하나님이 친히 주신 하나님 아들의 생명이 있고, 그것은 내가 그분과 동행하는 삶 속에서 오직 하나님에 의해서만 유지될 수 있다.

사도 바울은 로마서에서 우리 각자가 자신에게 죄에 대하여는 죽은 자로, 그리스도 예수 안에서 하나님에 대하여는 산 자로 여기라고 가르치고 있다. 그는 계속해서 "오직 너희 자신을 죽은 자 가운데서 다시 살아난 자같이 하나님께 드리며"(롬 6:13)라고 말한다. 그리스도인들은 얼마나 자주 자신을 죄에 대하여는 죽은 자로, 그리스도 안에서 하나님에 대하여 살아 있는 자로 인식하라는 엄숙한 말씀을 듣는가!

하지만 우리는 어떻게 해야 할지 잘 알지 못한다. 그래서 듣는 즉시 의아해한다. "어떻게 죽고, 또 사는 것을 지속할 수 있을까?"

사도 바울의 말에 귀를 기울이라. 우리는 자신을 죄에 대해 죽고 하나님에 대해 산자로 깨닫는 순간, 그 삶을 하나님께 가지고 가서 죽음으로부터 살아난 자처럼 자기를 내드려야 한다. "주님, 주님은 제게 이 생명을 주셨습니다. 주님만이 그 생명을 지킬 수 있습니다. 저는 제가 가진 이것이 무엇인지 잘 알지 못하지만, 주님께서 시작하신 일을 완성하기 위해 주님께로 갑니다." 그리스도처럼 살기 위해서 우리는 매 순간 내 삶이 하나님에게서 왔다는 사실을 깨달아야 한다. 하나님만이 그 생명을 유지하실 수 있다.

두 번째, 이 땅에서 예수 그리스도의 삶이다. 그리스도께서는 이 땅에 살았던 33년 동안 그의 삶을 어떻게 보냈는가? 예수님은 하나님을 의지하는 가운데 살았다. 당신도 예수님이 얼마나 지속해서 이렇게 말씀하셨는지 알고 있다. "내가 스스로 아무것도 하지 아니하고 오직 아버지께서 가르치신 대로 이런 것을 말하는 줄도 알리라" (요 8:28). 그분은 끊임없이 하나님의 가르침과 명령과 인도하심을 구하셨다. 항상 하나님에게서 오는 능력을 위해 기도하셨다. 예수님은 무엇을 하시든 하나님의 이름으로 행하셨다. 하나님의 아들인 예수님은 더 많은 기도를 해야 할 필요를 느끼셨다. 그 기도는 하늘로부터 내려와 하나님과 교제하는 삶을 유지하는 지속적인 기도였다.

우리는 하나님을 신뢰하는 것과 관련하여 엄청나게 많이 들어왔다. 복되도다! 또한 이렇게 말할 수 있다. "오, 그것은 바로 내가 바라던 것이었어!" 그렇지만 가장 비밀스러운 것을 잊고 있었다. 바로 그리스도 안에서 하나님이 우리를 통해 모두 행하셔야 한다는 것이다. 나는 믿음의 대상으로서 하나님이 필요할뿐더러 믿기 위한 능력으로서 그리스도를 소유해야 한다. 그리스도께서는 내 안에서 믿음의 삶을 사셔야 한다.

하나님의 사랑하는 종인 사도 바울의 놀라운 이야기를 통해 이 사실에 관하여 들어보자. 바울은 자신을 신뢰할 수 있는 위험에 노출되어 있었지만, 하늘에 계신 하나님은 바울이 자기를 신뢰하지 않고 살아계신 하나님을 신뢰하도록 아시아에서 그가 엄한 시험을 당하게 하셨다. 또한 고린도후서 12장에서 나타나듯 우리는 그의 육체의 가시에 관해 들었다. 바울은 자고해질 수 있는 위험이 있었지만 고마우신 주님은 그를 겸손하게 하고 훈계하시기 위해 임하셨다. "내가 너를 약한 데에 머무르게 한 것은 네가 자신이 아닌 나를 믿도록 하기 위함이다." 우리가 믿음의 안식에 들어가 거기에 머무르기 원한다면, 우리가 약속의 땅에서 승리의 삶을 살기 원한다면 여기서 시작해야 한다. 자기의 모든 자신감을 깨부수고 그리스도처럼 절대적으로 끊임없이 하나님을 의지하는 법을 배워야 한다.

그러나 우리가 알고 있는 것보다 더 엄중히 할 일이 있다. 우리는 반드시 부서지고 항상 영혼으로서 "나는 아무것도 아닙니다. 하나님이 전부가 되십니다. 나는 하나님이 제게 주신 생명을 친히 지켜주시지 않으면 한순간도 살아갈 수 없습니다"라고 고백하는 습관을 지녀야 한다. 그때 하나님은 우리의 모든 어려움과 질문에 얼마나 복된 해결책을 주시는가!

하나님은 "나의 자녀야, 그리스도가 너를 위해 그 모든 길을 걸어갔단다. 그리스도는 나를 신뢰할 수 있는 새로운 본성을 주기 위해 그리하였다. 또한 하늘에 살아 있는 그리스도는 너의 안에서 살고, 네가 그 신뢰의 삶을 살 수 있게 해줄 것이다"라고 말씀하신다. 이것이 바울이 "그리스도를 통하여 우리가 하나님을 향한 믿음을 가졌다"라고 말할 수 있었던 까닭이다. 그렇다면 이것은 무슨 의미인가? 그것은 그리스도를 '중재자' 혹은 '중보자'로만 일컫는다는 뜻인가? 물론 아니다. 그것이 뜻하는 바는 훨씬 더 크다. 그리스도를 통하여 우리는 하나님 안에서 살고, 예수님이 하나님을 믿는 것처럼 우리가 그분을 믿을 수 있다.

세 번째, 그리스도의 죽음이다. 그리스도의 죽음이 우리에게 성부 하나님과 관련하여 가르치는 것은 무엇인가? 그리스도의 삶에서 가장 심오하고도 중대한 가르침을 알게 하는데, 우리는 그것을 잘 이해하지 못하고 있다. 우리는 속죄로써 그리스도의 죽음이 의미하는 것을 알고 있으며, 구원으로 우리가 얻은 축복된 죄의 전가와 피 흘림은 아무리 강조해도 지나치지 않는다.

그러나 기억하자. 그것은 그분 죽음의 절반의 의미일 뿐이다. 다른 절반은 그리스도께서 나를 위해 죽음으로 나를 대신하셨으니, 그리스도께서는 나의 머리가 되시며, 그 안에서 그분과 함께 내가 죽었다는 뜻이다. 또한 나를 위해서 그리스도께서 중보자로 사시는 것처럼 그분은 내 안에서 그의 생명을 전하고 완성하시기 위해 사신다. 그분이 내 안에 사는 삶이 어떤 것인지 알기 원한다면 그분의 죽음을 먼저 바라보라. 그리스도께서는 오직 하나님을 위하여 살아왔음을 죽음으로 증명하셨다. 그분은 전심전력을 다하여 한순간의 예외도 없이 언제 어디서든 하나님을 위해 사셨다.

그러므로 완전한 신뢰의 삶을 살기 원하는 사람은 죽기까지 자신의 생명과 의지를 온전히 내놓아야 한다. 그는 반드시 예수님과 함께 갈보리까지라도 기꺼이 함께 갈 의지가 있어야 한다. 예수님은 열두 살 때 이렇게 말씀하셨다. "내가 내 아버지 집에 있어야 될 줄을 알지 못하셨나이까"(눅 2:49). 또한 요단강에서 세례를 받으시러 나왔을 때 "우리가 이와 같이 하여 모든 의를 이루는 것이 합당하니라"(마 3:15)고 말씀하셨다. 예수님은 자신의 전 생애를 거쳐서 말씀하셨다. "나의 양식은 나를 보내신 이의 뜻을 행하며 그의 일을 온전히 이루는 이것이니라"(요 4:34). "내가 하늘에서 내려온 것은 내 뜻을 행하려 함이 아니요 나를 보내신 이의 뜻을 행하려 함이니라"(요 6:38). 또한 겟세마네에서 번민 중에도 주님은 이렇게 말씀하셨다. "나의 원대로 마시옵고 아버지의 원대로 하옵소서"(막 14:36).

이렇게 말하는 사람이 있을지 모른다. "나는 진정으로 온전한 신뢰의 삶을 살기 원합니다. 그리스도께서 내 안에 살기를 갈망하니다. 그리스도께서 영원히 내 안에 거하실 것이라는 확신을 하는 데까지 이르기를 염원합니다. 나의 여호수아이신 그리스도께서 승리의 땅에서 나를 지키시리라는 온전한 확신에 도달하기 원합니다." 그렇다면 이 사람에게 필요한 것은 무엇인가? 나의 대답은 이것이다. "당신이 잘못된 그리스도, 상상 속의 그리스도, 반쪽자리 그리스도를 모시지 않도록 조심하라." 그렇다면 완전한 그리스도란 무엇인가? 완전한 그리스도께서는 "나는 하나님이 영광을 받으시도록 죽음까지 모든 것을 버립니다. 나에게는 지혜가 없습니다. 나에게는 소망도 없습니다. 하나님의 영광을 위해서가 아니고는 한순간도 살지 않겠습니다"라고 말하는 사람이다.

당신은 즉시 "어떤 그리스도인이 그렇게 살 수 있습니까?"라고 반문할지 모른다. 하지만 그렇게 질문하지 말고 이렇게 물으라. "그리스도께서 그렇게 사셨으며, 내 안에서 사시겠다고 약속하셨습니까?" 완전한 그리스도를 받아들이고, 그분이 당신을 얼마나 가까이 인도하시며, 당신 안에서 일할 수 있는지를 가르쳐주시도록 하라. 실패에 대한 어떤 조건이나 상황도 만들지 말고, 단지 자신을 하나님께 철저히 바친 그리스도께 드리고, 자기를 버리고, 그분이 당신에게 당신이 그리스도와 같아질 수 있게 만들어주는 새로운 본성을 부여하게 하라. 그러면 당신은 하나님이 당신을 위해 할 수 있는 것을 경험하고 소유하는 복된 자리로 인도함을 받을 것이다.

예수 그리스도께서는 아버지로부터 생명을 내려놓아야 한다는 명령을 받고 이 세상에 오셨다. 그리스도께서는 전 생애 동안 가슴에 한 가지 생각만 품고 사셨다. 그리고 모든 믿는 자의 마음속에 거하여야 하는 그 한 가지 생각은 이것이다. "내가 그리스도와 함께 죽음 가운데 있다. 절대적으로, 또한 변함없이 하나님이 내 안에서 순간마다 그의 목적과 영광을 수행하실 수 있도록 자신을 내주어서 그만을 바라야 한다." 한꺼번에 그 승리와 기쁨과 온전한 경험을 모두 얻는 사람은 거의 없다. 그러나 당신은 이렇게 할 수 있다. 당신이 예수님과 그분의 말씀을 바라볼 때 올바른 태도를 보이라. "아버지, 주님은 저를 하나님의 성품에 참여자, 그리스도의 동역자로 만드셨습니다. 제가 주님 앞에서 살고 싶은 삶은 그리스도의 생명 안에서 그분의 능력과 내주하심과 그분을 닮음으로 주님에게 죽음까지 내드리는 것입니다."

죽음은 준엄한 것, 장엄한 것이다. 겟세마네 동산에서의 죽음은 그리스도께 엄청난 고통을 가져다주었다. 그것이 우리에게 쉽지 않다는 것은 의심의 여지가 없다. 그러나 우리가 그 비밀을 들었을 때 우리는 기꺼이 동의한다. 왜냐하면 죽음만이 하나님의 생명이 오는 길이며, 그 길에는 형용할 수 없는 축복이 있기 때문이다. 바울로 하여금 죽음의 선고를 기꺼이 감당하게 한 것은 바로 그 축복이었다. 바울은 죽음에서 다시 살리시는 하나님을 알고 있었다. 죽음의 판결은 모든 면에서 자연스러운 현상이었다. 그렇다면 우리는 죽음을 받아들일 마음가짐이 되었는가? 우리는 그것을 소중하게 여기는가?

아니면 오히려 죽음에서 도망하거나 잊어버리려고 하는가? 우리는 죽음의 선고가 내려졌다는 사실을 완전히 믿지 않는다. 그러나 자연적으로 우리는 죽게 마련이다. 당신이 그리스도와 함께 죽는 것이 그분과 함께 사는 유일한 방법임을 기꺼이 믿게 해주시기를 하나님께 구하라.

당신은 묻는다. "그러나 그렇다면 날마다 죽어야 합니까?" 사랑하는 자여, 그러하다. 예수님은 날마다 십자가를 생각하며 사셨다. 또한 주님이 승리하신 생명의 능력 안에서 그의 죽음에 상응하게 된 우리도 날마다 그분과 함께 죽음까지 내려가는 삶에 참여해야 한다. 한 가지 비유를 들어보자. 여기 몇백 년 된 참나무가 있다. 그 참나무가 어떻게 생겨났는가? 무덤 속에서다. 도토리가 땅속에 심기었다. 땅속은 그 도토리가 죽게 되도록 준비된 무덤이다. 도토리는 죽고 사라졌다. 그것은 아래쪽으로 뿌리를 내리고 위쪽으로는 발아했으며, 지금은 나무가 되어 수백 년 동안 서 있다. 그것이 서 있는 자리는 어디인가? 도토리가 죽었던 무덤이다. 언제나 참나무는 도토리가 죽었던 자리인 무덤에 서 있지만, 더 높이, 더 튼튼히, 더 넓게, 더 아름답게 자라고 있다. 그리고 그것이 내는 모든 열매와 해마다 그것을 장식하는 모든 잎은 그 나무가 뿌리를 내리고 지탱하는 무덤이 있기에 가능했다. 그리스도 역시 그의 죽음과 그의 무덤이 있기에 모든 것이 가능했다. 우리도 마찬가지다. 예수님의 그 무덤에 모든 것을 빚지고 있다.

날마다 예수님의 죽음에 뿌리를 내려 살라. 두려워 말고 "나는 나의 모든 뜻에 대하여 죽었습니다. 인간의 지혜와 인간의 힘, 이 세상에 대해 나는 죽었습니다. 나의 주 예수 그리스도의 생명이 시작되고, 그 힘과 영광이 있는 것은 그의 무덤이기 때문입니다"라고 고백하라. 이것은 우리를 다음의 생각으로 이끈다. 먼저, 그리스도께서는 아버지로부터 생명을 받았다. 둘째, 그리스도께서는 아버지를 의지하면서 그 삶을 살았다. 셋째, 그리스도께서는 그 삶을 아버지께 죽음으로 내드렸다.

이제 네 번째로 그리스도는 하나님 아버지께서 그의 영광의 능력으로 다시 살리심으로써 그 삶을 다시 받았다. 그렇다면 그리스도께서 죽었을 때 이루신 일은 무엇인가? 그분은 어둠과 죽음의 절대적인 무력함으로 떨어졌다. 그분은 죄가 없었던 삶을 버렸다. 그 삶은 하나님이 주신 것이며 아름답고 소중한 것이었다. 그분은 말씀하셨다. "아버지께서 원하시면 이 삶을 아버지의 손에 드리겠나이다." 그리고 그렇게 하셨다. 예수님은 하나님이 그의 뜻을 행하시도록 무덤에서 기다리셨다. 예수님이 최대한으로 하나님을 영광스럽게 했기 때문에 하나님은 예수님을 최대한의 영광과 능력으로 높이 세우셨다. 그리스도께서는 자신의 생명을 죽음으로 아버지께 내드리고서 아무것도 잃지 않으셨다.

당신이 하나님의 영광과 생명이 당신 위에 임하기를 원한다면 그 영광의 삶이 생겨나는 곳은 철저한 무력감 속의 무덤이라는 것을 알아야 한다. 예수님은 죽음에서 살아나셨고, 그 부활의 능력은 하나님의 은혜로 우리 안에서 일하게 될 것이다. 그렇다면 이 부활이 무엇을 의미하는지 다른 방식으로 설명해보자.

그리스도께서는 하나님이 주신 완전한 생명을 가지고 계셨다. 하나님은 말씀하셨다. "너는 나에게 그 생명을 포기하겠니? 나의 명령에 따라 그것을 내놓겠니?" 그리고 예수님은 자신의 생명을 내놓았지만 하나님은 다시 그에게 육신의 생명보다 수만 배 더 영광스러운 두 번째 생명으로 돌려주셨다. 마찬가지로 자기의 생명을 기꺼이 내놓는 모든 사람에게 하나님은 그렇게 하실 것이다. 당신은 그것을 이해했는가? 예수님은 두 번 태어나셨다. 첫 번째는 베들레헴에서였다. 그때는 나약함을 지닌 생명으로 태어나셨다. 그러나 두 번째 나셨을 때는 무덤에서 다시 태어나셨다. 그렇게 예수님은 "죽은 자들 가운데에서 가장 먼저 나신 자"가 되셨다. 예수님이 첫 번째 받은 생명을 내주셨으므로 하나님은 하늘과 하나님 보좌의 영광 가운데 두 번째 태어남의 생명을 주셨다.

그리스도인이여, 이것은 우리가 해야 할 바로 그 일이다. 어떤 사람은 독실한 그리스도인으로서 성공적인 사역자일지 모른다. 또한 그는 영적으로 많이 성장했을 수도 있다. 그러나 그가 이 축복의 온전함으로 들어오지 않는다면 하나님 구원의 능력을 다시 한번 더 깊이 경험할 필요가 있다. 그는 하나님이 애굽에서 홍해를 거쳐 인도하여 내신 것처럼 요단에서 가나안으로 다시 인도함을 받는 자리에 이르러야 한다.

사랑하는 자여, 우리는 그리스도의 죽음으로 세례를 받았다. 그것은 마치 우리가 "저는 매우 복된 생명을 가지고 있습니다. 저에게는 은혜의 체험도 많고 하나님이 저를 위해 많은 일을 하셨습니다. 그러나 여전히 잘못된 것이 있지 않을까 염려됩니다. 이 안식과 승리의 삶이 진정으로 나의 것이 아닐까봐 두렵습니다"라고 말하는 것과 같다. 그리스도께서 그의 보좌에 안식과 승리의 삶을 가져오기전에 그분은 먼저 죽어서 모든 것을 포기하셔야 했다. 당신도 마찬가지다. 그때 비로소 그리스도와 함께 그 승리와 영광을 공유하게될 것이다. 우리가 죽으신 예수님을 따를 때 부활과 권능과 기쁨 또한 갖게 될 것이다.

이제 마지막 단계로 가자. 그리스도의 놀라운 발자취의 다섯 번째 단계인 승천이다. 예수님은 아버지와 영원히 함께 있기 위해 하늘로 올라가셨다. 자기를 낮추셨기에 하나님이 그를 지극히 높이셨다. 그렇다면 예수님의 높임받으심이 아름답고 복된 이유는 무엇인가? 그것은 아버지 하나님과의 완전한 연합이다. 하나님의 전능하신 능력에 참여하는 것이다. 그렇다. 그것이 예수님의 죽음의 열매이다. 성경은 하나님이 부활의 생명을 통해 기쁨과 모든 이해를 가능하게 하는 화평과 죄에 대한 승리와 하나님 안에서의 안식을 주실 뿐 아니라 성령으로 세례를 베풀어주실 것은 약속한다. 다시 말해 하나님이 우리를 성령으로 가득 채우실 것이다. 예수님은 하늘 보좌로 들려 올라가셔서 아버지로부터 그의 새롭고 신령한 모습인 성령을 받아서 충만함 가운데 부어주실 것이다.

우리와 하나이면서 보좌 위에 앉으신 예수님을 믿는 믿음의 생명, 부활의 생명으로 다가설 때 예수 그리스도께서 하나님의 임재하심 속에 거하는 한 우리는 그분과의 교제에 참여하게 될 것이며, 성령님은 우리를 채우고, 우리 안에서, 그리고 우리 밖에서 지금까지 전혀 몰랐던 방식으로 일하실 것이다.

예수님은 죽음에 이르기까지 평생 하나님을 절대적으로 의지함으로써 신령한 생명을 받으셨다. 예수님은 하나님 한 분께만 순종하고 굴복하여 자기를 드림으로써 성령의 온전한 영광 가운데 이 생명을 받았으며, 무덤 속에서조차 하나님이 그의 강한 능력으로 일하시게 하셨다. 또한 예수님은 당신과 나의 안에서 자신의 삶을 이어가실 것이다. 오, 이 엄청난 신비여! 오, 이 영광이여! 오, 하나님의 확실성이여! 예수 그리스도께서는 그 삶을 당신과 나의 안에서 사시려고 한다. 그렇다면 우리는 하나님 앞에서 자신을 낮춰야 하지 않을까? 우리는 수십 년간 그리스도인으로 살아오면서 자신이 누군지 인정한 적은 너무 적지 않은가?

나는 따로 구별된, 깨끗이 되어 비워지고 성화된 그릇이다. 이제 일어서서 모든 순간에 그리스도 안에서, 성령으로, 자기를 기쁘게 했던 아들의 생명과 거룩함처럼 나를 그렇게 만드실 하나님을 바라보아야 한다. 우리가 겸손과 참회와 수치의 무덤으로 들어갈 때까지, 우리가 하나님 앞에서 티끌 가운데 누워 하나님이 자기를 들어올리시는 무언가 새로운 일, 무언가 놀라운 일, 무언가 초자연적인 일을 행하실 때까지 세상을 정복하기 위한 그 모든 노력이 나약함 가운데 남아 있을 것이다.

우리에게 있는 어떤 미적지근함과 어떤 세속성과 어떤 불순종과 어떤 죄가 용납되리오! 어떻게 이 전쟁을 치르고, 이 어려움을 감당할 수 있겠는가? 그 답은 이것이다. 하늘에 올라가신, 면류관을 쓰신 전능하신 그리스도께서 각 개개인의 삶에 들어오셔야 한다. 그러나 먼저 우리가 그분과 함께 죽지 않으면 이것을 기대할 수 없다.

하나님의 자녀여, 우리는 예수님의 무덤에 더 깊이 들어가야 한다. 우리는 우리의 영혼이 하나님 앞에서 날마다 깊고 거룩한 두려움에 떨 때까지 무력함과 의지함과 무가치함의 감각을 배양해야 한다. 하나님이 우리가 무가치한 존재가 되지 않게 하실 것이다. 하나님은 우리가 자기를 의지하도록 가르치셔서 우리 안에서 일하시고, 그리스도께서 그의 삶을 우리 안에서 사실 때까지 그의 아들 안에서 역사하실 것이다. 이를 위하여 하나님의 도움을 구하자!

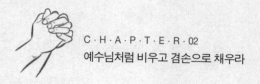

C·H·A·P·T·E·R·02
예수님처럼 비우고 겸손으로 채우라

"너희 안에 이 마음을 품으라. 곧 그리스도 예수의 마음이니 그는 근본 하나님의 본체시나 하나님과 동등됨을 취할 것으로 여기지 아니하시고 오히려 자기를 비워 종의 형체를 가지사 사람들과 같이 되셨고 사람의 모양으로 나타나사 자기를 낮추시고 죽기까지 복종하셨으니 곧 십자가에 죽으심이라"(빌 2:5-8). 우리는 이 멋진 말씀을 잘 알고 있다. 바울은 일상에서 가장 간단하고도 실제적인 것에 관하여 말하고 있는데, 바로 겸손이다. 또한 그는 이것과 관련하여 영적인 진리를 놀라운 방식으로 나타낸다. 이 구절에서 예수님의 영원한 신성을 볼 수 있다. 그는 하나님의 본체이며 하나님과 같으시다. 우리는 그가 성육신한 모습을 본다. 그는 내려와서 사람의 형체로 나타나셨다. 우리는 그의 죽음으로 속죄를 받았다. 그는 죽음에 이르기까지 순종하셨다. 하나님은 그를 지극히 높이셨다. 우리는 그의 나라의 영광을 가진다. 모든 무릎이 꿇을 것이요, 모든 혀가 그를 주라 고백할 것이다.

그렇다면 무엇이 그것을 가능하게 했는가? 신학 공부를 통해서일까? 아니다. 그리스도께서 어떤 분인지에 관한 설명인가? 아니다. 우리가 서로 겸손한 삶을 살라는 단순하고 단도직입적인 부르심이 그 연결고리이다. 이 땅에서 우리의 삶은 예수님이 높이 올라가심에서 나타났듯 신성의 모든 영원한 영광과 연결되어 있다. 예수님을 바라보는 것, 예수님께 무릎을 꿇는 것은 반드시 가장 깊은 겸손의 영과 관련되어 있다. 예수님의 겸손을 묵상해보라. 먼저 그 겸손은 우리의 구원이다. 그리고 그 겸손은 우리에게 필요한 구원이다. 또한 그 겸손은 성령이 우리에게 주실 구원이다.

겸손은 그리스도께서 가져오시는 구원이다. 그것이 우리의 가장 우선되는 생각이다. 우리는 종종 그리스도에 관해 매우 모호한 생각을 가진다. 우리는 그리스도라는 사람을 사랑하지만, 그리스도가 되게 하는 것, 실제로 그를 그리스도로 만든 것을 사랑하거나 알지는 못한다. 우리가 모든 것보다 그리스도를 사랑한다면 모든 것보다 먼저 겸손을 사랑해야 한다. 겸손은 그리스도의 생명과 영광의 본질이요, 그리스도께서 가져오는 구원이기 때문이다.

생각해보라. 그것이 어디에서부터 시작되었는가? 천국에 겸손이 있는가? 그렇다는 것을 당신도 알 것이다. 그곳에서는 모든 사람이 그들의 면류관을 하나님의 보좌와 어린 양에게 벗어드리기 때문이다. 그렇다면 하나님의 보좌 위에 겸손이 있는가? 그렇다. 보좌 위의 예수님이 "나는 종이 되기 위해 내려가서 사람들을 위해 죽을 것입니다. 내가 가서 하나님의 약하고 천한 어린 양으로 살 것입니다"라고 기꺼이 말씀하시는 것이 겸손이 아니고 무엇이겠는가? 예수님은 겸손을 천국에서 우리에게 가져오셨다. 그분이 이 땅에 임한 것은 겸손 때문이었다. 그것이 아니고서는 절대 내려오려고 하시지 않았을 것이다.

이것과 일치하여 예수님은 그 같은 겸손으로 인간이 되셨으며, 그의 전 생애는 겸손으로 특징지어진다. 그는 나타나실 때 다른 모습을 선택할 수도 있었다. 왕의 모습으로 오실 수도 있었지만 종의 모습으로 오셨다. 그는 어떤 명성도 얻으려고 하지 않으셨다. 예수님은 자신을 비우셨다. 그리고 종의 모습을 선택하셨다. "인자가 온 것은 섬김을 받으려 함이 아니라 도리어 섬기려 하고 자기 목숨을 많은 사람의 대속물로 주려 함이니라"(마 20:28). 또한 당신도 알다시피 잡히시기 전날 밤, 그는 종의 모습을 취하여 수건으로 자기 허리를 동이고 베드로와 다른 제자들의 발을 씻기셨다. 사랑하는 자여, 이 땅에서 예수님의 삶은 가장 낮은 겸손의 삶이셨다. 하나님이 보시기에 그의 삶을 가치 있고 아름답게 만든 것은 바로 겸손이었다.

또한 겸손은 그리스도의 죽음이다. 아마도 당신은 이와 관련해서 그다지 많은 생각을 해본 적이 없을 것이지만, 그의 죽음은 비할 수 없는 겸손의 표출이었다. "자기를 낮추시고 죽기까지 복종하셨으니 곧 십자가에 죽으심이라"(빌 2:8). 나의 주 그리스도께서는 이 땅에 사는 동안 언제나 낮은 자리를 택하셨다. 그분이 제자들의 발을 씻기기 시작할 때 아주 낮은 자리를 취하셨다. 또한 갈보리에 오르셨을 때 그는 하나님의 모든 천지만물에서 찾을 수 있는 가장 낮은 자리를 취하셔서 죄와 죄의 저주와 하나님의 진노가 그를 덮게 하셨다. 예수님은 죄 있는 죄인의 자리로 가시고 우리의 짐을 담당하셨다. 그리하여 비참한 자리에 있는 우리를 구원하시기 위해, 그의 귀한 보혈로 우리를 견인해 내시기 위해, 그 피로 우리의 죄와 허물을 씻으시기 위해 그렇게 하셨다.

우리는 그리스도를 하나님으로, 인간으로, 속죄양으로, 구원자로, 보좌에 올라가신 자로 생각하는 위험에 빠져 있으며, 진정한 그리스도의 참된 모습은 알지 못한 채 그리스도의 이미지를 만들어낸다. 그렇다면 진정한 그리스도란 무엇인가? 우리의 구원을 위해 가장 깊은 곳까지 굴복하신 신성한 겸손이다. 예수님의 겸손은 우리의 구원이다. 우리는 "자기를 낮추시고 죽기까지 복종하셨으니…. 하나님이 그를 지극히 높여 모든 이름 위에 뛰어난 이름을 주사"(빌 2:8-9)라는 말씀을 읽어보았다. 그가 보좌로 올라가신 비밀은 바로 이것이다. 하나님과 사람 앞에서 자기를 낮추신 것이다. 겸손은 하나님의 그리스도이시고, 이제 오늘날 천국에서 그 겸손의 사람 그리스도께서는 하나님의 보좌 위에 계신다.

나는 무엇을 보는가? 보좌 위에 어린 양 하나가 서 있는데, 일찍 죽임을 당했다. 영광 속에서도 그는 여전히 여리고 온유한 하나님의 어린 양이다. 그의 겸손은 그곳에서 그리스도께서 달고 있는 견장이다. 당신은 하나님의 어린 양이라는 이름을 자주 사용한다. 당신은 희생의 피와 관련해서 그것을 사용한다. 당신은 어린 양을 찬양하는 노래를 부르고 어린 양의 피를 믿는다. 그 피로 인해 하나님께 감사드리라. 그 피는 아무리 신뢰해도 지나치지 않다. 그러나 나는 당신이 '어린 양'이 두 가지를 의미함을 잊어버릴까 우려된다. 그 한 가지는 피를 흘리는 희생이며, 다른 한 가지는 이 땅 위에 성육신하신 하나님의 겸손이다. 어린 양의 겸손함과 온유함에 나타난 하나님의 겸손이다.

그러나 그리스도께서 가져오신 구원은 겸손으로부터 흘러나온 구원일 뿐 아니라 겸손을 향해 우리를 이끈다. 우리는 이것이 당신과 나에게 필요한 구원이라는 사실을 깨달아야 한다. 모든 사람이 비참함에 이른 원인이 무엇인가? 주로 교만으로써 자기의 뜻과 자신의 영광을 구하기 때문이다. 그렇다. 교만은 모든 죄의 뿌리이고, 그것으로 인해 하나님의 어린 양이 교만한 우리에게 오셔서 교만으로부터 구하신 것이다.

우리는 무엇보다 우리의 교만과 자기 의로부터 구원받아야 한다. 도둑질이나 살인, 혹은 다른 악으로부터 구원받는 것은 당연한 일이다. 그러나 그 모든 악의 근원인 자기 의나 교만으로부터 먼저 구원받아야 한다. 사람은 그리스도께서 어떤 분인지 진정으로 이해하고, 그분을 자기의 구원자로 영접할 수 있을 때 비로소 이것이 정말로 그에게 필요한 구원임을 느끼게 된다. 그것은 그리스도인들에게 특히 필요한 구원이다.

교만이 우리를 지배한다면 우리가 어떻게 안식의 삶으로 들어가 하나님의 어린 양의 가슴에 거할 수 있겠는가? 우리는 종종 그리스도의 교회에 얼마나 많은 교만한 모습이 있는지 보게 된다. 하나님의 성도들 사이에서 자주 발견되는 분리와 다툼, 시기의 원인은 무엇인가? 가족 내에서 신랄한 판단과 성급한 말 같은 비통한 일들이 왜 자주 일어나는 것일까? 친구들 간의 불화는 무슨 까닭에서 생기는 것일까? 악담의 원인은 무엇인가? 이기심과 타인에 대한 무관심의 원인은 또 무엇인가? 오직 인간의 자만심 때문이다. 우리는 자신을 높이고 자기가 좋아하는 대로 생각하고 판단할 권리가 있다고 주장한다. 그러므로 우리에게 꼭 필요한 구원은 진정한 겸손이다. 오직 겸손을 통해서만이 하나님과의 올바른 관계를 회복할 수 있다.

"하나님 앞에서 잠잠하라." 이것은 피조물과 하나님의 참된 관계를 바르게 나타낸 유일한 표현이다. 하나님 앞에서 아무것도 아닌 존재가 되라. 하나님에 의해 만들어진 피조물의 본질적인 생각은 무엇인가? 그것은 하나님이 그 충만함을 부어주실 수 있는 그릇이 되는 것이다. 하나님은 거기에 자신의 생명, 선하심, 권능, 그리고 사랑을 나타내신다. 그릇이 채워지기 위해서는 먼저 비워져야 한다. 만약 우리가 하나님의 생명으로 충만하길 원한다면 자기를 철저히 비워야 한다. 이것이 하나님의 영광이다. 하나님은 만물을 채우길 원하시는데, 특히 그가 구속한 사람들에게 더욱 그러하시다. 또한 이것이 피조물의 영광이듯이 하나님 앞에서 비워지고 아무것도 아닌 존재가 되는 것은 모든 구속받은 영혼의 유일한 구원이요, 유일한 영광이다. 하나님 앞에서 잠잠하고, 그분이 모든 것이 되게 하라.

겸손은 신약의 거의 모든 서신에서 두드러진 위치를 차지한다. "모든 겸손과 온유로 하고 오래 참음으로 사랑 가운데서 서로 용납하고 평안의 매는 줄로 성령이 하나 되게 하신 것을 힘써 지키라"(엡 4:2-3). 당신이 하나님께 더 가까이 다가갈 때마다, 하나님의 충만함을 더 입을 때마다 당신은 더 겸손해질 것이다. 또한 하나님과 사람 앞에서 동등하게 아주 겸손히 자기를 낮추길 좋아할 것이다.

우리는 베드로가 처음에 자신감으로 가득 차 있었음을 잘 안다. 그러나 그의 서신을 보면 얼마나 다른 모습으로 말하고 있는가! 그가 서신에서 하는 말을 들어보라. "젊은 자들아 이와 같이 장로들에게 순종하고 다 서로 겸손으로 허리를 동이라. …그러므로 하나님의 능하신 손 아래에서 겸손하라. 때가 되면 너희를 높이시리라"(벧전 5:5-6). 그는 겸손을 잘 이해하고 있었으며, 모든 사람에게 담대하게 선포하고 있다. 그것은 진실로 우리에게 필요한 구원이다.

사람들이 온전한 겸손의 자리에 오는 것을 방해하는 것은 무엇인가? 그것은 단순히 과감하게 자기를 포기하고 하나님을 믿으려고 하지 않기 때문이다. 그들은 무가치한 자가 되어 자기의 뜻을 버리거나 자기의 소원을 포기하거나 그리스도께 권리를 드리려고 하지 않는다. 예수님이 베푸신 구원을 받아들이지 않겠는가? 그분은 자기의 뜻을 포기하셨다. 그분은 자기의 권리를 포기하셨다. 그분은 자신을 신뢰하지 않고 하나님이 보내신 종의 모습으로 아버지를 의지하셨다. 그리스도 안에 있는 겸손의 영, 이것이 우리에게 필요한 구원이다.

우리 마음과 평안을 종종 흔들어놓는 것은 무엇인가? 그것은 무엇인가가 되고자 하는 교만이다. 하나님의 말씀은 거스를 수 없다. "하나님은 교만한 자를 대적하시되 겸손한 자들에게는 은혜를 주시느니라"(벧전 5:5). 예수님은 얼마나 자주 제자들에게 겸손을 가르치셔야 했던가! 당신은 복음서에서 이런 말씀을 반복해서 찾아볼 수 있을 것이다. "무릇 자기를 높이는 자는 낮아지고 자기를 낮추는 자는 높아지리라"(눅 14:11). 예수님은 제자들에게 말씀하셨다. "너희 중에 누구든지 으뜸이 되고자 하는 자는 모든 사람의 종이 되어야 하리라"(막 10:44).

우리가 하나님 앞에서 부르짖어야 할 한 가지는 이것이다. "성령의 능력이 예수님의 겸손함을 가지고 제게 임하게 하소서. 그리하면 제가 예수님이 택하신 자리에 있을 수 있을 것입니다." 형제들이여, 예수님보다 더 좋은 자리를 원하는가? 예수님보다 더 높은 자리를 찾고 있는가? 아니면 "아래로, 아래로, 내가 내려갈 수 있는 가장 낮은 곳으로 내려가 하나님의 도우심으로 하나님 앞에서 나는 무가치한 존재가 되리라. 예수님이 계셨던 곳에 있으리라"고 말하겠는가?

겸손은 성령이 가져오시는 구원이다. 당신은 예수님의 제자들에게 무슨 변화가 일어났는지 알고 있다. 성령은 예수님이 하늘로부터 우리 마음속에 가져다주시는 생명과 성향, 기질과 의향을 의미한다. 그것이 성령이다. 성령은 은사를 주시기 위해 그의 강력한 역사를 일으키신다. 그러나 성령의 충만함은 그리스도께서 그의 겸손 가운데 우리 안에 거하려고 오시는 것이다. 그리스도께서 그의 제자들에게 가르치셨을 때 그의 모든 가르침은 준비함과 자기를 낮추는 것, 그리고 잘못된 것에 대한 깨달음과 소망을 일깨우는 것을 돕기 위한 것이었다. 그러나 그 가르침은 실제로 그렇게 만들지 못했고, 그들이 예수님을 사랑하고, 그를 기쁘게 하려는 소망은 성령이 오셨을 때에야 비로소 가능했다. 그것은 그리스도께서 주신 약속이셨다.

예수님은 성령에 관하여 "내가 다시 너희에게로 오리라"고 하셨다. 그리스도께서는 제자들에게 "내가 너희와 삼 년 동안 함께 있었고, 너희는 나와 가장 가까이 교제하였다. 나는 너희의 마음에 다가가려고 최선을 다했다. 너희의 마음속에 들어가고 싶었으나 아직 이루지 못하였구나. 그러나 근심하지 말라. 내가 다시 오리라. 그날에 내가 다시 너희를 보리니 너희 마음이 기쁠 것이요 너희 기쁨을 빼앗을 자가 없으리라. 내가 너희 안에 거하고 너희 안에서 살기 위해 다시 올 것이다"라고 말씀하셨다.

그리스도께서는 전에는 절대 갖지 않았던 능력을 얻기 위해 하늘로 가셨다. 그것은 무엇인가? 사람들 안에서 사는 능력이다. 겸손하신 분, 하나님의 어린 양, 온유하고 부드러우신 예수님이 성령 안에서 그의 제자들의 마음속에 오셔서 모든 교만함은 추방되었고, 그들을 한마음과 한 영혼으로 만든 사랑 안에서 천국의 숨결이 예수 그리스도를 통해 내쉬어졌다.

사랑하는 친구여, 그리스도께서는 당신 것이다. 성령의 능력으로 오신 그리스도께서는 당신 것이다. 온전한 그리스도 예수를 소유하길 원하는가? 그렇다면 와서 그분 신성의 영광 가운데 그분이 죽기까지 순종한 것과 가장 밝고 으뜸이 되는 영광인, 높이 올림받음의 영광 가운데 그분이 어떻게 자기를 낮추어 천국에서 이 땅으로 내려왔고, 이 땅에서 십자가까지 내려갔는지 보라. 예수님은 자기의 이름을 감당하기 위해서, 자기의 유순함을 보여주기 위해서, 그리고 하나님의 어린 양으로서 죽기 위해서 자기를 낮추셨다.

그렇다면 이제 우리는 무엇을 해야 하는가? 우리는 어떻게 예수님의 겸손함으로 구원받을 수 있는가? 이것은 아주 중요한 질문이다. 먼저, 우리는 그것을 최우선으로 갈망해야 한다. 하나님이 우리를 모든 교만의 모습에서 건져주시기를 기도하라. 교만은 저주받은 것이기 때문이다. 그리스도인으로 살아가는 동안 다른 것은 제쳐놓고 하나님의 어린 양에게 날마다 간구하라. "오, 하나님의 어린 양이여! 주님의 사랑을 알지만 주님의 순종함에 대해선 거의 모르고 있습니다." 날마다 나아가서 당신 마음을 그의 마음에 닿게 하고, 강렬한 소망을 갖고 말하라. "예수님, 하나님의 어린 양이여! 오, 제게 주소서. 제게 주님의 온화함과 겸손을 주소서." 그러면 그분은 그 소망을 이루어주시고 자신을 경외하게 할 것이다. 그것을 소망하고 기도하는 것만으로는 충분하지 않다. 그것을 주장하고 당신 것으로 받아들여야 한다.

이 겸손함이 우리의 생명이신 예수님 안에서 당신에게 주어졌다. 이것이 무슨 뜻인가? 하나님께서 그것이 뜻하는 바에 대한 비전을 당신과 나에게 주실 것이다! 공기는 우리의 생명이고, 그 공기는 어느 곳에나 있어 보편적이다. 우리는 하나님이 우리 주변을 공기로 채워주셔서 어려움 없이 숨을 쉴 수 있다. 그런데 그 공기가 그리스도보다 당신에게 더 가까운가? 해는 모든 녹색 잎사귀와 풀에 빛을 주고, 시간마다, 또 순간마다 빛나고 있다. 그런데 해가 잎사귀에 가까운 것이 그리스도께서 우리 영혼에 가까운 것보다 그 이상인가?

분명히 아니다. 그리스도께서는 사방에서 당신을 둘러싸고 있다. 그는 우리 안에 오시는 걸음을 재촉하고 있으며, 하늘이나 땅, 지옥 어디에서도 그리스도의 빛이 텅 비고 열린 마음속으로 들어오는 것을 막을 수 있는 것은 없다. 당신의 방 안에 있는 창문이 셔터로 가려져 있다면 빛은 들어올 수 없다. 그 빛은 셔터를 향해 손을 뻗고 뻗으며, 건물 밖에서 머무를 것이다. 그러나 그것은 들어갈 수 없다. 하지만 셔터를 닫지 않은 창문에는 빛이 들어오고, 그 방을 즐거이 채울 것이다.

하나님의 자녀여, 이와 마찬가지로 예수님과 그분의 빛, 예수님과 그분의 겸손이 사면에서 당신을 둘러싸고 그 마음속에 들어오기를 바라고 있다. 오늘 와서 그분의 겸손함과 온유함을 받아들이라. 그분을 두려워하지 말라. 그는 하나님의 어린 양이시다. 그는 당신에 대해 오래 참으신다. 그는 너무나도 친절하게 당신 주변에 계시고, 너무나 온화하고 애정이 많으시다. 오늘 용기를 갖고 예수님이 당신 마음속에 들어와 당신을 소유하실 것을 믿으라.

예수 그리스도께서 소유하실 때 날마다 그와 함께 기쁘게 동행하는 삶이 있을 것이며, 당신은 그와 함께 보내는 경건의 시간과 그분을 예배하고 앙망하는 것, 혹은 단순히 그분 앞에 무력함과 겸손함으로 주저앉아서 "예수님, 저는 아무것도 아니며, 주님이 전부이십니다"라고 말하고자 하는 절실한 필요를 더욱 느낄 것이다. 당신이 예수님의 발치에 있음을 의식할 수 있기에, 그것은 매우 축복된 삶이다. 이 시간 당신은 예수님이 그분의 신성한 겸손함과 더불어 당신 영혼의 생명이라고 외칠 수 있다. 그렇게 하겠는가? 마음을 열고 "들어오십시오, 들어오십시오"라고 말하지 않겠는가!

오늘 와서 그리스도의 놀라운 겸손이라는 축복된 능력으로 그분을 새롭게 영접하라. 그리고 "오, 주님은 말씀하셨습니다. '나는 마음이 온유하고 겸손하니 나의 멍에를 메고 내게 배우라. 그리하면 너희 마음이 쉼을 얻으리니'(마 11:29). 나의 주님, 제가 왜 온전한 삶을 소유하지 못했는지 압니다. 그것은 저의 교만입니다. 그러나 오늘 주님이 제게 오셔서 저의 마음속에 거하시옵소서. 주님은 베드로와 요한도 그 성결한 겸손의 축복 속으로 인도하셨습니다. 주님은 저를 거절하시지 않을 것입니다. 주님, 제가 여기 있습니다. 주님의 놀라운 겸손으로만 저를 구하시고 제게 들어오시옵소서. 오, 하나님의 어린 양이여! 주님을 믿습니다. 저의 마음을 소유하시고 제 안에서 사십시오."

당신이 이 기도를 마쳤다면 고요함 가운데 밖으로 나가 하나님의 어린 양을 마음속에 모시고 사뿐히 걸으면서 말하라. "저는 하나님의 어린 양을 소유했습니다. 그분이 저의 마음을 그의 보살핌 아래 두십니다. 그분이 자신의 겸손을 불어넣으시고 하나님을 의지하게 하셔서 저를 하나님께로 이끕니다. 그분의 겸손함은 나의 생명이요 나의 구원입니다."

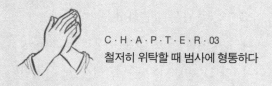

"요셉이 이끌려 애굽에 내려가매 바로의 신하 친위대장 애굽 사람 보디발이 그를 그리로 데려간 이스마엘 사람의 손에서 요셉을 사니라. 여호와께서 요셉과 함께 하시므로 그가 형통한 자가 되어 그의 주인 애굽 사람의 집에 있으니 그의 주인이 여호와께서 그와 함께 하심을 보며 또 여호와께서 그의 범사에 형통하게 하심을 보았더라" (창 39:1-3).

이 말씀은 그리스도께서 우리에게 어떤 분인지를 가르쳐주는 좋은 실례이다. 주목해보라. 요셉은 노예였지만 하나님이 그와 함께하심으로써 그의 주인도 그것을 느낄 수 있었다. "그의 주인이 여호와께서 그와 함께 하심을 보며 또 여호와께서 그의 범사에 형통하게 하심을 보았더라. 요셉이 그의 주인에게 은혜를 입어 섬기매." 즉 요셉은 몸으로는 보디발의 종이었다. "그가 요셉을 가정 총무로 삼고 자기의 소유를 다 그의 손에 위탁하니"(창 39:4). 그러나 지금 그는 주인이 되었다. "그가 요셉을 가정 총무로 삼고 자기의 소유를 다 그의 손에 위탁하니 그가 요셉에게 자기의 집과 그의 모든 소유물을 주관하게 한 때부터 여호와께서 요셉을 위하여 그 애굽 사람의 집에 복을 내리시므로 여호와의 복이 그의 집과 밭에 있는 모든 소유에 미친지라. 주인이 그의 소유를 다 요셉의 손에 위탁하고 자기가 먹는 음식 외에는 간섭하지 아니하였더라"(창 39:4-6).

우리는 보디발의 집에 있는 요셉에게서 두 가지 특징을 발견할 수 있다. 먼저 선망받고 총애받는 노예와 종으로서의 요셉이다. 그러나 여전히 종일뿐이다. 두 번째는 주인으로서의 요셉이다. 보디발이 요셉에게 그의 집과 땅과 모든 소유물을 위탁했고, 이에 따라 우리가 읽은 것과 같이 모든 것을 주관하게 하였으니, 주인은 자기가 먹는 음식 외에는 다 요셉의 손에 위탁하고 간섭하지 않았다.

나는 당신이 요셉을 그리스도의 전형으로 주의하여 살펴보기를 바란다. 우리는 그리스도인으로 살아가면서 이따금 온전한 순종에 관해 말한다. 여기에 온전한 순종의 모습에 관한 아름다운 예화가 있다.

먼저, 요셉은 보디발의 집에서 그를 섬기고 돕기 위해 있었다. 그는 그 일을 잘해 냈으며 보디발도 그를 신뢰하게 되었다. "내가 가진 모든 것을 그의 손에 주겠노라." 이제 이것은 정확히 수많은 그리스도인에게 일어나게 될 일이다. 그들은 그리스도를 알고, 그리스도를 믿고, 그리스도를 사랑한다. 그러나 그들의 주인은 아니다. 일종의 조력자인 셈이다. 사람들은 문제가 생기면 그리스도를 찾아온다. 그들이 죄를 지었을 때는 그의 귀한 피로 용서해주기를 구한다. 그들이 어둠 속에 있을 때는 그리스도를 부른다. 그러나 종종 사람들은 자기 뜻에 따라 살고, 자기 힘으로 문제를 해결하고자 힘쓴다. 그러나 보디발처럼 그리스도께 와서 도움을 구하며 말하는 자들은 얼마나 복이 있는가? "나는 모든 것을 예수님에게 맡깁니다." 그리스도를 자기의 주로 받아들이는 사람은 많지만, 최후까지 그분에게 와서 모든 것을 철저히 위탁하지는 않는다.

그리스도인이여, 당신이 완전한 안식, 끊임없는 기쁨, 하나님을 위해 일하는 힘을 원한다면 와서 그 가엾은 애굽인에게 당신이 어떻게 해야 할지를 배우라. 그는 하나님이 요셉과 함께하심을 보고 말했다. "내 온 집을 그에게 맡기노라." 그리스도를 아직 한 번도 받아들이지 않은 사람들이 있고, 목마르고 주린 마음으로 그를 구하는 사람들도 있다. 그러나 그들은 어떻게 그리스도를 찾을 수 있는지 모른다.

그러므로 그리스도께 위탁하는 것과 관련해서 네 가지 제언을 하고자 한다. 주의를 기울이기 바란다. 첫 번째는 동기이며, 두 번째는 방법이고, 세 번째는 축복이며, 마지막은 지속기간이다.

먼저, 그 동기를 살펴보자. 무엇이 보디발로 하여금 요셉에게 모든 것을 맡기도록 했는가? 그 답은 매우 쉽다고 생각한다. 그는 왕의 신임받는 신하였으므로 왕의 일을 처리해야 했기에 자신의 집안 일은 잘 돌볼 수 없었을 것이다. 그의 모든 시간과 관심은 바로의 궁전에서 요구되는 일로 채워졌다. 그는 그곳에서 자기의 의무를 다해야 했다. 그는 높은 신의도 얻었다. 그러나 그의 집은 항상 뒷전이었다. 그러다 보니 그는 다른 책임자가 필요했을 것이고, 한 노예가 다른 노예들을 돌보는 일에 선출되었을 것이다. 그런데 그자는 불성실해서 그의 집 상황이 이전보다 좋지 않아졌다. 그래서 그는 여느 때와 같이 다른 노예를 샀는데, 이번에는 이전에 그가 결코 보지 못했던 모습을 보았다. 그 노예에게는 무언가 비범한 것이 있었다. 그는 매우 겸손히 행동하고, 너무나도 믿음직하고 충성스럽게 섬기며, 게다가 매우 성공적이었다. 보디발은 그 이유를 살펴봤고, 마침내 하나님이 요셉과 함께하신다는 결론을 내렸다.

하나님이 함께하는 사람을 만나고 그에게 일을 맡긴다는 것은 위대한 것이다. 그 이방인은 이것을 깨닫고 자기의 집안일에 관한 필요와 그가 요셉에게서 본 것을 통해 요셉을 감독자로 세우기로 했다.

당신에게 "나는 예수님을 내 온 존재의 주인으로 삼습니다!"라고 간청하지 않겠냐고 묻고 싶다. 그리스도인이여, 당신 영혼의 생명이 거하는 집, 당신 마음속 하나님의 성전은 어떤 상태인가? 예루살렘의 오랜 성전, 더럽혀지고 상인들의 시장처럼 결국 강도의 소굴과 같이 되지 않았는가? 당신 마음은 예수님의 거처가 되어야 하지만 종종 죄와 어둠으로, 슬픔으로, 분노로 가득 차지 않았는가? 당신은 그런 마음을 변화시키고자 최선을 다했고 사람이나 어떤 수단의 도움을 청했다. 당신은 상황을 바로잡고자 모든 방법을 다 썼지만 당신 안에 거하여야 할 분이 주관하기 전까지는 그렇게 되지 않는다.

당신 마음에 어떤 문제가 있다면 당신은 어둠 속에 있거나 죄의 속박 아래 있는 것이다. 그럴 때 당신은 자신을 하나님의 아들에게 전적으로 의지해야 한다. 보디발이 요셉에게 맡겼던 것처럼 당신도 예수님께 맡기지 않겠는가? 와서 말하라. "예수님이 모든 것을 맡으실 것입니다. 그에게 합당합니다." 예수님의 신적인 능력만 생각할 게 아니라 그분의 놀라운 사랑을 생각하라. 그가 당신을 구원하기 위해서 하늘에서 내려오신 것을 생각해보라. 그가 당신을 향한 강렬한 사랑으로 갈보리에서 죽으시고 피를 흘리신 것을 생각해보라. 하늘에 계신 그리스도께서는 하나님이 자기에게 주시고 하나님의 자녀로 삼으신 모든 사람을 사랑하신다. "세상에 있는 자기 사람들을 사랑하시되 끝까지 사랑하시니라"(요 13:1).

십자가에 못 박히신 예수님의 사랑의 이름으로 간구해야 하는가? 그리스도인인 당신에게 "하나님의 아들, 당신의 구원자이신 예수를 보시오"라 말하고, 그분을 모든 것의 감독자로 삼기를 요청해야 하는가? 그분께 당신의 기질과 당신의 마음이 이끄는 것과 당신의 생각과 당신의 모든 존재를 맡기면 그분이 이에 합당하다는 것을 증명하실 것이다.

요셉은 한동안은 그저 평범한 노예로 다른 노예들과 마찬가지로 보디발을 섬겼다. 그렇다. 많은 그리스도인이 자기만의 발전과 안락을 위해 세상에 있는 다른 많은 것을 이용하듯이 그렇게 그리스도를 이용한다. 그들은 아버지와 어머니를 이용하고, 성직자와 돈과 세상이 줄 수 있는 다른 모든 것을 안전과 행복을 가지려고 이용한다. 그러나 같은 방식으로 예수 그리스도를 이용하는 것은 위험하다. 사랑하는 형제여, 이것은 옳지 않다. 당신은 그리스도의 처소요, 그분은 당신 안에 거하실 권리가 있다. 와서 모든 것을 내 맡기고 "주 예수님, 주님을 모든 것의 감독자로 삼습니다"라고 고백하지 않겠는가?

두 번째로 주께 위탁하는 방법을 생각해보자. 우리는 창세기 39장 4절에서 읽게 된다. "자기의 소유를 다 그의 손에 위탁하니." 그리고 5절에 그 말씀이 한 번 더 나온다. "그가 요셉에게 자기의 집과 그의 모든 소유물을 주관하게 한 때부터." 그리고 연이어 세 번째로 나온다. "여호와께서 요셉을 위하여 그 애굽 사람의 집에 복을 내리시므로 여호와의 복이 그의 집과 밭에 있는 모든 소유에 미친지라." 6절에서는 "주인이 그의 소유를 다 요셉의 손에 위탁하고 자기가 먹는 음식 외에는 간섭하지 아니하였더라." 여기서 네 번째로 "모두 다"라는 말씀이 나온다.

이 말씀들에서 우리가 알 수 있는 것은 무엇인가? 보디발은 실제로 모든 것을 요셉의 손에 맡겼다. 그는 요셉을 종들의 관리자로 삼았다. 보디발이 자기가 먹는 음식 외에는 간섭하지 아니하였던 것으로 보아 모든 재물도 요셉에게 맡겼을 것이다. 저녁 식사가 상 위에 차려지면 그는 그것을 먹었고, 음식은 보디발이 자신의 집과 관련해서 신경 쓰는 유일한 대상이었다. 이것이 온전한 위탁이지 않은가? 보디발은 모든 것을 요셉의 손에 내주었다.

사랑하는 그리스도인이여, 자신에게 물어보라. "나는 그렇게 했는가?" 당신은 한 번 이상 헌신기도를 드렸고, 한 번 이상 "예수님, 제가 가진 모든 것을 당신께 드립니다"라고 말했다. 당신은 그렇게 말했으며 그렇게 하려고 했지만, 아마도 그 의미를 온전히 깨닫지는 못했을 것이다.

사랑하는 그리스도인이여, 예수 그리스도께서 전부 소유하시게 하라. 그가 당신의 온 마음을 그의 사랑으로 소유하시게 하라. 예수님은 요나단의 사랑보다 더한 사랑으로 사랑하신다. 그가 당신의 온 마음을 갖도록 고백하라. "예수님, 저의 모든 존재의 기질과 제 영혼의 모든 힘을 주님께 헌신합니다." 그는 이러한 위탁을 받아들이실 것이다. 그는 엄중한 말로 말씀하실 것이다. "너는 너의 아비와 어미도 미워해야 할 것이다." 지금 말하라. "주 예수님, 제 아버지와 어머니에 대한 사랑과 아내와 자식에 대한 사랑과 형제와 자매에 대한 사랑을 주님께 내드립니다. 저에게 주님을 사랑하는 법을 가르치소서. 제겐 오직 한 가지 소망이 있는데, 바로 주님을 사랑하는 것입니다. 전심으로 주님의 사랑으로 충만해지기 원합니다."

그러나 당신이 온 마음을 드리더라도 아직 드려야 할 것이 더 남아 있다. 바로 머리, 즉 생각이 있는 두뇌이다. 그리스도인들은 이 세상의 수많은 글을 읽느라 그리스도께 드릴 생각을 얼마나 많이 약탈당하는지 알지 못한다. 그들은 신문에는 푹 빠져 있으면서도 성경에는 아주 작은 자리만 내주고 있다. 친구여, 하나님이 부여하신 고귀한 능력, 영적이며 영원하고 무한한 것들을 생각할 수 있는 생각의 능력을 갖추고, 그것을 예수님의 발아래 내려놓고 "주 예수님, 내 존재의 모든 능력을 주님에게 위탁하여 주님과 주님의 나라를 위하여 제가 무엇을 생각하고, 어떻게 생각해야 하는지 가르쳐주소서"라고 간청하라.

하나님께 감사하라. 자기의 지식을 예수님께 드리고 예수님의 용납을 받은 사람들이 있다. 나의 모든 외부의 삶이 이와 관련되어 있다. 사회와 사람들 사이에서 나의 지위와 친구와 가족과의 관계, 돈과 시간과 비즈니스, 이 모든 것은 예수님의 손에 위탁되어야 한다. 우리는 이렇게 위탁하는 것이 얼마나 큰 축복인지를 맡기기 전에는 알 수 없다. 그러나 큰 축복임이 분명하다.

그리스도께로 가라. 그분은 이에 마땅하기 때문이다. 그리스도께로 가라. 당신은 스스로 모든 것을 바르게 처리할 수 없기 때문이다. 그리스도를 당신이 가진 모든 것의 주인으로 삼으라. 아버지와 어머니, 아내와 자녀, 집과 땅과 돈, 그리고 모든 것을 예수님께 드리면 당신은 모든 것을 드리는 대신 그것을 백 배나 더 받게 된다는 사실을 깨달을 것이다.

세 번째로 온전한 위탁의 축복을 생각해보자. 당신은 여기서 놀랄 만한 말씀을 얻는다. "그가 요셉에게 자기의 집과 그의 모든 소유물을 주관하게 한 때부터 여호와께서 요셉을 위하여 그 애굽 사람의 집에 복을 내리시므로 여호와의 복이 그의 집과 밭에 있는 모든 소유에 미친지라"(창 39:5). 나는 그리스도인인 당신에게 묻겠다. 그 이방사람이 요셉을 존중했기 때문에 하나님이 그에게 복을 내리셨다면, 하나님이 요셉을 위하여 그 애굽사람에게 이렇게 놀라운 축복을 주셨다면, 그리스도인은 담대히 "내가 나의 생명을 예수님의 손에 드린다면 하나님이 내가 가진 모든 것에 복을 내리실 줄 확신합니다"라고 말할 수 있지 않을까! 과감하게 두려움 없이 그렇게 말하라. 보디발은 명백하고도 절대적으로 요셉을 신뢰하였고, 하나님이 요셉과 함께하셨기 때문에 모든 것이 번성하였다.

사랑하는 친구여, 당신이 단지 모든 것을 맡기고 의지하면 이로 말미암은 복은 당신의 것이 된다. 당신의 내적인 삶과 외적인 삶에 모두 복이 있을 것이다. 하나님은 보디발의 집과 밭, 모든 곳을 축복하셨다.

그리스도인이여, 당신이 얻게 될 축복은 무엇인가? 나는 모든 것을 말할 수는 없지만 이것은 말할 수 있다. 당신이 예수 그리스도께 가서 모든 것을 위탁하면 하나님의 축복이 당신이 가진 모든 것에 내릴 것이다. 당신의 영혼에도 복이 있을 것이다. "주께서 심지가 견고한 자를 평강하고 평강하도록 지키시리니 이는 그가 주를 신뢰함이니이다"(사 26:3). 이렇게 하라. 모든 일에 예수님을 신뢰하고 모든 것을 그에게 위탁하면 하나님의 기분 좋은 안식, 믿음의 안식의 복이 당신에게 올 것이다. 모든 것은 예수님의 손에 있다. 그가 당신을 인도할 것이다. 그가 당신을 가르치실 것이다. 그가 당신 안에서 일하실 것이다. 그가 당신을 지키실 것이다. 그가 당신에게 전부가 될 것이다. 모든 것이 예수님께 달려 있기 때문에 책임과 염려로부터 이 얼마나 평안하고 자유로울 수 있는 복인가!

문제와 시험이 전혀 없다는 말이 아니다. 그러나 문제와 시험 가운데서 당신은 예수님의 임재라는 넉넉함 속에 평안과 도움과 인도함을 받을 것이다. 요셉은 그의 형제들에 의해 팔려갔지만 그 가운데 하나님을 보았다. 그리고 그는 매우 평안했다. 그리스도께서는 유다에게 배신당했고, 가야바에게 유죄로 판결받았으며, 빌라도에게 처형당하도록 넘겨졌다. 그러나 이 모든 것에서 그리스도께서는 하나님을 보았고 평안했다.

당신의 생명을 그 모든 상황과 함께 예수님의 손에 위탁하라. 당신의 머리카락 수도 헤아린 바 되고, 참새 한 마리도 아버지의 허락 없이 땅에 떨어지지 않음을 기억하라. 이제 평안히 고백하라. "나는 모든 것을 예수님께 드립니다. 무슨 일이 일어나건 그분의 뜻이 나를 돌보십니다. 그가 빛 가운데 오시든지, 어둠 가운데 오시든지, 폭풍이나 거친 파도 가운데서 오시든지 나는 이 복된 확신 속에서 쉬렵니다. 나의 모든 삶을 완전히 그분께 드립니다."

우리는 요나서를 읽으며 요나가 경험하는 과정 하나하나에서 하나님의 손길을 발견하게 된다. 요나가 배에 탔을 때 대풍을 보낸 것도, 큰 물고기가 그를 삼키게 한 것도, 그 물고기로 하여금 요나를 토해내게 한 것도 하나님이셨다. 그리고 후에 태양이 그 뜨거운 광선을 내리쬘 때 뜨거운 동풍이 요나에게 불어오게 하여서 그가 탄식하게 한 것도 하나님이셨다. 박 넝쿨을 자라게 하고, 나중에는 벌레가 와서 그 넝쿨을 다 갉아먹게 하고, 바닷바람이 그 넝쿨을 빠르게 마르도록 한 것도 하나님이셨다.

그렇다면 우리 삶의 모든 환경과 모든 안락과 시련이 그리스도 안에서 하나님으로부터 온다고 생각해야 하지 않겠는가? 내 머리털 하나도 나의 마음대로 할 수 없다. 나를 향한 어떤 신랄한 말 한마디도, 예상치 못했던 혼란도 다른 무엇도 모두 예수님에게서 오는 것이다. 그분의 손에 나의 삶이 있다면 나는 어떤 것도 염려할 필요가 없다. 나는 예수님이 주신 것으로 만족할 수 있다.

하나님은 보디발의 밭에서, 즉 그의 집 밖에 눈에 보이는 것으로 그를 축복하셨다. 또한 하나님은 당신이 사람들과의 관계에서 축복이 되도록 복을 주실 것이다. 당신의 거룩하고 겸손하며, 존경할 만하고 정숙한 발걸음을 통해 당신은 평안함을 줄 수 있다. 당신이 기꺼이 모든 사람의 종과 조력자가 될 준비를 함으로써 당신은 하나님의 성령이 당신을 통해 이루신 일을 증명할 수 있다.

나의 형제자매여, 당신이 이에 대한 개념을 가지고 있기 바란다. 나는 예수님에게 철저히 드려진 영혼을 하나님이 얼마나 축복하길 원하시는지 모른다. 하나님은 예수님 안에서만 기뻐하실 수 있다. 하나님은 예수님 안에서 제한 없이 기뻐하신다. 하나님은 내 안에서 단지 예수님만 보기 원하신다. 그래서 나의 마음과 생명을 예수님께 드리고 "나의 하나님, 주님이 저의 안에서 예수님만 보기 원합니다"라고 말한다면 나는 하나님께 무엇보다도 받을 만하신 제사를 드리는 것이다. 믿음의 사람이여, 지금 오라. 당신의 모든 문제와 당신의 모든 수고와 당신의 모든 자신감에서 빠져나와 하나님의 복된 아들이 모든 것을 소유하게 하라.

마지막으로 이러한 위탁의 지속기간에 대해 생각해보자. 주님께 위탁하는 것이 지속되지 않는 경우가 많으므로 이 점을 특히 강조하고 싶다. 어떤 사람은 쉽게 내맡기고는 한동안 큰 기쁨과 만족을 누리지만, 곧 점차 퇴색되기 시작하고 몇 주나 혹은 몇 달이 지나면 모두 없었던 일이 되어 버린다. 완전히 내드리지 않은 사람들은 때때로 그것이 금방 맡기더라도 곧 내게로 온다고 불평한다. 그들은 말한다. "내가 하나님께 위탁한 후 삶이 훨씬 행복했지만, 항상 같지는 않았습니다." 보디발은 어떻게 했는가? 우리는 창세기 39장 4절에서 보디발이 어떻게 행했는지 볼 수 있다. "그가 요셉을 가정총무로 삼고 자기의 소유를 다 그의 손에 위탁하니." 얼마나 간단한가! 그는 다 그의 손에 위탁했다.

그러면 하나님의 자녀여, 당신이 그런 자세가 되어 "영원을 위하여 나는 그것을 예수님의 손에 드립니다"라고 말하면 당신은 이것이 얼마나 귀한 축복인지 깨달을 것이다. 보디발은 이제 왕이 맡긴 일을 방해받지 않고 온전하게 할 수 있다는 사실을 깨달았다. 물에 빠져가는 사람을 구하기 위해서는 한 손으로는 어딘가를 굳게 붙잡고 다른 한 손으로는 그 사람에게 손을 내밀어야 한다. 그러나 두 손을 다 뻗을 수 있다면 더욱 좋을 것이다. 그는 바로 예수님께 모든 것을 맡긴 사람이다. 그는 마음속의 모든 일과 걱정과 문제, 그리고 자신까지 완전히 하나님의 뜻에 맡긴 것이다. 당신도 그렇게 맡기겠는가?

시험이 올 것을 알기 때문에 이것을 강조하여 말하고 싶다. 한 가지 시험은 당신의 그 위탁함이 곧 끝날 것이라고 느끼는 것이다. 또 다른 시험은 환경이 당신을 시험하는 것이다. 사랑하는 이여, 시험은 올지 모르지만 하나님이 당신을 위해 그것을 뜻하신 것이다. 모든 시험은 당신에게 축복을 가져온다. 이것을 이해하기 바란다. 모든 것을 예수님께 드리라는 가르침을 받아들이고 예수님이 모든 것을 책임지시게 하라. 예수님께 다 맡기라.

오늘 혹은 다른 어떤 날에 위탁한다면 문제가 아무리 크고 강력해도 다 제대로 해결될 것이다. 매일 아침 하나님이 당신을 잠자리에서 새로이 깨우실 때 당신은 마음과 생명과 집과 일들을 예수님의 손에 드려야 한다. 그를 의지하라. 필요하다면 고요하게, 혹은 기도를 통해서 그분이 당신에게 이런 확신을 주실 때까지 기다리라. "나의 자녀야, 오늘 모든 것은 안전하단다. 내가 다 책임질게." 그러면 아침마다 그분이 당신에게 그 축복을 새로이 하시고, 아침마다 당신은 경건의 시간에 "오늘 나는 나의 왕과 함께 시간을 가졌으며, 모든 것이 안전할 것"이라고 마음속으로 말하고 집을 나설 것이다. 예수님이 모든 것을 맡으셨다. 그러므로 날마다 당신은 모든 것을 예수님의 손에 드리는 은혜를 소유할 수 있다.

사랑하는 그리스도인이여, 당신의 아버지로부터 받은 메시지가 있다. 지금 와서 비록 당신이 이해하지 못했을지라도 당신의 마음과 당신의 입술에 그 말을 받아들이라. "예수님, 주님을 모든 것의 주인으로 삼습니다. 그리고 주님의 발아래서 주님이 나에게 바라고 행하기 원하시는 것을 보여주시옵소서."

이제 이미 모든 것을 예수님께 위탁한 그리스도인과 그것을 온전히, 그리고 완벽하게 이루기를 형언할 수 없이 갈망하는 사람들에게 말하고 싶다. 하나님의 자녀여, 당신은 할 수 있다. 성령님이 이 한 가지 목적을 위해 하늘로부터 내려오셨기 때문이다. 바로 예수님을 영화롭게 하는 것, 당신의 마음속에서 그가 얼마나 완전히 온 마음을 소유할 수 있는지 알게 함으로써 예수님을 영화롭게 하는 것,

당신의 전 생애가 예수님의 영광으로 빛을 비추도록 그분으로 하여금 당신의 삶 속에 들어오시게 하는 것이다.

당신이 준비되었다면 성부 하나님이 성령으로 그것을 당신에게 주실 것이다. 와서 하나님께 맡기는 당신의 마음이 간단한 기도와 응답 속에 응집되게 하라. "나의 하나님, 주님이 저를 그리스도로 충만하게 하시는 만큼 주님은 오늘 저를 소유할 수 있습니다." 그러면 은혜의 하나님은 "나의 자녀야, 너의 마음이 그리스도로 채워지기를 바라는 만큼 네가 갖게 될 것이다. 나의 아들이 나의 자녀의 마음속에서 거하는 것이 나의 기쁨이기 때문이란다"라고 인자하게 말씀하실 것이다.

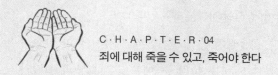
"내가 그리스도와 함께 십자가에 못 박혔나니 그런즉 이제는 내가
사는 것이 아니요 오직 내 안에 그리스도께서 사시는 것이라. 이제
내가 육체 가운데 사는 것은 나를 사랑하사 나를 위하여 자기 자신을
버리신 하나님의 아들을 믿는 믿음 안에서 사는 것이라"(갈 2:20).
아마 개역판 성경에는 위와 같이 기록되었을 것이다. "내가 그리스
도와 함께 십자가에 못 박혔나니." 이와 관련하여 말 그대로 그리스
도와 함께 십자가에 못 박힌 한 사람의 이야기를 들어보자. 우리는
이 땅 위에서 육체 가운데 사신 예수 그리스도의 모든 업적을 그의
영적인 역사의 전형으로 삼을 수 있다. 우리는 이 예를 누가복음 23
장 39~43절에 나오는 회개한 강도의 이야기로 엿볼 수 있는데, 내
가 생각하기에 우리는 그로부터 그리스도와 함께 십자가에 못 박힌

사람으로서 어떻게 살아야 하는지 배울 수 있다.

사도 바울은 말한다. "내가 그리스도와 함께 십자가에 못 박혔나니." 그리고 또한 "그러나 내게는 우리 주 예수 그리스도의 십자가 외에 결코 자랑할 것이 없으니 그리스도로 말미암아 세상이 나를 대하여 십자가에 못 박히고 내가 또한 세상을 대하여 그러하니라"(갈 6:14)고 했다. 우리는 종종 "어떻게 내가 나 중심인 삶에서 탈피할 수 있을까?"라고 묻는다. 그 답은 "다른 삶을 살아라"이다.

우리는 종종 우리에게 임하시는 성령의 능력에 관해 말하지만, 성령이 이기적이고 육체적이며 세속적인 삶을 쫓아내기 위해 오시는 영적인 삶이라는 것을 충분히 알고 있는지가 의심스럽다. 우리가 예수님 안에 있는 안식을 온전히 누리길 원한다면 예수님이 그의 사망의 능력으로 본성에 속한 것을 죽이고, 우리를 소유해서 성령의 충만함 가운데서 그의 생명을 살아 나가게 할 때 그렇게 될 수 있다.

하나님의 말씀은 우리를 그리스도의 십자가로 인도하고, 두 가지 사실을 알려준다. 그리스도께서 죄로 인하여 죽었다는 사실이 그 하나이다. 우리는 그것이 무엇을 의미하는지 알고 있다. 주님의 속죄는 내가 절대로 죽지 않고, 절대로 죽을 수 없고, 절대로 죽을 필요가 없다는 것이다. 예수님은 죄와 또한 나 때문에 죽으셨다. 그러나 무엇이 그의 죽음에 그러한 속죄의 능력을 주었는가? 그것은 그를 죽게 했던 마음이다. 육체적인 고통이 아니라 그를 죽게 했던 마음이다.

그러면 그 마음은 무엇인가? 예수님은 죄에 대하여 죽으셨다. 죄가 그를 유혹하고 그를 둘러싸고 그에게 매우 가까이 접근해서 "나는 죽을 수 없습니다"라고 말하게 했다. 겟세마네에서 주님은 말씀하셨다. "아빠 아버지여 아버지께는 모든 것이 가능하오니 이 잔을 내게서 옮기시옵소서"(막 14:36). 그러나 하나님을 찬양하라. 주님은 죄에 굴복하지 않고 죄에 대해 죽으셨다. 이제 나는 그리스도처럼 죄로 인해 죽을 수는 없지만 그리스도처럼 죄에 대해 죽을 수 있고 죽어야만 한다. 그리스도께서 나를 위해 죽으셨다. 그 안에서 주님은 홀로 일어나셨다. 그리스도께서는 죄에 대하여 죽으셨고 그 안에서 나는 예수님과 함께한다. 나는 십자가에 못 박혔다. 나는 죽었다.

여기에 내가 당신에게 인도하고 싶은 위대한 주제가 있다.

그리스도와 함께 죽는다는 것은 무엇이며, 어떻게 실제로 그리스도와 함께 죽음으로 들어갈 수 있을까? 우리는 그리스도의 가장 큰 특징을 이루는 것이 그분의 죽음임을 안다. 주님은 영원부터 아버지에게서 그 명령을 받아 오셨기 때문에 자신의 생명을 이 땅 위에 내놓아야 했다. 주님은 자기를 죽음에 내주었으며, 예루살렘을 향해서 얼굴을 돌리셨다. 주님은 죽음을 선택했고, 죽을 준비를 하기 위해 살았으며, 그렇게 행하셨다. 예수님의 죽음은 구원의 능력이다. 죽음은 우리 주님께 죄에 대한 승리를 주었다. 또한 죽음은 주님께 부활과 새로운 생명과 승천과 영원한 영광을 주었다. 그리스도의 위대한 표시는 그의 죽음이었다. 하늘에서도 주님은 보좌 위에서 죽임당한 어린 양으로 서 있으며, 영원토록 "두루마리를 가지시고 그 인봉을 떼기에 합당하시도다. 일찍이 죽임을 당하셨기 때문에"라고 찬양을 받으신다.

사랑하는 형제여, 당신의 그리스도, 당신의 능력 있는 구원자는 가장 중요한 특징이요, 최대의 영광을 '죽음'으로 삼는 분이시다. 만약 신부가 아내로서 그의 남편과 함께 살기 원한다면 그녀는 남편의 입장과 그의 마음과 그의 기질로 들어오고, 그대로의 그와 함께 있어야 한다. 그리스도께서 우리에게 할 수 있는 일의 온전한 능력을 경험하기 원한다면 그리스도와 함께 죽는 법을 배워야 한다. 여기서 나는 "우리는 그리스도와 함께 죽는 법을 배워야 한다"는 표현을 사용하면 안 될 것이다. 그 대신 "우리는 그리스도와 함께 죽었다는 사실을 알아야 한다"라고 말해야 한다. 로마서 6장에 나오는 영광스러운 생각이다. 로마의 교회 안에 있는 모든 믿는 자, 선택된 사람들이나 상류계급뿐 아니라 로마교회의 모든 믿는 사람에게 그들이 아무리 약할지라도 바울은 이렇게 말한다. "우리는 그리스도와 함께 십자가에 못 박혔다." 이에 의지하여 또한 "너희 자신을 죄에 대하여 죽은 자로 여길지어다."

그렇다면 죄에 대하여 죽는다는 것은 무엇을 의미하는가? 우리는 그것을 아담과 관련지어 가장 명확하게 이해할 수 있다. 그리스도께서는 두 번째 아담이시다. 첫 번째 아담에게 무슨 일이 일어났는가? 나는 첫째 아담 안에서 죽었다. 나는 하나님에 대하여 죽었다. 나는 죄 속에서 죽었다. 내가 태어났을 때 내 안에는 아담의 생명이 있었는데, 그것은 죄를 지은 후의 아담에게 있는 모든 특징을 가진 것이다. 아담은 하나님에 대해 죽었고, 죄 안에서 죽었으며, 나는 아담의 생명을 이어받았으므로 그와 같이 죄 가운데서 죽었고, 하나님에 대해서 죽었다.

그러나 내가 예수님을 믿기 시작한 바로 그 순간에 둘째 아담이신 그리스도와 합하여져서 다시 태어났을 때 첫째 아담과 합해진 것만큼 실제로 그리스도의 생명의 참여자로 만들어진다. 그렇다면 그 생명은 어떤 생명인가? 그것은 갈보리에서 죄에 대해 죽었고 다시 살아난 생명이다. 그러므로 하나님이 제자들을 통해서 우리에게 말씀하신다. "너희 자신을 죄에 대하여 정말로 죽은 자로 여길지어다." 당신은 그 말씀을 실제로 여겨야 한다. 하나님이 그렇게 말씀하셨기 때문이다. 당신이 그리스도와 한 생명을 가진 덕분에 당신의 새로운 생명은 진실로, 그리고 철저히 죄에 대해서 죽었다.

하나님이 우리에게 주신 실제의 그리스도, 우리를 위해 죽은 그리스도를 소유하기 원한다면 그의 죽음과 부활의 능력 속에서 우리의 설 곳을 마련해야 한다. 그러나 많은 그리스도인은 로마서 6장이 우리에게 가르치는 바를 잘 이해하지 못한다. 그들은 죄에 대해서 죽었다는 사실을 모른다. 그들은 그 사실을 모르고 있고, 그래서 사도 바울도 이렇게 말했다. "무릇 그리스도 예수와 합하여 세례를 받은 우리는 그의 죽으심과 합하여 세례를 받은 줄을 알지 못하느냐" (롬 6:3). 그리스도 안에서 죄에 대해 죽은 우리가 어떻게 여전히 죄 가운데 살 수 있는가? 참으로 그리스도의 죽음과 생명이 우리 안에서 역사하신다.

그러나 안타깝도다! 그리스도인 대부분은 이 사실을 알지 못하고 있으며, 따라서 그것을 경험하지도 실행하지도 못한다. 그들에게 가장 필요한 것은 갈보리의 그리스도에게 일어났던 일과 그들이 그리스도와 합할 때에 일어나는 일을 깨닫고 아는 자리에 이르는 것이다. 우리는 이해하지 못하더라도 이렇게 말해야 한다. "그리스도 안에서 나는 죄에 대해 죽었습니다." 그것은 명령이다. "너희 자신을 죄에 대하여 죽은 자로 여길지어다." 하나님이 당신과 그리스도와의 연합을 지탱시키신다. 당신 안의 새로운 본성, 당신이 그리스도로부터 가진 영적인 생명인 죽은 후에 다시 살아난 생명을 믿으라.

어떤 사람의 행동은 언제나 그의 상황에 대한 그의 생각과 일치한다. 왕은 왕처럼 행동한다. 그렇지 않으면 다른 사람들이 "저 사람은 자기가 왕이라는 것을 잊어버렸나 보다"라고 말할 것이다. 그러나 그가 왕이라는 것을 의식하고 있으면 왕처럼 행동할 것이다. 그러므로 내가 날마다 "내가 그리스도 안에서 죽은 것에 하나님께 감사합니다. 그리스도께서는 죄에 대하여 죽으셨고, 이로 인해 내가 그리스도와 함께 합한 자가 되었으며, 그리스도께서는 내 안에서 살고, 나는 죄에 대해 죽었습니다"라는 생각으로 가득 채워지지 않는다면 나는 진정한 그리스도인으로 살아갈 수 없다.

그렇다면 그리스도께서 내 안에서 사시는 삶은 무엇인가?

그 질문에 대해 답하기 전에 물어보라. 아담이 내 안에서 사는 삶은 무엇인가? 아담은 내 안에서 죽음의 삶을 살았는데, 이는 죄와 죽음의 능력 아래로 떨어져 하나님에 대해 죽었던 삶이다. 아담은 내 안에서 본성으로 거듭나지 않은 사람의 삶을 살았다. 그리고 두 번째 아담이신 그리스도께서는 나에게 새로운 생명을 주셨고, 나는 이제 그리스도의 생명 안에서 그리스도의 죽음의 삶을 살아간다.

그러나 비록 그 생명이 내 안에 있지만 내가 그 사실을 모르고 있다면 나는 그것에 따라서 행동할 수 없다. 하나님을 찬양하라. 어떤 사람이 그 삶이 무엇인지 깨닫고 이에 순종해서 "나는 하나님의 말씀에 따라 행할 것입니다. 나는 죽었습니다. 나 자신이 죽었음을 압니다"라고 말한다면 그는 새로운 생명으로 들어간 것이다. 하나님의 영원한 말씀의 힘과 당신과 그리스도의 연합과 갈보리에서 일어난 위대한 사실을 알라. 자신을 정말로 죄에 대해 죽은 자로 여기라. 이 진리를 깨달아야 한다. 이것이 첫 번째 단계이다.

두 번째 단계는 그가 그것을 믿음으로 수용해야 한다는 것이다. 그다음은 무엇인가? 믿음으로 그 사실을 수용했을 때 그에게는 싸움과 고통스러운 경험이 생겨난다. 아직 믿음이 연약해서이다. 그는 묻기 시작한다. "내가 죄에 대하여 죽었다면 왜 그토록 많은 죄를 범하는가?" 하나님의 말씀이 주시는 그 대답은 단순히 이렇다. 당신이 그 죽음의 능력으로 하여금 성령에 의해 다스려지도록 하지 않았기 때문이다.

우리가 알아야 할 것은 성령이 하늘로부터, 영광을 입은 예수님께로부터 그의 죽음과 그의 생명을 우리에게 주기 위해 오셨다는 것이다. 이 두 가지는 필연적으로 연결되었다. 그리스도께서는 죽으셨다. 죄에 대해 죽으셨다. 그리고 다시 살아나셨다. 우리 주님은 하나님에 대해 살아나셨다. 그러므로 그 안에 있는 죽음과 생명은 나뉠 수 없다. 우리에게도 그리스도 안에 있는 하나님의 생명은 죄에 대한 죽음과 필연적으로 연결되어 있다. 또한 그것은 성령이 우리에게 가르치고 우리 안에서 역사하시는 일이다.

내가 성령에 의해 그리스도를 믿음으로 영접하고 자신을 그리스도께 드리면 예수님이 내 마음을 소유하고 자기 죽음과 생명 속에 있는 온전한 능력을 날마다 나타내실 것이다. 어떤 사람들에게 이것은 의심할 바 없이 한순간 최고의 능력과 축복으로 다가온다. 갑자기 그들은 그것을 보고 받아들이고 그 안에 들어가는데, 거기에 영적인 경험으로서 죄에 대한 죽음이 있다. 악이 뿌리 뽑혀 나간다는 뜻이 아니다. 절대 그렇지 않다. 그리스도의 죽음의 능력이 죄로부터 우리를 지킨다는 뜻이다. 그 능력은 죄의 권세를 파괴한다. 그리스도의 죽음의 능력은 끊임없이 육체의 일을 멸하는 성령의 사역에서 나타난다.

어떤 이는 내게 여전히 성장이 필요하냐고 묻는다. 두말할 나위 없다. 우리는 이제 성령으로 살고 성장하기를 시작할 수 있다. 새로운 일들이 우리가 전혀 생각하지 못했던 영역에서 발견된다. 인간은 때때로 성령으로 충만하면서도 여전히 불완전한 모습이 나타날 수 있다. 왜 그런가? 우리의 마음이 아마도 완전히 죄가 드러나도록 준비되지 못했기 때문이다. 우리가 절대 알아채지 못했던 본성 속의 교만이나 자의식, 성급함, 혹은 다른 성격들이 있을 수 있다. 성령은 항상 이것을 한 번에 내쫓지는 않으신다.

그렇다. 복된 생명으로 들어가는 다른 길들이 있다. 어떤 사람은 예배의 능력을 생각하면서 이 복된 생명 안에 들어간다. 다른 사람은 걱정과 염려로부터 자유로운 생각으로 들어간다. 또 어떤 사람은 죄로부터의 자유라는 생각으로 들어간다. 그러므로 모든 믿는 사람은 그리스도의 죽음의 능력을 안 다음에 자신을 드리고 지속해서 말해야 한다. "주 예수님, 주님의 죽음의 능력이 역사하게 하소서. 그것이 나의 모든 존재 속에 침투하게 하소서." 그가 주저 없이 자기를 드릴 때 그는 십자가에 못 박힌 사람의 특징들을 나타낼 것이다. 그리고 그는 십자가에 못 박힌 사람처럼 산다.

그렇다면 십자가에 못 박힌 사람의 특징은 무엇인가?

먼저 깊이 있고 절대적인 겸손함이다. 그리스도께서는 자기를 낮추고 죽기까지 순종하셨다. 심지어 십자가의 죽음까지 말이다. 죄에 대한 죽음이 강력하게 역사하기 시작할 때 그것은 가장 주요하고도 복된 증거이다. 그것은 사람으로 하여금 깨어지고 낮아지게 하며, 그의 최고의 소망이 "나의 하나님 앞에서 더 깊이 낮아져서 아무것도 아닌 사람이 된다면 그리스도의 생명이 높임을 받을 텐데. 나는 저주받은 십자가 외에 무가치함이 당연하다. 나는 자신을 그것에 내준다"이다. 겸손은 십자가에 못 박힌 사람의 최고의 특징 가운데 하나이다.

다른 특징은 무능함, 무력함이다. 사람이 십자가에 달리면 그는 철저히 무력해진다. 그는 아무것도 할 수 없다. 우리 그리스도인이 강하고 무언가를 해내며 싸우는 한 그리스도의 복된 생명에 들어갈 수 없다. 그러나 우리가 "나는 십자가에 못 박힌 사람입니다. 나는 철저히 무력하며, 내 삶의 모든 호흡과 힘은 나의 예수님께로부터 옵니다"라고 말하면 우리가 스스로 무능하다는 의식에 들어가는 것이 무엇인지를 알고 "나는 아무것도 아닙니다"라고 고백하게 될 것이다.

십자가에 못 박힘의 또 다른 특징은 평온함이다. 그렇다. 그리스도께서는 십자가에 못 박혔으며, 무덤에 들어갔고, 우리는 주님과 함께 십자가에 못 박히고 장사되었다. 무덤만큼 평온한 곳은 없다. 무덤 안에서는 아무 일도 할 수 없다. 다윗과 주님은 "나의 영도 즐거워하며 내 육체도 안전히 살리니"(시 16:9)라고 말했다. 그렇다.

그리고 우리가 예수님의 무덤 속으로 내려갈 때, 그것은 그가 "나에게는 오직 하나님만 계십니다. 나는 하나님을 신뢰합니다. 나는 하나님을 바랍니다. 내가 모든 것을 내려놓았기에 하나님이 나를 위해 하실 일을 기다리며 쉴 수 있습니다"라고 말하는 것과 같은 뜻이다.

기억하라. 십자가, 죽음, 무덤에 장사됨은 나눌 수 없는 하나이다. 또한 무덤은 하나님의 강한 부활의 능력이 나타나는 장소임을 기억하라. 요한복음 11장에서 말한다. "내 말이 네가 믿으면 하나님의 영광을 보리라 하지 아니하였느냐"(40절). 예수님은 어디에서 이 말씀을 하셨는가? 나사로의 무덤에서다. 내가 하나님의 영광을 가장 찬란하게 보게 될 곳은 어디인가? 무덤 옆이다. 믿음으로 죽음에 내려가면 하나님의 영광이 당신 위에 임하며, 당신의 마음을 채울 것이다.

사랑하는 친구여, 우리는 죽기 원한다. 우리가 평안과 평화와 우리의 위대한 보아스의 축복 가운데 살고자 하면, 기쁨과 열매와 힘과 승리의 삶을 살기 원하면 우리는 그리스도와 함께 무덤으로 내려가야 한다. 또한 우리 삶의 언어는 이런 것이어야 한다. "나는 십자가에 못 박힌 사람입니다. 하나님이여, 찬송받으소서. 비록 내가 가진 것은 내 속의 죄밖에 없지만, 나에게는 영원하신 예수 그리스도께서 그의 죽음과 그의 삶으로 함께 계시고 내 영혼의 생명이 되십니다."

그렇다면 우리는 어떻게 예수 그리스도의 십자가와 함께하는 자리에 이를 수 있을까?

우리는 회개한 강도의 이야기를 통해서 그 예를 찾아볼 수 있다. 도마는 예수님이 돌아가시기 전에 이렇게 말했다. "우리도 주와 함께 죽으러 가자." 또한 베드로는 말했다. "내가 주와 함께 옥에도, 죽는 데에도 가기를 각오하였나이다." 그러나 제자들은 모두 실패했고, 우리 주님은 세상에서 찌꺼기 같았던 사람을 택하셔서 그를 갈보리의 십자가에서 자기 옆에 두셨다. 그리고 베드로를 포함한 모든 사람에게 말씀하셨다. "나와 함께 죽는 것이 무엇인지를 알게 하겠노라."

주님은 오늘날 그 말씀을 가장 연약하고 겸손한 사람에게 하신다. 당신이 예수님과 함께 죽는 것이 무엇인지 알기를 원한다면 와서 회개한 강도를 보라. 거기서 무엇을 보는가?

먼저 그리스도와 함께 죽을 준비가 된 마음의 상태를 본다. 우리는 그 회개한 강도에게서 겸손하게 전심으로 죄를 고백하는 모습을 본다. 그는 자기를 둘러싸 욕하고 있는 군중 속에서 저주받은 나무에 매달려 있지만 공개적으로 이렇게 말하기를 부끄러워하지 않는다. "우리는 우리가 행한 일에 상당한 보응을 받는 것이니 이에 당연하거니와 이 사람이 행한 것은 옳지 않은 것이 없느니라"(눅 23:41). 여기에 우리가 그리스도의 죽음에 이르지 못하는 원인 중 한 가지가 있다. 그들은 하나님의 저주가 그리스도와 함께 죽지 않은 그들 안의 모든 것 위에 임한다는 사실을 믿고자 하지 않는다. 사람들은 죄의 저주에 대해 말하지만 그들의 모든 본성이 죄로 인해 오염되었고, 저주가 모든 사람 위에 있다는 사실을 깨닫지 못한다.

나의 지성이 죄로 인해 더럽혀졌는가? 끔찍할 정도이다. 그리고 죄의 저주가 그 위에 있다. 그러므로 나의 지성은 죽음으로 내려가야 한다. 오늘날 우리는 지성과 명석함과 문화와 정신적인 고상함을 믿음으로 인해 다른 어떤 것에서보다 더욱 고통을 겪고 있다. 이 세상의 영이 그 안에 있어서 사람들이 자기의 지혜와 지식으로 복음을 믿으려고 하지만 그 십자가의 흔적을 도난당하고 만다. 그리스도께서는 바울에게 가서 십자가의 복음을 전하라고 지시했지만 말의 지혜로 하라고 명령하지는 않으셨다.

죄의 저주는 본성에 속한 모든 것에 임한다. 설교하는 것을 기뻐하는 목회자가 있다고 하자. 그는 최선을 다해서 그 일을 하고, 재능과 사고를 사용하는 데 있어서 최고의 실력을 발휘하는 자인데, 이렇게 묻는다고 하자. "이것도 무덤에 들어가야만 합니까?" 나의 대답은 "그렇습니다. 나의 형제여, 존재의 모든 것이 십자가에 못 박혀야 합니다." 마음의 정 역시 그렇다. 어린아이가 그의 어머니를 사랑하는 것보다 더 아름다운 것이 무엇인가? 그 사랑의 본성에도 성화되지 않은 것이 있고, 그것은 죽음에 내어져야 한다. 우리 주 하나님이 그것을 죽음에서 일으키시고, 다시 하나님을 향해 살아 있고, 거룩해진 모습으로 돌려주실 것이다. 그러므로 우리는 삶 전체를 내드려야 한다.

사람들은 종종 나에게 묻는다. "그러나 하나님이 만물을 아름답게 만드셨으므로 그것들을 즐기는 것은 우리의 권리가 아닙니까? 그분의 선물은 모두 선하지 않습니까?" 나는 그렇다고 대답한다. 그러나 말씀을 기억하라. 하나님의 말씀과 기도로 거룩해지면 그것은 선하다. 죄의 어두운 그림자는 가장 아름답다고 하는 것 위에도 있으므로 그것을 거룩하게 하는 하나님의 말씀과 기도가 필요하다. 무언가를 죽음에 내주는 것은 어렵다. 특히 사람의 생명이 그러하다. 그리고 우리는 생명에 관한 모든 것이 죄로 짓밟혔음을 깨닫고 나서야 그것을 소생시키고 성화시키는 유일한 방법으로 죽음에 내려가려고 할 것이다.

회개한 강도는 자기 죄를 고백하고 자기는 죽는 것이 마땅하다고 했다. 그런 후에 그는 그리스도의 전능하신 능력 속에서 놀라운 믿음을 가졌다. 성경에는 이에 필적할 만한 것이 없다. 저주받은 악인이 나사렛 예수 옆에 달렸고, 그는 담대히 말한다. "나는 여기서 내 죄로 말미암아 저주받아 죽어갑니다. 그러나 당신이 나를 당신의 마음에 받아들이실줄 믿습니다. 당신의 나라에 들어갈 때 나를 기억하소서."

우리는 그리스도의 전능하신 능력을 믿을 수 있다! 그 강도는 그리스도께서 왕이시며 왕국을 가지고 있다는 것을 믿었고, 자기를 그의 팔과 가슴으로 안아서 그의 나라에 들어갈 때 자기를 기억해 달라고 했다. 그는 그것을 믿었고, 그것을 믿으면서 죽었다.

형제여, 당신과 나는 그리스도의 능력 안에서 훨씬 더 크고, 더 깊은 믿음을 가지려고 시간을 낼 필요가 있다. 전능하신 그리스도께서 진실로 우리를 그의 팔로 인도하시고, 그의 죽으심의 능력을 우리 안에서 나타내시며, 그의 죽음의 생명으로 인도하실 것이다. 나는 매일 매 순간 그리스도와 개인적으로 만나지 않고는 살 수 없다. 그리스도께서 그 일을 행하셔야 한다. 그리스도께서는 그 일을 행하실 수 있다. 그러므로 와서 말하라. "그분은 전능하신 분이 아닌가! 그가 하나님의 보좌로부터 오시지 않았는가! 그가 그의 전능하심을 나타내 보이셨으며, 그가 죽음에서 일어날 때 아버지께서 그것을 입증하지 않으셨는가!"

이제 그 그리스도께서는 보좌에 계신다. 당신은 그리스도께서 십자가에 오르셨을 때 옆에 있던 강도가 했던 일을 하겠는가? 또한 그와 함께 죽은 자로 살기 위해 자신을 그에게 맡기겠는가? 그리스도께서 당신을 그가 지나온 바로 그 길로 인도하실 것이다. 그는 삶의 매 순간 그의 죽음이 당신 안에서 역사하게 하실 것이다.

나는 회개한 강도에게서 한 가지 더 주목할 만한 것을 본다. 바로 그의 기도이다. 그 기도에는 자기의 죄에 대한 확신이 있었지만 더 나아가 그의 믿음의 표현이 있었다. 그는 예수님께로 향했다. 마리아와 여자들 몇을 제외하고 전 세계가 그날 그리스도에게서 고개를 돌리고 있었음을 생각하라. 내가 아는 한 모든 사람 중에서 그날 그리스도에게 한 기도는 그것뿐이었다. 다른 사람들이 하는 일들을 지체하지 말고 알라. 당신이 머뭇거리면 당신은 그리스도의 교회에서 많은 무리를 찾을 수 없을 것이다. 쉬지 말고 기도하라. "주 그리스도여, 주님의 죽음의 능력이 제게 임하게 하소서." 아무쪼록 그렇게 기도하기 바란다. 당신이 천국의 삶을 살기 원한다면 예수님의 능력으로 죄에 대해서 죽어야 한다. 죄에 대한 그리스도의 죽음에 영혼을 위임하면 예수님이 용납하시고 강력한 일을 행하실 것이다.

우리는 이 회개한 강도가 무엇을 준비했는지 보았다. 이제 두 번째로 그리스도께서 어떻게 그를 만났는지 보자.

주님은 세 가지 놀랍고도 멋진 약속으로 만나셨다. "오늘 네가 나와 함께 낙원에 있으리라." 그것은 그리스도와의 동행에 대한 약속이셨다. "네가 나와 함께 있을 것이라." 인간의 죄로 추방되어 나간 낙원에서, 영원한 곳에서 안식하리라는 약속이셨다. "나와 함께 낙원에." 이것은 직접적인 축복에 대한 약속이셨다.

예수님은 이 세 가지 축복을 가지고 당신과 나에게 오셨다. 우리 주님은 말씀하셨다. "믿는 자여, 네가 생명나무의 과실을 주는 낙원에서, 하나님의 낙원에서 매일 살기를 갈망하느냐? 아담이 타락하기 이전에 낙원에서 그랬듯 하나님과 스스럼없이 교제하기를 소망하느냐? 나와의 완전한 연합을 갈망하고 아버지의 사랑 안에서 내가 사는 곳에서 나와 함께 살기 원하느냐? 오늘, 성령이 말했듯이 '오늘 네가 나와 함께 있으리라.' 오늘 나를 원하느냐? 나는 너보다 더욱 갈망하노라. 네가 나와의 교제를 원하느냐? 나는 끊임없이 너와의 교제를 원한다. 나는 너의 사랑이 필요하다. 나의 자녀여, 나의 마음을 만족시켜라. 내가 너와 교제하는 것을 막을 수 있는 것은 없단다. 나는 네가 신령한 삶을 살 수 있게 해줄 위대한 대제사장으로서 네가 지성소로 들어가고 그곳에 영원히 거하게 하려고 하늘을 소유했다. 네가 원한다면 오늘 네가 나와 함께 낙원에 있으리라."

하나님께 감사하라. 회개한 강도의 예수님은 또 나의 예수님이시다. 하나님께 감사하라. 회개한 강도의 십자가는 또 나의 십자가이다. 복되신 주님과 가장 친밀한 교제의 자리에 이르기 원한다면 나의 죄 많음을 고백해야 한다. 그리스도의 33년간의 생애 동안 그 회개한 강도만큼 하나님의 아들과 그토록 놀라운 교제를 했던 사람은 이 땅 위에 없었다. 왜냐하면 그는 하나님의 아들과 함께 영광에 이르렀기 때문이다. 그를 다른 사람들과 다르게 한 것은 무엇인가? 그는 십자가에서 예수님과 함께 있었으며 예수님과 함께 낙원에 들어갔다. 그러므로 내가 십자가 위에서 예수님과 함께 산다면 낙원의 삶은 날마다 나의 것이 될 것이다.

그리고 지금 예수님이 그 약속을 주신다면 나는 어떻게 해야 하는가? 가라. 배 한 척이 출항할 모든 준비를 한 채 부두에 정박해 있고 모두 선창에 서 있다. 마지막 종이 울리고 명령이 내려졌다. "출발하라!" 그때 마지막 밧줄이 풀어지고 기선이 움직인다. 이와 마찬가지로 우리를 이 땅에 묶고, 육신적인 삶에 묶고, 자아가 주도하는 삶에 묶는 것들이 있다. 그러나 오늘 이 메시지가 도착한다. "네가 예수와 함께 죽고자 하면 출발하라." 당신은 모든 것을 이해하지 못해도 된다. 완전히 모든 것이 명확하지는 않을 것이다. 마음은 둔해 보일지도 모른다. 그러나 걱정하지 말라. 예수님이 그 회개한 강도를 죽음에서 사망으로 옮기셨다. 그 강도는 자기가 어디로 가는지 알지 못했다. 그는 앞으로 일어날 일도 몰랐다. 그러나 위대하신 승리자 예수님은 그를 자기의 팔로 안고 그도 알지 못하는 낙원에 내려놓으셨다.

나는 종종 마음속으로 그 회개한 강도가 알지 못했음에 하나님께 감사하다고 말하곤 한다. 그는 곧 일어날 일에 관해서 아무것도 알지 못했지만 그리스도를 신뢰했다. 또한 내가 그리스도와 함께 십자가에 못 박히는 것, 즉 죄에 대해서 죽고 하나님에 대해서 살며, 마음속에 찾아오는 영광에 대해서 모두 이해하지 못했다고 하더라도 걱정하지 말라. 나는 내 주님의 약속을 믿는다. 나 자신을 무력하게 그의 팔 안에 던진다. 십자가 위에 자리 잡은 내 자리를 떠나지 않는다. 예수님과 함께 죽기 위해 그에게 나를 내던지면 주님이 나를 인도하시리라는 사실을 믿을 수 있다.

룻이 시어머니의 가르침에 순종하여 행함으로써 그 축복의 기회를 잡지 않았는가? 그녀는 단지 위대한 보아스, 그녀의 구원자 발아래 자신을 내던져서 그의 것이 되었다. 그렇다면 우리도 예수님과 가까이 만나는 자리로 가서 세상 앞에서 이런 짧은 말을 고하지 않겠는가? "주님, 여기 저의 생명이 있습니다. 그 속에는 여전히 자아에 속한 것과 죄와 제 뜻이 많지만 저는 주님께로 갑니다. 저는 주님의 죽음에 완전히 들어가기를 갈망합니다. 주님과 함께 십자가에 못 박혔음을 알기 원합니다. 날마다 주님의 삶을 살고 싶습니다."

그런 다음 말하라. "주 예수님, 저는 주님의 영광을 보았습니다. 주님 옆에서 십자가에 못 박힌 회개한 사람에게 무슨 일을 행하셨는지 압니다. 주님이 제게도 그렇게 하실줄 믿습니다. 저를 주님의 팔에 던집니다."

"나의 영혼아 잠잠히 하나님만 바라라.
무릇 나의 소망이 그로부터 나오는도다" (시 62:5).

오직 하나님을
오롯이 의지하라

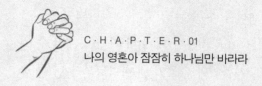

"나의 영혼아 잠잠히 하나님만 바라라. 무릇 나의 소망이 그로부터 나오는도다"(시 62:5). 이런 진지한 질문이 우리에게 던져진다. "내 안에 계신 하나님은 모든 환경 위에 계신 하나님이시며, 어떤 상황보다 더 크신 분인가?" 형제여, 하나님은 매 순간 실제로 당신과 함께하시고 가장 어려운 상황 속에서도 언제나 다른 무엇보다 더 분명하게 당신과 가장 가까이 계신다는 사실을 알면서 살아가고 있는가? 이 질문이 삶 속에서 "예"라고 대답되지 않는다면 하나님의 말씀에 관한 우리의 지식은 별로 도움이 되지 않을 것이다.

왜 그토록 하나님의 사랑하는 많은 자녀가 끊임없이 불평하는 것일까? "나의 환경이 나를 하나님과 멀어지게 만들었어. 내게 닥친 시험과 시련과 내 성격과 기질과 내 친구들이나 나의 원수들, 누구든지 나와 하나님 사이에 끼어들 수 있는 것일까?" 하나님이 당신을 소유하셔서 이 세상의 다른 어떤 것보다 내게 더 가까이 계실 수 있을까? 부유함이나 빈곤함, 기쁨이나 슬픔이 내 하나님보다 더 큰 능력을 내게 행사해야 하는가? 아니다.

그렇다면 하나님의 자녀들이 왜 그토록 자주 자신의 환경이 자신을 하나님으로부터 떼어놓았다고 불평하는가? 단 하나의 대답이 있을 수 있다. "그들이 자기의 하나님을 알지 못하기 때문이다." 하나님의 자녀가 무력하거나 문제가 있다면 바로 이것 때문이다. 우리는 우리가 믿고 있는 하나님을 알지 못한다. 그것은 "나는 너희의 하나님이 될 것"이라는 약속에 덧붙여서 "나는 너희의 하나님 여호와인 줄 너희가 알리라"는 약속이 종종 더해지는 까닭이다. 내가 그것을 인간의 가르침을 통해서가 아니요, 내 생각이나 상상에서 나온 것도 아니라. 하나님이 내 마음에 주신 생생한 증거로 안다면 하나님의 신령한 임재가 과연 놀랍다는 사실과 나의 하나님은 아름다우심과 가까이 계심을 알게 될 것이다. 그러면 나는 나를 사랑하신 그분을 통해 삶을 승리자로 살 수 있다. 이것이 바로 우리가 그토록 바라는 삶이 아닌가?

또 이런 질문이 생긴다. "하나님의 사람들이 자신의 하나님을 모르는 이유가 무엇인가?" 그 답은 그들이 하나님이 아닌 다른 것에 열중하기 때문이다. 성직, 설교, 책, 기도, 일, 사역 등 인간의 온갖 노력이 하나님께서 나타내실 때까지 때로는 하나님이 오랫동안 기다리고 바라시는 자리를 대신한다. 우리가 얻을 수 있는 어떤 가르침이나 우리가 내미는 어떤 노력도 우리 영혼의 전부이신 하나님의 복된 빛을 소유하게 할 수 없다. 그러나 하나님이 친히 나타나신다면 그것은 얼마든지 가능하며 얻을 수 있게 된다.

그것은 내가 하나님께 바라는 단 한 가지이며, 모든 사람이 물어보며 매일 고백해야 할 것이다. "하나님을 더욱 원합니다. 성경 속에 있는 아름다운 진리만을 제게 말씀하지 마세요. 그것은 저를 만족시킬 수 없습니다. 저는 하나님을 원합니다." 그리스도인으로서 우리의 마음 가운데서도, 날마다 드리는 기도 속에도, 그리스도인의 생활과 교회에서도, 우리의 기도 모임과 교제 중에도 하나님이 항상 그 첫 번째 자리를 차지하셔야 한다. 그리고 하나님께 그 자리를 드렸다면 그분이 주관하실 것이다. 우리의 삶 속에서 모든 이의 눈이 살아계신 하나님께 고정된다면, 모든 심령이 "나의 영혼이 하나님을 갈망합니다"라고 외친다면, 얼마나 큰 축복과 얼마나 기이한 하나님의 임재하심이 나타날 것인가!

한 가지 예를 들어보자. 어떤 사람이 도해를 사용해서 강의하고 있다. 그는 종종 지도나 차트 위를 가리키기 위해서 긴 지시봉을 사용한다. 사람들이 그 지시봉을 보는가? 아니다. 그것은 오직 사람들에게 지도 위의 한 지점을 보이기 위한 보조도구일 뿐이다. 지시봉이 순금으로 만들어진 것일 수도 있지만 그것이 사람들을 만족시킬 수는 없다. 그들은 그 지시봉이 가리키는 장소를 보고자 한다. 성경도 하나님을 가리키는 지시봉이다. 이를 경외감을 갖고 말하고 싶다. 예수님은 우리에게 하나님을 가리키고, 그분께 가는 길을 보여주시고, 그분께 인도하기 위해 오셨다. 나는 그리스도를 사랑하고 믿는 많은 사람이 그분 사역의 한 가지 위대한 목적을 깨닫지 못하는 것이 유감이다. 그들은 성경이 말씀하는 바를 절대 이해하지 못한다. "그리스도께서도 단번에 죄를 위하여 죽으사…. 이는 우리를 하나님 앞으로 인도하려 하심이라"(벧전 3:18).

내가 목표로 하는 것의 방법과 결말 사이에는 차이가 있다. 나는 가장 즐거운 동료들과 함께 가장 아름다운 장관의 한가운데를 여행하고 있을지 모른다. 그러나 내가 돌아가고 싶은 집이 있다면 나를 둘러싼 그 모든 광경과 모든 동료와 모든 아름다움이나 행복은 나를 만족시킬 수 없다. 나는 결말에 도달하고 싶다. 나는 집에 돌아가길 원한다. 그리고 하나님은 우리 영혼의 집이다. 그리스도께서 우리를 하나님께 되돌아가게 하려고 세상에 오셨다. 그러므로 우리가 하나님이 의도하신 대로 그리스도를 영접하지 않는다면 우리의 종교는 항상 분열된 것이 될 것이다.

우리는 히브리서 7장에서 무엇을 읽었는가? "그러므로 온전히 구원하실 수 있으니." 누구를 말인가? "자기를 힘입어 하나님께 나아가는 자들을." 그리스도뿐만 아니라 하나님께 나아가는 자들이다. 그리스도 안에서 우리는 하나님의 우아함과 겸손과 친절함을 가질 수 있다. 그러나 우리는 거기에 머물러서 그 자리에 만족해버리는 위험에 처해 있다. 그리스도께서는 우리를 하나님의 영광 안에서 그분의 의로움, 거룩함, 권위, 그분의 임재하심과 능력을 직접 기뻐할 수 있는 자리로 인도하길 원하신다. 그리스도께서는 자기를 통해 하나님께 나아가는 자들을 온전히 구원하실 수 있다.

이제 몇 가지 생각으로 우리는 하나님을 날마다 나의 가슴과 삶을 채우시는 모든 환경 위에 뛰어나신 하나님으로 알 수 있다. 그러나 한 가지 없어서는 안 될 것이 있다. 그것은 오직 하나님을 바라는 것이다. 원문으로 보면 "나의 영혼이 잠잠히 하나님만 바람이여"이다. 그렇다면 하나님을 바람으로 인하여 나의 영혼이 잠잠하다는 것은 무엇을 의미하는가? 그 보잘것없음과 무지함과 편견과 열정으로 말미암은 위험함, 모든 인간적인 것과 죄성에 따른 위험함을 알고 이렇게 말하는 것이다. "영원하신 하나님이 내 안에 오셔서 내 모든 삶을 그분의 손바닥 안에 맡길 수 있도록 나를 주관하시기 원합니다. 하나님이 나를 소유하사 매 순간 내 안의 모든 일을 하시기 원합니다." 그것은 우리 하나님의 본성 안에 담긴 것이다. 그분을 잠잠히 바라고 기다리는 것은 어떤가!

여기서 나는 당신에게 하나님은 왜 존재하는가를 숙연히 물어보고 싶다. 이 질문은 우리 신앙의 기초가 되기 때문이다. 하나님이 존재하시는 이유는 빛이 되시고, 피조물의 생명이자 모든 존재하는 것의 근원이요 능력이 되시기 위해서다. 하나님은 그분의 아름다움과 지혜와 영광을 보여주시려고 아름다운 나무와 푸른 풀과 밝은 해를 창조하셨다. 백 년 된 나무를 생각해보라. 그것이 심기었을 때 하나님은 그 나무에 전체 수명을 지탱해나갈 생명을 저장해놓지 않으셨다. 진실로 하나님이 해마다 그 나무를 잎과 열매로 치장해주시고, 해마다 백합들의 아름다움을 새롭게 하신다. 모든 자연 만물의 생명을 매일, 매시간 유지해나가는 것은 하나님이시다. 그리고 하나님은 우리를 창조하셔서 우리가 그분의 아름다움과 뜻과 그분의 사랑과 그 복된 아들의 형상을 담아내는 빈 그릇이 되게 하셨다. 그것이 하나님이 존재하시는 이유이다.

우리 안에서 그 강한 역사로 한순간의 쉼도 없이 일하신다. 그 사실을 분명히 깨달을 때 더는 그리스도인의 삶이 도달하지 못할 높은 수준의 것이며, 부자연스러운 것으로 생각하지 않고, 도리어 이렇게 말할 수 있다. "하나님이 나를 매 순간 소유하셔야 하며, 다른 어떤 것보다 나와 가장 가까이 계셔야 한다는 사실은 창조 안에서 가장 자연스러운 일이다." 그러므로 하나님이 한순간이라도 나와 같이 계시지 않는다는 생각은 얼마나 어리석은가!

햇빛을 보라. 해가 있어서 당신이 일하거나 공부하거나 책을 읽는 데 무슨 문제가 있었던 적이 있는가? "오, 어떻게 저 햇빛을 유지할까? 어떻게 그것이 계속 빛나게 하지? 계속 그 빛의 도움을 받고 살리라는 것을 어떻게 확신하지?"라고 말해본 적이 있는가? 절대 생각도 못해 봤을 것이다. 하나님이 해로 하여금 당신의 도움이 없이도 당신에게 빛을 제공하도록 돌보신다. 그 빛은 감춰지지 않는다. 당신에게 물어보자. 당신은 어떻게 생각하는가? 언젠가는 다 타 버릴 태양 빛이 의식하지 못하게 당신을 향해 와서 당신 안에서 복 되고도 강력하게 자리 잡게 하셨는가? 또한 하나님이 그의 빛과 임 재하심이 당신을 통해 빛나게 하셔서 당신이 온종일 이 세상의 어떤 것보다 더 하나님과 가까이 동행할 수 있도록 하시길 원하지 않는 가? 그러므로 하나님께 감사하라. 그분은 그렇게 하실 수 있다.

그러나 당신은 "하나님이 왜 더욱 그렇게 하시지 않을까? 왜 그 렇게 간헐적으로, 그토록 나약한 방법으로 하실까?"라고 궁금해할 수 있다. 여기에는 단 한 가지 대답밖에 없다. 당신이 허락하지 않아 서이다. 당신은 다른 것들, 설교나 기도, 성경공부나 봉사 등 다른 종교적인 것으로 가득 차서 하나님께 자신을 나타내거나 당신 안에 들어가 소유하실 시간을 허락하지 않았기 때문이다. 형제여, 하나님 을 꽤 잘 알았던 사람의 말에 귀를 기울이라. 그리고 이렇게 말해보 라. "나의 영혼아 잠잠히 하나님만 바라라." 이것이 바로 창조주의 영광이요, 그리스도께서 세상에 가지고 온 바로 그 생명이요, 그분 이 살았던 삶이며, 당신으로 하여금 하나님께 완전히 의존하기까지 끌어올리는 삶이다.

그리스도의 생명의 비밀은 이렇다. 그리스도께서는 하나님의 임 재를 의식해서 자기를 배반한 가룟 유다나 자기를 부당하게 판결했 던 가야바, 또한 자기를 십자가에 못 박히게 한 빌라도 앞에서도 하 나님의 임재하심이 자신 위에 머물러 그 안에 있으며 자신을 둘러싸고 있음을 아셨다. 인간은 하나님의 영을 만질 수 없다. 그리고 이것은 하나님이 당신과 나에게 바라시는 바이다. 당신의 모든 근심어린 쉼 없는 마음과 무익한 노력이 하나님께서 그분의 일을 하도록 허락하지 않는다는 증거가 아닌가? 하나님이 당신을 자기에게로 인도하고 계신다. 이것은 당신의 소원, 혹은 당신의 마음을 흥분시키는 것이 아닌가? 그것은 당신을 끌어당기는 하나님의 영원한 자석이다. 기억하라. 이 끊임없는 갈망과 갈급함은 하나님의 일이다. 와서 고요하게 하나님을 바라라. 하나님이 친히 나타내실 것이다.

그렇다면 나는 어떻게 하나님을 바라야 하는가? 이에 대한 대답으로 나는 이렇게 말하고 싶다. 먼저, 기도시간에 좀 더 많은 시간을 아무 말도 하지 말고 하나님 앞에서 고요히 기다리라. 기도에서 가장 중요한 것은 무엇인가? 내가 말하고 있는 자에게 귀를 기울이는 것이다. 우리는 하나님이 귀 기울이고 계신다는 사실에 대한 확신을 완전히 깨닫기 전에는 우리의 탄원을 올릴 준비가 되어 있지 않은 것이다. 당신은 나에게 그 모든 것을 잘 알고 있다고 말할지 모른다. 그렇다. 당신도 이미 알고 있는 사실이다. 그러나 당신은 영원하시고 전능하신 하나님이 참으로 당신과 가까이 계신다는 거룩한 자각을 하고 성령으로 충만할 필요가 있다. 그 사랑이 많으신 분은 당신을 자신의 소유로 삼기 원하신다. 하나님 앞에 잠잠히 기다리라. 그리고 말하라. "오, 하나님! 나를 소유하소서. 내 생각이나 상상 속이 아니라 하나님이 나를 비추신다는 존엄하고, 경외감을 가져오며, 영혼을 압도하는 의식으로 말미암은 의지함과 겸손의 자리로 하나님을 나타내소서!"

기도는 실로 하나님을 바라는 것이지만 하나님을 바라지 않는 막대한 양의 기도가 있다. 하나님을 바라는 것은 기도를 위한 최초의, 그리고 최고의 출발점이다. 우리가 기도하기 전에 겸손하고 고요하게 하나님의 영광과 그분의 임재하심 속에 무릎을 꿇을 때 오직 마지막에서만 얻게 되는 축복이 있을 것이다. 나는 기도하기 시작할 때부터 하나님과 얼굴을 마주 대한다. 나는 사랑의 영원히 전능한 능력에 접촉하며 나의 하나님이 나를 축복하시리라는 것을 안다. 하나님 앞에서 그분을 잠잠히 바라는 것을 절대 두려워하지 말자. 그러면 우리는 그 잠잠함으로 우리의 일을 할 것이다. 또한 주일에 교회에 갈 때나 주중에 기도 모임에 갈 때도 하나님과 우리 사이에 어떤 것도 끼어들지 않는 것이 단 하나의 소망이 될 것이며, 하나님의 임재하심을 잊을 정도로 다른 것을 듣고 귀 기울이는 데 집착하지 않게 될 것이다.

하나님이 모든 사역자를 시내산 기슭의 모세처럼 되게 하실 것이다. "모세가 하나님을 맞으려고 백성을 거느리고 진에서 나오매"(출 19:17). 그리고 백성들은 두려움에 떨기 전까지는 정말 하나님을 뵈었다. 모든 사역자가 자기의 영혼이 일으킬 수 있는 모든 열심을 갖고 성도들로 하여금 "저 설교자는 우리를 하나님께로 인도하고자 애쓰고 있어"라고 느끼게 하지 않은 채, 그들을 가르치고 설교한 죄에서 하나님이 구원해주시기를 구하라. 그것은 말로써가 아니라 겸손하게 하나님을 바라며 예배하는 마음에서 느끼게 된다.

우리는 모든 예배 자리에 이렇게 잠잠히 바라는 마음을 가져야 한다. 우리는 그것을 연구해야 한다. 우리는 그것에 관해 말해야 한다. 우리는 서로를 도와야 한다. 그리스도의 교회에서 진리를 너무 많이 놓치고 있기 때문이다. 왜 자신이 실패하는지 의아해하는 그리스도인이 대단히 많다. 그러나 그들이 잡담할 때나 대화에 참여할 때 그런 것에 시간을 보내면서 이 모든 것이 영적인 힘을 고갈시키고 하나님과의 직접적인 만남이 아닌 다른 곳에 시간을 낭비한다고는 전혀 생각하지 않는 안이함을 생각해보라. 나는 이것이 커다란 장애물이라는 게 염려된다.

우리는 지속해서 하나님을 바라는 삶을 위해 가장 필요한 희생을 하려고 하지 않는다. 우리 가운데 누가 모든 순간 지존자의 "장막 은밀한 곳에" 감춰진 채 사는 것이 불가능하다고 느끼는 사람이 있는가? 사랑하는 자여, 그것을 너무 높거나 어려운 일로 생각하지 말라. 그것은 당신이나 내가 도달하기에 너무 어려운 일이지만 우리 하나님이 우리에게 그렇게 하실 것이다. 바로 지금 더욱 열심히 확실하게 하나님을 바라기 시작하자. 때로는 우리의 집에서도 잠시나마 조용히 하나님 앞에 엎드리자. 우리의 골방에서 조용히 그분을 바라고 언약을 이루자. 그것은 말로 된 것이 아닐 테지만 우리는 온 마음으로 하나님의 임재하심을 구할 것이다.

우리 믿음의 크기는 얼마나 될까? 그것은 하나님이 당신 안에서 역사하시는 만큼에 달려 있다. 더욱 깊은 믿음과 은혜와 힘과 열매를 갖기 원한다면 하나님을 더욱더 소유해야 한다. "하나님을 더욱 원합니다! 하나님을 더욱 원합니다! 하나님을 더욱 원합니다!" 이것이 우리 심령의 외침이 되어야 한다. 그리고 우리 영혼에게 말하자. "나의 영혼아 잠잠히 하나님만 바라라. 무릇 나의 소망이 그로부터 나오는도다"(시 62:5).

"그러므로 우리는 두려워할지니 그의 안식에 들어갈 약속이 남아 있을지라도 너희 중에는 혹 이르지 못할 자가 있을까 함이라. 그러므로 우리가 저 안식에 들어가기를 힘쓸지니 이는 누구든지 저 순종하지 아니하는 본에 빠지지 않게 하려 함이라"(히 4:1, 11).

"우리는 어떻게 영원한 안식을 누릴 수 있는가?" 나는 가능한 한 가장 간단한 방법으로 이 질문에 답하고, 순종과 믿음이라는 한 가지 행위 안에 포함되는 간단한 단계들을 얘기하고 싶다.

그 첫 단계는 이렇게 고백하는 것이다. "나는 믿음의 삶 속에 안식이 있음을 진정으로 믿습니다."

신명기서 5장에 보면 이스라엘 민족은 두 개의 무대를 지나왔다. 하나님은 그들을 애굽 밖으로 인도하셔서 가나안 땅으로 들어가게 하셨다. 이것은 하나님의 구원의 두 가지 요소이다. 이것은 모든 믿는 사람에게도 그대로 적용된다. 당신이 회심했을 때 하나님이 당신을 애굽 밖으로 이끌어내셨고, 그 전능하신 하나님이 이제 당신을 가나안의 삶으로 인도하길 원하신다. 당신은 하나님이 이스라엘 민족을 어떻게 인도하셨는지 잘 알고 있다. 그러나 그들은 하나님이 간섭하시는 것을 허락하지 않았고, 40년 동안 광야에서 방황해야 했다. 이것이 많은 그리스도인의 모습이다. 그들이 회개하고 주님께 돌아올 때 하나님이 인도하시지만, 사람들은 하나님이 그들을 위하여 준비하신 모든 것으로 이끌어가시도록 순종하지 않는다.

어떤 사람들이 나에게 "어떻게 안식을 누릴 수 있습니까?"라고 묻는다면 나는 먼저 이렇게 말할 것이다. "우리의 여호수아이신 예수님이 믿는 마음을 주시는 곳에 안식이 있음을 믿습니다." 당신이 스스로 인도하는 삶과 지금 인도받고자 하는 삶 사이의 차이를 알기 원한다면 광야와 가나안을 생각해보라.

광야에서는 그저 왔다 갔다 하면서 40년 동안 방황했으며, 가나안에서는 하나님이 주신 땅에서의 온전한 안식이 있었다. 그것은 가나안을 소유한 그리스도인과 소유하지 않은 그리스도인의 차이다. 광야에서는 이리저리 갈팡질팡하면서 때로는 승리하고, 때로는 넘어지는 삶을 살며 이 세상을 쫓아다니다가 다시 돌아오고 회개했다. 유혹에 휩쓸려 곁길로 갔다가 겨우 되돌아와 봐야 제자리이다. 반면에 가나안에서는 그 영혼이 믿음을 연마했기 때문에 안식의 삶이 있다. 하나님이 그의 능력의 팔로 우리를 매 순간 지켜주시기 때문에 우리가 안식할 수 있다.

두 번째 차이는 이것이다. 광야의 삶은 곤궁한 삶이었으며, 가나안의 삶은 풍성한 삶이었다. 광야는 먹을 것이 없으며 종종 마실 물조차 없었다. 하나님이 은혜롭게 만나와 반석에서 나오는 물로 그들의 필요를 공급하셨다. 그러나 슬프게도 그들은 거기에 만족하지 않았고 그들의 삶은 궁핍과 불평으로 가득했다. 그러나 가나안에서 하나님은 그들이 심지 않은 포도 넝쿨을 주셨다. 그 땅의 오래된 농작물이 그들을 기다리고 있었다. 그곳은 젖과 꿀이 흐르는 땅이었으며, 하늘에서 비가 내리고 하나님이 친히 보살피시는 땅이었다. 오, 그리스도인이여! 오늘 와서 말하라. "내가 지금까지 살아왔던 영적인 죽음과 암흑, 슬픔, 불평의 삶에서 나와 모든 필요가 채워지고, 예수님의 은혜가 날마다 시간마다 공급되는 땅으로 가도록 변화될 줄로 믿습니다." 오늘 말하라. "그런 안식의 땅이 나를 위해 있을 것이라고 믿습니다."

세 번째 차이가 있다. 광야에서 승리란 없었다. 이스라엘 백성들이 가데스에서 죄를 지은 후에 적을 향해 나갔을 때 그들은 패배했다. 그러나 약속의 땅에서는 모든 적을 물리쳤다. 여리고에서 시작하여 승리에 승리를 거듭했다. 그들에게 날마다 승리를 주시기 위해 하나님이 기다리시고, 그리스도께서 기다리시고, 성령님이 기다리셨다. 시험으로부터의 자유가 아니었다. 그렇다. 그것은 "내게 능력 주시는 자 안에서 내가 모든 것을 할 수 있느니라"(빌 4:13)고 말할 수 있는 그리스도와 연합의 능력이었다. "그러나 이 모든 일에 우리를 사랑하시는 이로 말미암아 우리가 넉넉히 이기느니라"(롬 8:37).

이제 안식에 들어가는 두 번째 단계로 가자. 당신이 "그런 삶이 있음을 믿습니다"라고 고백할 뿐 아니라 "아직 그렇게 살지 못하고 있습니다"라고 자백하기를 바란다.

어떤 사람은 이렇게 말할지 모른다. "나는 그것을 추구해 왔습니다." 또 어떤 이는 이렇게 말할 것이다. "나는 그런 것을 들어보지도 못했습니다." 또 이렇게 말하는 사람도 있을지 모른다. "때때로 제가 그것을 발견했다고 생각하지만 이내 다시 잃어버리고 말지요." 모든 그리스도인이여, 하나님 앞에서 정직하자. 그리고 지금까지 안식에 들어가는 길을 결코 발견하지 못한 사람들이여, 이제 이렇게 말하라. "주님, 지금까지 저는 한 번도 그런 삶을 살지 못했습니다."

이런 결과가 나오는 이유는 무엇일까? 사랑하는 친구여, 그 이유는 우리가 이런 안식의 삶에 점차, 그리고 살며시 들어가기를 원하기 때문이다. 광야에서 당신의 삶은 비통한 삶이었을 뿐 아니라 하나님께도 죄가 되며 영광을 가리는 삶이었다. 그러나 구원으로 들어오는 길은 언제나 신속하게, 그리고 단번에 믿음과 고백에 의한 것이어야 한다. 그러므로 우리는 이렇게 기꺼이 자백해야 한다. "슬프도다! 그런 삶을 살지 못했습니다. 나는 죄인입니다. 하나님을 욕되게 하였습니다. 이스라엘 백성들과 같았습니다. 나의 불신앙과 불순종으로 하나님의 진노를 격발했으니, 주님이시여, 제게 자비를 베푸소서!" 오, 이 비밀스러운 고백이 하나님 앞에 상달되기를. "나는 그렇게 하지 못했습니다. 아! 안식의 땅에서의 삶으로 하나님께 영광을 돌리지 못했습니다!"

이제 세 번째 단계이다. 나는 당신이 이렇게 말하기를 원한다. "하나님께 감사드립니다. 그 삶은 저를 위한 것입니다."

어떤 사람은 말할 것이다. "그런 삶이 있는지를 알았지만 나를 위해 준비되었는지 몰랐습니다." 계속해서 이렇게 말하는 사람도 있을 것이다. "나의 성격은 너무나 불안정합니다. 내 의지는 본래 너무 약합니다. 내 기질은 신경질적이며 잘 흥분합니다. 내가 늘 아무 걱정 없이 하나님 안에서 안식하는 것은 불가능합니다."

사랑하는 형제여, 그런 말은 내뱉지 말라. 당신은 단 한 가지 이유로 그렇게 말한다. 당신의 하나님이 당신을 위해 하실 일들을 알지 못하기 때문이다. 자신을 그만 보고 하나님을 바라보라. 이 귀한 말씀을 새기라. "그가 그들을 인도하여 낸 것은 그들을 인도하여 들이기 위함이다." 이스라엘 백성들이 홍해를 통과하게 하신 하나님은 그들을 요단을 거쳐 가나안으로 인도하신 하나님이시다. 당신을 거듭나게 하신 하나님은 당신에게 날마다 이 복된 삶을 주실 수 있는 하나님이시다.

그러므로 나약한 믿음으로나마 고백을 시작하라. 그것을 주장하지 못할지라도 지식적으로라도 말하기 시작하라. "그것은 나를 위한 것입니다. 진심으로 믿습니다. 하나님은 어떤 자녀에게든지 그 상속권을 박탈하지 않으십니다. 그분이 주시는 것은 모든 사람을 위한 것입니다. 축복된 삶이 내 앞에 기다리고 있음을 믿습니다. 그것은 나를 위한 것입니다. 하나님이 그것을 수여하시고 나의 안에서 일하시려고 기다리십니다. 하나님의 고마운 이름이 영광스럽도다! 나의 영혼도 그것이 나를 위한 것이라 고백합니다." 여기서 '나를'이라는 작은 단어를 취하고 하나님의 얼굴을 우러러보며 담대히 말하라. "이 측량할 수 없는 보물은 바로 나, 가장 약하고 가장 무가치한 사람을 위한 것입니다." 그렇게 말했는가? 그렇다면 이제 이렇게 말하라. "이 삶은 나에게도 있을 것입니다!"

네 번째 단계는 이렇게 말하는 것이다. "나의 어떤 노력으로도 그 삶을 붙잡을 수 없습니다. 그것은 오직 하나님이 나에게 허락해주셔야 가능합니다."

당신이 "그것은 나를 위한 삶입니다"라고 담대히 고백하기를 바란다. 그러나 나는 당신이 매우 낮은 곳으로 떨어져서 고백하길 원한다. "내가 그것을 붙들 수는 없습니다. 나는 그것을 스스로 가질 수도 없습니다." 그렇다면 당신은 어떻게 그것을 얻을 수 있는가?

하나님께 감사하라. 하나님이 한 번 당신에게 철저히 무력함과 자포자기의 상태를 겪게 하시면 당신께 가까이 다가가서 물으실 것이다. "이를 위해 너의 하나님인 내가, 네 안에서 역사함을 믿겠느냐?" 사랑하는 그리스도인이여, 마음에 말하라. "나는 어떤 노력을 기울이더라도 절대 하나님을 붙들거나 혼자 힘으로 이것을 붙잡을 수 없다. 그것을 주실 수 있는 분은 오직 하나님 한 분뿐이다." 이 축복된 무능을 소중히 생각하라.

우리를 밖으로 인도하시는 분은 하나님이시다. 우리를 안으로 인도하셔야 할 분도 하나님이시다. 무력한 것은 당신 최고의 행복이다. 이 진정한 무력함을 당신께 나타내주시기를 성령 안에서 하나님께 기도하라. 그러면 당신이 믿음으로 이렇게 말할 수 있는 문이 열리게 된다. "주여, 하나님이 그 일을 하셔야 합니다. 그렇지 않으면 절대 그런 일이 이루어질 수 없습니다." 그럴 때 비로소 하나님은 분명히 일하실 것이다.

사람들은 넘쳐나는 믿음에 관한 설교를 들으면서, 또한 믿음에 관한 열정적인 호소를 들으면서 왜 그들이 믿을 수 없는지 의아해한다. 이것에 대한 대답은 오직 한 가지뿐이다. 바로 '자기'이다. 자기가 한 번 해보려고 애쓰며 고군분투하기 때문에 우리는 자꾸 실패하는 것이다. 그러나 자기를 내려놓고, 다만 "주님, 나를 도우소서! 사랑의 주님, 나를 도우소서!"라고 외칠 때 승리하는 삶뿐만 아니라 안식이 찾아온다. 이를 믿으라. 백성들을 안으로 데려오신 분은 사랑의 하나님이셨다. 그리고 당신을 안으로 인도하실 분도 오직 은혜의 하나님뿐이시다.

이 안식을 얻기 위해서는 모든 것을 포기할 각오가 있어야 한다. 하나님의 은혜는 너무나도 값지므로 값으로 측량하거나 어떤 값을 치르더라도 절대 얻을 수 없다. 그러나 한편으로 예수님은 극히 값진 진주를 얻기 원하는 사람은 누구든지 모든 것을 희생해서 그 진주를 사기 위해 모든 것을 팔아야 한다고 말씀하셨다. 당신 앞에 놓인 놀라운 삶의 아름다움과 매력과 영광을 보는 것과 그 기쁨과 즐거움을 맛보는 것만으로는 충분하지 않다. 당신은 그 인생의 소유자, 그 밭의 주인이 되어야 한다. 보화가 감춰진 밭을 발견한 사람과 값진 진주를 발견한 사람은 둘 다 기뻤지만 그것을 소유하지는 못했다. 그들은 그 보물을 발견했고, 보았고, 갖기를 소망하고, 그것으로 인해 기뻐했지만 아직 획득하지는 못했다. 모든 것을 팔고, 모든 것을 포기하여 그 밭과 진주를 사고 난 후에야 비로소 그들의 것이 될 것이다.

그러므로 우리에게는 포기해야 할 것이 엄청나게 많다. 이 세상과 세상의 즐거움과 그 맛과 그 평판들이다. 당신의 세상에 대한 관계는 예수님의 세상에 대한 관계와 같아야 한다. 세상은 그분을 거부하고 쫓아냈으니, 당신도 당신이 속한 주님의 모습을 취하여 거절당한 그리스도를 따라야 한다. 당신은 모든 것을 버려야 한다. 당신이 가진 좋아 보이는 모든 것을 버리고 사망의 재 가운데서 겸손해져야 한다. 그러나 그것이 다는 아니다. 당신의 지난 종교생활과 경험과 성공도 다 버려야 한다. 당신은 아무것도 아닌 존재가 되어 하나님만이 홀로 영광을 받으셔야 한다.

하나님은 당신을 회개하게 하셨다. 그리하여 당신에게 하나님의 생명을 주셨다. 그러나 당신은 불순종과 불신앙으로 그것을 더럽혔다. 그러므로 당신은 그 모든 것을 포기해야 한다. 하나님의 일에 관한 당신의 지혜와 생각을 버려야 한다. 복음전파자가 그의 모든 지혜를 버리고 예수님의 발아래 다 내놓고 바보가 되어 "주여, 제가 알아야 하는 것을 알지 못합니다. 저는 복음을 증거해 왔지만, 그 축복된 땅과 축복된 삶의 영광을 본적이 드뭅니다!"라고 고백하는 것이 얼마나 어려운가!

성령님이 우리를 더욱 효과적으로 가르칠 수 없는 이유가 무엇인가? 그것은 우리의 지혜가 그것을 가로막기 때문이다. 우리의 행동이 하나님의 빛이 비춰 오는 것을 가리기 때문이다. 그러므로 우리는 다른 것들에 관해서 말할 수 있다. 어떤 사람은 개인적인 죄를 버려야 할 것이다. 자기 형제에게 화를 내는 그리스도인 남자가 있을지도 모른다. 이웃과 늘 말다툼하는 그리스도인 여자가 있을 수도 있다. 바르게 살지 않는 친구들이 있을 수도 있다. 자기를 굴복시키거나 모든 광야생활과 정욕을 떠나려 하지 않고, 어떤 의심스러운 것을 굳게 쥐고 있는 그리스도인이 있을지도 모른다.

그렇다면 모든 것을 내려놓고 이렇게 말하라. "저는 이 값진 진주를 갖기 위해 모든 것을 포기할 각오가 되었습니다. 나의 시간, 나의 이익, 나의 사업까지도. 저는 하나님의 안식을 제 삶의 최고의 것으로 삼고, 다른 모든 것을 그 아래 두고자 합니다. 하나님과의 온전한 관계 안에서 모든 것을 내려놓습니다."

당신은 하나님과의 온전한 관계를 위한 시간을 들이지 않고는 그것을 얻어내거나 그렇게 살아갈 수는 없다. 당신은 당신 삶의 모든 것을 위해 시간을 낸다. 피아노를 치는 어떤 여자는 그것에 능숙해지기 위해 수년 동안 하루에 얼마나 많은 시간을 피아노 치는 데 들이는가? 법이나 어떤 기계에 전문가가 되기 위해 한 남자가 얼마나 많은 시간을 공부하는 데 보내는가? 그는 자기의 전문분야에 완전해지기 위해 수 시간, 수일, 수주, 수년 동안을 기쁘게 희생한다. 그런데 당신은 신앙생활이 너무나 쉬우므로 시간을 내지 않아도 하나님과의 친밀한 교제를 누릴 수 있다고 생각하는가? 그렇게 할 수는 없다. 극히 값진 진주는 모든 것을 팔고서야 살 수 있다. 하나님은 모든 것보다 더 귀하시다. 그리스도께서는 모든 것보다 더 귀하시다.

그러므로 오늘 와서 이렇게 고백하라 "주님, 저를 도와주시옵소서. 그런 삶을 살기를 진심으로 원합니다." 이렇게 말하기가 어렵고 마음속에 다툼이 일어날지라도 걱정하지 말라. 모든 것을 하나님께 맡기고 말하라. "주님, 저에게 그런 의지가 있다고 생각했습니다. 그런데 한편으로는 얼마나 꺼리는지 알았습니다. 제게 오셔서 마음속에 여전히 남아 있는 악을 들추어 주시옵소서." 당신이 하나님의 발치에 누워서 그분을 신뢰하면 하나님의 은혜로 자유로움이 올 것이라는 사실을 확신하게 될 것이다.

이제 다섯 번째 단계이다. 즉 "이제는 나 자신을 거룩하고 영원하신 하나님께 드려서 그분이 나를 이 완전한 안식으로 인도하시게 합니다"라고 고백하는 때이다.

우리는 하나님과 얼굴과 얼굴을 마주 대하며 만나게 될 것이다. 나의 죄는 하나님을 멀리했다. 다윗은 이것을 느껴 "내가 주께만 범죄하여 주의 목전에 악을 행하였사오니"(시 51:4)라고 고백했다.

당신이 개인적으로 만나게 될 심판의 자리에 앉아 계신 분은 하나님이시다. 당신의 죄를 용서하시려고 당신을 개인적으로 만날 분도 하나님이시다. 오늘 와서 살아계신 하나님의 손에 당신을 맡기라. 하나님은 사랑이시다. 하나님은 가까이 계신다. 하나님은 당신에게 복을 주시려고 기다리신다. 하나님의 마음은 당신을 향한 동경이다. "나의 자녀야." 하나님이 말씀하신다. "안식하기를 간절히 원하고 있구나. 내가 간절히 원하는 것은 바로 너다. 내가 너의 마음을 나의 집이요, 나의 성전으로 삼아 그 안에서 안식하기를 바라기 때문이란다."

당신은 하나님이 필요하다. 그렇다. 그리고 당신의 하나님은 당신이 필요하다. 당신 안에 있는 그리스도를 통해 그의 부성애를 온전히 충족시키시려고 하신다. 오늘 나와서 말하라. "이제 나 자신을 그리스도께 드립니다. 마음을 정했습니다. 저는 고요히 고백합니다. 주 하나님, 저는 극히 값진 진주를 사려고 합니다. 그것을 위해 모든 것을 다 내놓습니다. 예수님의 이름으로 완전한 안식의 삶을 받아들입니다."

이제 나의 마지막 생각이다. 그렇게 고백했다면 이 말을 덧붙이라. "그리고 지금, 하나님이 그 모든 것을 제 경험으로 성취하실 것을 신뢰합니다. 제가 1년을 살든 30년을 살든 오늘 그것을 다시 듣습니다. '하나님은 영원하신 미래의 스스로 있는 자이시며, 영존하시는 여호와시다.' 그리고 그 하나님이 제가 그분을 붙드는 힘에 의해서가 아니라 그분이 나를 붙드시는 전능하신 능력에 따라 그분 자신을 제게 주십니다."

이제부터 앞으로 계속 하나님을 신뢰하겠는가? 다시 그리스도 예수 안에서 하나님을 바라보겠는가? 당신은 수천 번이나 이 말을 듣고 생각했다. "하나님이 그의 독생자를 우리에게 주셨다." 그러나 오늘 이렇게 말하지 않겠는가? "어찌 하나님이 내가 사는 모든 날, 모든 순간에 그와 함께 모든 것을 우리에게 주시지 않겠는가!" 믿음으로 말하라. "어찌 하나님이 나를 그의 얼굴빛 아래 두시고, 그리스도의 구원하시는 능력을 온전히 경험하게 하시지 않겠는가? 하나님이 해가 그토록 밝게 비추게 하지 않으셨는가? 빛은 들어갈 수 있는 모든 장소와 모퉁이를 찾아서 구석구석 그토록 밝게 비추지 않는가? 만약 그렇다면 사랑이신 나의 하나님이 아침부터 밤까지, 한 해가 시작할 무렵부터 또 한 해가 끝날 무렵까지 언제나 내 마음속으로 비추실 것이 아닌가?" 하나님은 사랑이시며 그 자신을 우리에게 주시기를 애타게 바라신다.

그리스도인이여, 오라. 당신은 지금까지 당신의 힘으로 살았다. 오늘부터 시작하지 않겠는가! 하나님이 전부가 되셔서 당신이 모든 것을 그분께 맡기고 그분 안에서 안식하는 삶을 선택하지 않겠는가! "오, 하나님! 저는 하나님을 구하고, 기대하고 신뢰합니다. 오늘 하나님이 저를 지키시도록, 저를 매시간 지키시도록 하나님의 안식에 들어갑니다. 저는 하나님의 안식 안에 들어갑니다." 이렇게 말할 수 있는 삶을 선택하지 않겠는가? 그렇게 고백할 준비가 되었는가? 용기를 가지라. 두려워하지 말라. 당신은 하나님을 신뢰할 수 있다. 그분이 당신을 안식으로 인도하신다. 선지서에 나오는 하나님의 말씀에 귀를 기울이라. "강하고 담대하라. 두려워하지 말며 놀라지 말라"(수 1:9).

C·H·A·P·T·E·R·03
통찰력을 길러 하나님의 지혜를 깨달으라

우리는 신약성경에서 믿음과 지식 사이에 분명한 구분이 있음을 발
견한다. "각 사람에게 성령을 나타내심은 유익하게 하려 하심이라.
어떤 사람에게는 성령으로 말미암아 지혜의 말씀을, 어떤 사람에게
는 같은 성령을 따라 지식의 말씀을, 다른 사람에게는 같은 성령으
로 믿음을, 어떤 사람에게는 한 성령으로 병 고치는 은사를, 어떤 사
람에게는 능력 행함을, 어떤 사람에게는 예언함을, 어떤 사람에게는
영들 분별함을, 다른 사람에게는 각종 방언 말함을, 어떤 사람에게
는 방언들 통역함을 주시나니 이 모든 일은 같은 한 성령이 행하사
그의 뜻대로 각 사람에게 나누어주시는 것이니라"(고전 12:7-11).
어린아이나 순박한 믿음을 지닌 그리스도인에게는 학식이 별로 없
어도 믿음은 클 수 있다. 어린아이 같은 믿음은 별다른 어려움 없이

진리를 받아들일 수 있으며, 하나님이 그렇게 말씀하셨다는 이유만으로도 그 진리를 믿는 경우가 많다. 그래서 빈틈없는 이성적인 근거를 제시하는 데는 별다른 관심을 기울이지 않는다.

그러나 하나님은 우리가 온 마음과 정성과 뜻을 다하여 하나님을 사랑하고 섬기기를 원하신다. 하나님이 일하시는 모든 방식과 말씀이 얼마나 아름다운지 꿰뚫어 보기를 원하신다. 하나님은 우리가 통찰력을 길러 하나님의 지혜를 깨닫기 원하신다. 그것이 바로 하나님의 뜻이다.

오직 이렇게 함으로써 우리는 하나님의 은혜에 따른 영광에 가까이 다가가 올바로 경배할 수 있게 된다. 그래야만 우리의 마음이 구속 안에 있는 지혜와 지식의 보화를 잘 이해할 수 있으며, 보좌 앞에서 올려드리는 고상한 노래 곡조에 참여할 수 있다. "깊도다. 하나님의 지혜와 지식의 풍성함이여 그의 판단은 헤아리지 못할 것이며 그의 길은 찾지 못할 것이로다"(롬 11:33).

이 진리는 우리의 기도생활에 충분히 적용될 수 있다. 기도와 믿음은 너무나 단순하기에 아무리 새로 태어난 회심자라도 얼마든지 능력 있게 기도할 수 있으며, 아무리 성숙한 그리스도인이라도 깊은 의문을 제기할 수 있다.

기도의 능력은 얼마나 생생하게 다가올 수 있는가? 도대체 어떻게 하나님은 그처럼 강력한 기도의 능력을 부어주실 수 있는가? 어떻게 기도하는 행위가 하나님의 뜻과 명령과 조화를 이룰 수 있는가? 어떻게 하나님의 주권과 우리의 뜻, 하나님의 자유와 우리의 자유가 서로 화해를 이룰 수 있는가?

이러한 질문들은 그리스도인들이 묵상하고 탐구하기에 적절한 주제들이다. 이러한 신비로운 주제에 점점 더 간절하고 경건하게 접근할수록 우리는 점점 더 놀라운 경이감 가운데 하나님을 경배하게 되고, 기도하는 사람들에게 그런 능력을 주시는 하나님을 점점 더 많이 찬양하게 한다.

기도와 관련해서 우리가 경험하는 어려움 가운데 하나는 하나님의 완전하심을 잘못 이해한 결과이다. 하나님은 자신 이외의 어떤 것에도 의존하시지 않는 분이다. 하나님은 자신의 존재 이유를 오직 그분 자신에게서만 찾으며, 그분 스스로 모든 것을 결정하며, 그분의 지혜롭고 거룩한 뜻으로 존재하는 모든 것을 스스로 결정해온 무한하신 분이다.

그런데 도대체 어떻게 우리의 기도가 그런 분에게 영향을 미칠 수 있는가? 도대체 어떻게 이루어질 수 없는 일을 하도록 그분을 움직일 수 있단 말인가? 기도 응답에 관한 약속은 단순히 우리의 연약함에 대해 그저 은혜를 베푸시겠다는 것이 아닌가? 기도의 능력에 관하여 언급된 말씀도 단지 우리의 사고방식을 적용하는 것을 넘어서야 하지 않겠는가? 신성이란 어떤 외부적인 작용에도 좌우되지 않기 때문이다. 그리고 기도의 실제적인 축복 역시 단지 그 기도가 우리 자신에게 미치는 영향력일 뿐이지 않은가?

이러한 질문들에 대한 답을 찾아보는 과정에서 우리는 하나님의 존재 자체에서, 성삼위일체의 신비 속에서 하나님께 다가가는 열쇠를 찾게 된다. 만약 하나님이 오직 한 위격으로 존재하시고 그분 자신 안에 갇혀 있으시다면 그분께 가까이 다가간다거나 그분께 영향을 미친다는 생각은 있을 수 없을 것이다.

그러나 하나님 안에는 세 분의 위격이 존재한다. 하나님 안에서 우리는 성부와 성자와 성령으로 존재하는 분을 만나며, 이 세 분의 연합과 교제라는 살아 있는 결속 관계를 만나게 된다. 영원한 사랑이신 성부께서 성자에게 아버지 노릇을 하면서 자기 옆자리와 보혜사를 허락하셔서 자신과 동등하게 하시고 서로 의견을 나누는 존재가 되게 하셨을 때, 성자는 기도를 통하여 하나님의 가장 깊은 내적인 삶으로 들어가 영향력을 끼치는 길을 열어주셨다.

성부와 성자 사이의 총체적인 관계는 하늘 위에서와 마찬가지로 땅에서도 주고받는 관계이다. 그런데 받는 것이 주는 것만큼이나 자발적이고 스스로 결정한 것이 되려면 성자 편에서 먼저 구하고 받는 것이어야 한다. 성삼위 사이의 거룩한 교제 안에서 이 같은 성자의 간구는 성부께서 몇 배로 축복을 부어주시는 요인 가운데 하나였다. 그것이 바로 시편 2편에서 이렇게 말씀하신 이유이다. "내가 여호와의 명령을 전하노라. 여호와께서 내게 이르시되 너는 내 아들이라. 오늘 내가 너를 낳았도다. 내게 구하라. 내가 이방 나라를 네 유업으로 주리니 네 소유가 땅끝까지 이르리로다"(7–8절).

성부는 자신에게 영향을 미칠 수 있는 지위와 능력을 성자에게 허락하셨다. 성자의 간구는 그저 보여주기 위한 것이나 실체가 없는 그림자가 아니다. 그것은 성부와 성자의 사랑이 서로 만나서 완성되는 생명 활동 가운데 하나였다. 성부는 홀로 생각하고 결정하시기보다는 성자의 간구를 듣고 그에 따라 행동하기로 하셨다. 그러므로 성자의 간구는 바로 그 하나님의 존재와 삶 속에서 결정된다. 지상에서 이루어지는 기도 역시 이를 반영한 것이어야 하며, 여기에서 비롯된 것이어야 한다.

그래서 예수님은 이렇게 말씀하셨다. "아버지여 내 말을 들으신 것을 감사하나이다. 항상 내 말을 들으시는 줄을 내가 알았나이다"(요 11:41-42). 이 땅에서 예수님의 아들 되심이 하늘에서 그분의 아들 되심과 결코 분리될 수 없는 것처럼 이 땅에서의 예수님의 기도 역시 하늘에서 예수님의 간구를 이어주는 것이다. 성자 예수님의 기도는 성부의 품에 안겨 있는 독생자의 영원한 간구와 이 땅에서 올려드리는 우리 인간의 기도 사이를 이어주는 연결고리이다. 기도의 가장 깊은 근원은 바로 하나님의 존재 안에서 꿈틀대고 있다. 성부의 품 안에서는 어떤 것도 기도 없이 이루어질 수 없다. 기도는 성자의 간구와 성부의 응답으로 이루어져 있기 때문이다.

이로써 우리는 성자에게서 비롯된 인간의 기도가 어떻게 성부 하나님께 영향을 미칠 수 있는지를 어느 정도 이해하게 된다. 성자, 성자의 간청, 또한 성자를 통하여 올려드린 간구와 관련되지 않은 하나님의 명령은 있을 수 없다. 주 예수님은 독생자시요, 만물의 맏이요, 머리이며, 상속자시다. 만물이 그분으로 말미암아 창조되었으며, 그분을 위하여 창조되었다. 그리고 만물은 그분으로 이루어졌다. 하나님 아버지께서 결정을 내리실 때마다 모든 피조 세계의 대표자로서 성자 예수님은 항상 목소리를 내셨다. 영원한 목적을 위한 하나님의 명령에서도 성자께서 중보자로서 자유롭게 활동할 여지는 항상 남아 있다. 성자를 통하여 성부께로 나아가는 인간의 탄원에도 같은 원리가 적용된다.

성부께 영향을 미칠 수 있는 성자의 이러한 자유와 능력이 하나님 명령의 불변성과 모순되는 것처럼 보인다면 하나님은 인간처럼 고정된 과거에 묶여 있을 필요가 없다는 사실을 기억하기 바란다. 그분은 실제로 과거와 미래라는 시간에 갇혀 살지 않으신다. 시간의 구분은 영원에 머물고 계신 그분에게는 아무런 의미가 없다. 그러니까 이 영원은 늘 존재하는 지금 이 순간이며, 그 안에서는 과거도 그냥 지나가 버리는 과거가 아니며, 미래 역시 늘 존재하는 현재이다. 그러나 인간에게 시간을 이해시키기 위하여 성경은 과거의 섭리와 다가오는 미래를 이야기할 수밖에 없다.

실제로 하나님의 계획은 절대 변하지 않는다는 점과 하나님은 원하는 대로 행하신다는 그분의 자유는 서로 완벽한 조화를 이룬다. 성자의 기도와 그 백성의 기도 역시 변하지 않는 성격을 지니고 있다. 그 결과 성부는 마음을 활짝 열어 놓고 성자를 통하여 올라가는 모든 기도에 귀를 기울이고 계신다. 이처럼 하나님은 기도가 아니라면 전혀 행하지 않으셨을 일을 하시기 위하여 스스로 기도에 감동하시는 길을 열어 두셨다.

하나님의 신성한 주권과 인간의 자유 사이의 이 같은 완벽한 조화는 쉽사리 헤아릴 수 없는 심오한 신비이다. 영원하신 하나님은 우리의 모든 생각을 초월하시기 때문이다. 그러나 기도의 능력은 하나님 아버지와 성자 예수님의 영원한 교제 안에 근원을 두고 있다는 사실을 확실히 알고서, 그 신비를 우리의 위안과 힘으로 삼아야 한다. 그럴 때 우리는 성자 하나님과 연합함으로써 우리의 기도를 하나님께 전하고, 복되신 삼위일체의 내적인 삶으로 들어가 영향력을 미칠 수 있게 된다.

하나님의 섭리는 인간에게 아무런 자유도 남겨주지 않는 견고한 틀이 아니다. 하나님은 육신이 되신 아들 안에서 모든 인간과 지극히 애정어린 관계를 시작하신 살아 있는 사랑 자체이시다. 또한 하나님은 성령을 통하여 인간의 모든 것을 하나님의 사랑이라는 거룩한 삶 속으로 들어오게 하시며, 세상을 다스리는 일에서 모든 인간의 기도가 저마다 나름대로 역할을 할 수 있도록 도우신다.

이렇게 생각해볼 때 복되신 삼위일체께서 가르치신 교훈은 추상적인 사색이 아니라 인간이 어떻게 하나님의 교제 속으로 들어갈 수 있으며, 인간의 기도가 어떻게 이 세상을 다스리시는 하나님의 통치에서 실제적인 요인으로 자리 잡게 되는지를 생생하게 설명해주는 샛별이다. 우리는 이 말씀을 통해 영원한 세계에서 흘러나오는 밝은 빛을 바라볼 수 있게 된다. "이는 그로 말미암아 우리 둘이 한 성령 안에서 아버지께 나아감을 얻게 하려 하심이라"(엡 2:18).

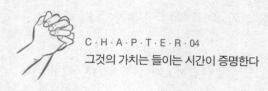

당신은 그리스도인으로 사는 생활과 그리스도인의 일에서 일치를 이루어야 한다는 중대한 당위성에 관해 들어 보았을 것이다. 그렇다면 교회생활과 개인적인 신앙생활, 그리고 불신자들 사이에서 행해야 할 일 간의 일치는 어떤가? 그 일치됨에 관한 말씀 가운데 한 가지는 이것이다. "그런즉 너희는 먼저 그의 나라와 그의 의를 구하라. 그리하면 이 모든 것을 너희에게 더하시리라"(마 6:33). 그것은 많은 사람이 생각하듯이 "구원을 구하라. 하나님 나라에 들어가기를 구하라. 그리고 하나님께 감사드리고 거기서 편히 쉬라"는 말씀이 아니다.

그 말씀의 의미는 완전히 다르며 훨씬 더 광범위하다. 그것이 뜻하는 것은 하나님 나라로 하여금 그 모든 넓이와 깊이, 그 모든 거룩한 영광과 능력 안에서 당신 삶의 유일한 목적이 되게 하고, 다른 것들을 더하라는 것이다.

매우 간단한 두 가지 질문에 대답하고자 한다. 첫째, 왜 하나님 나라를 먼저 구해야 하는가? 둘째, 어떻게 하나님 나라를 얻을 수 있는가?

첫 번째로 "왜 하나님 나라를 먼저 구해야 하는가?"라는 질문에 대한 답은 이것이다. 하나님은 우리를 이성을 지닌 존재로 창조하셨다. 그래서 어떤 것이 합당하고 절대적인 필요성을 갖고 우리 앞에 놓인다면 우리는 그것을 자연의 법칙, 즉 적절한 쓰임에 따라서 분명히 알면 알수록 그것을 더욱 수용하거나 따르게 된다. 그리고 지금 그리스도께서 "먼저 그의 나라를 구하라"고 말씀하신다. 그 이유를 알기 원한다면 먼저 하나님이 어떤 분이신지, 우리가 어떤 존재인지를 아는 것이 중요하다.

하나님을 보라. 하나님은 누구이신가? 홀로 우주를 존재하게 하신 위대한 존재요, 그분 안에서 그 모든 것이 행복을 찾을 수 있는 존재이다. 행복은 그분에게서 온다. 그분과 떨어져서는 어떤 쉼이나 기쁨도 없다. 그리스도인이여, 하나님이 기쁨의 근원이요, 완전하고 영속하는 축복의 근원임을 믿으라! 그 결과는 어떤 것인가? 모든 그리스도인이 고백할 것이다. "하나님을 소유할 수 있으면 있을수록 더 행복합니다. 하나님의 뜻을 더 많이 알고, 하나님의 사랑을 더 많이, 그리고 하나님과의 교제를 더 자주 가질수록 나는 더 행복합니다."

그리스도인들이 전심으로 이것을 믿는다면 자신을 하나님에게서 멀어지게 하는 모든 것을 쉽게 포기할 것이다. 하나님과의 교제를 지속하는 것이 그토록 힘든 까닭은 무엇인가? 언젠가 한 젊은 목회자가 내게 말했다. "제가 기도하는 것보다 연구하는 것에 훨씬 더 흥미를 느끼는 이유가 무엇일까요? 하나님과 교제하는 방법을 당신은 어떻게 가르쳐줄 수 있습니까?" 나의 대답은 이것이었다. "형제여, 하나님이 누구이신지에 관해 바른 생각을 하고 있다면 그분과 교제하는 방법은 자연스럽게 깨달아질 것이며 하나의 기쁨이 될 것입니다."

그렇다. 우리가 하나님이 유일한 기쁨이요 한없는 축복의 근원이심을 믿는다면 어떻게 그분을 위해 모든 것을 버리지 않을 수 있겠는가? 세상에서 기쁨보다 더 큰 매력을 가진 것이 있던가? 우리 앞에 놓인 기쁨이 모든 아름다움과 모든 덕과 모든 목적 속에 있지 않은가? 하나님이 기쁨과 행복과 축복의 근원임을 믿는다면 우리 마음이 모든 것으로부터 돌아서서 "오, 하나님의 아름다움이여! 하나님 안에서만 기뻐합니다"라고 고백할 것이다. 그러나 슬프게도 많은 이에게 하나님 나라는 어떤 부자연스러운 짐으로 보인다. 그것이 하나의 큰 부담이 되기 때문에 우리는 이 세상에서 어떤 쉼을 얻으려고 한다. 하나님이 우리의 가장 큰 기쁨이 아니기 때문이다.

당신에게 좋은 메시지를 주려고 한다. 하나님은 영원한 사랑이시기 때문에, 그분은 영원한 복이시기 때문에, 그리스도의 말씀을 듣는 것은 우리가 가진 최고의 특권이기 때문에 하나님을 구하고 그의 나라를 다른 무엇보다 먼저 구하는 것이 옳은 일이다.

이제 사람을, 사람의 특징을 보자. 사람은 왜 창조되었는가? 하나님의 형상과 그의 모습을 따라 살기 위해서다. 이제 우리가 하나님의 형상과 모양대로 창조되었다면 우리는 하나님이 행복을 찾으시는 곳에서만 우리의 행복을 발견할 수 있다. 그분을 좋아하면 할수록 우리는 더 행복해질 것이다. 그렇다면 하나님이 찾으시는 행복은 무엇인가? 두 가지가 있는데, 그것은 영원한 의로움과 영원한 자비이다. 하나님은 영원 무궁히 의로우시다. "하나님은 빛이시라. 그에게는 어둠이 조금도 없으시다"(요일 1:5). 하나님 나라, 하나님의 통치, 하나님의 법은 우리에게 의로움만을 가져다줄 것이다.

사람들이 죄가 무엇인지 안다면, 그들이 죄와 같은 모든 것에서 자유롭게 되기를 원한다면 이것은 얼마나 위대한 메시지가 될 것인가! 예수님은 우리를 하나님과 그분의 의로 인도하시기 위해 오셨다. 우리는 하나님의 온전한 의와 거룩함을 닮아가게 하려고 창조되었다. 이 얼마나 멋진 비전인가!

우리는 또한 하나님의 사랑을 닮아가도록 창조되었다. 하나님 나라가 의미하는 것은 바로 이것이다. 하나님께는 절대적인 사랑의 법칙이 있다. 그분은 사랑하시고, 또 사랑하시고, 사랑하시기를 절대 중단하지 않으시고, 그분의 사랑의 부르심에 나아오는 자들을 축복하기 원하신다. 이제 그 메시지가 사람에게 온다. 당신은 그 이상의 숭고함을 생각할 수 있는가? 당신은 하나님이 취하시는 자리를 취하고, 그의 나라에서 하나님과 하나가 되는 것보다 더 위대한 일을 생각할 수 있는가? 하나님 나라가 당신 마음에 충만하게 하라. 하나님을 당신의 왕이요 기업으로 삼으라.

그렇다. 나의 친구여, 우리는 하나님 나라의 축복만을 구하려고 해서는 안 된다는 사실을 명심해야 한다. 하나님 나라의 영광은 하나님이 모든 것이 되는 것이다. 만약 우리가 하나님이 우리에게 그의 나라를 가져오시고, 우리 안에 그 나라를 세우시고, 그 나라와 함께 하나님, 우리를 소유하신 복의 근원 하나님을 모신다는 것이 무엇을 의미하는지 깨닫는다면 그것만큼 우리의 마음을 감격으로 채우는 것은 없을 것이다.

인간을 보라. 인간의 죄와 비참함, 그리고 그들이 죄로부터 자유롭기 위해 여기저기서 기쁨과 안식을 찾는 것에 관해서는 말하지 않을 것이다. 다만 이 말만을 해야겠다. "창조에 의한 인간은 어떤 모습이었으며, 지금 구원을 받은 인간은 어떤 모습인지 생각하라." 이에 대한 고백으로 모든 사람이 마음으로부터 이 말을 해야 한다. "옳습니다. 하나님 나라만한 축복과 영광은 없습니다. 하나님 나라는 내 모든 삶과 존재의 최우선이어야 합니다."

여기서 이제 중요한 두 번째 질문을 해보자. "어떻게 이것을 이룰 수 있을까?" 이것은 전 세계에 걸쳐 수많은 그리스도인의 삶에 도전을 주는 질문이다. 그러면서도 그들이 그 답을 찾는 데 매우 어려움을 겪는다는 사실은 이상한 일이다. 그 수많은 사람이 답을 주지 못한다. 또한 다른 어떤 사람들에게는 그 답을 준다 해도 이해하지 못한다. 백부장이 로마제국에 충성하는 것에서 기쁨을 찾았다면 그날부터 그는 그 모든 권력과 영광을 책임지는 것이다.

사랑하는 친구여, 우리는 하나님 나라가 우리 마음에 충만히 넘치게 하리라는 열망이 있다. 그렇다면 그것을 날마다 자연스럽게 가장 우선으로 삼는 그런 복된 마음가짐을 어떻게 얻을 수 있을까? 그 답은 무엇보다도 그것을 위해 모든 것을 버리라는 것이다.

당신은 남아프리카공화국에서 자유를 위한 투쟁을 어떻게 했는지 들었을 것이다. 3년 동안 영국의 통치를 받은 후 사람들은 더는 참을 수 없어서 함께 모여 자유를 위해 싸웠다. 그들은 영국군보다 자신들이 얼마나 약한지 알고 있었지만 이렇게 말했다. "우리는 자유를 되찾아야만 한다!" 그들은 자유를 위한 투쟁을 서로 맹세하고 그 맹세가 이루어졌을 때 그 열망의 전율이 나라 전체에 울려 퍼졌다. 그때 자신의 남편이 징집 명령을 받지 않았을지라도 부인들은 "비록 당신이 명령을 받지 않았더라도 나가서 싸우세요"라고 말했다. 또한 한 아들이 전방으로 부름을 받았을 때 그 어머니는 "아닙니다. 둘째, 셋째, 모두 다 데려가십시오"라고 말했다. 모든 남자와 여자도 죽을 준비가 되어 있었다. 그것은 "우리나라가 다른 무엇보다 중요하다"는 자세였다.

하나님의 놀라운 나라가 당신을 소유하기 원한다면 당신도 그렇게 해야 한다. 그것을 위해 당신이 하나님의 자비로 모든 것을 버릴 수 있기를 기도하라. 처음에는 그것이 무엇을 의미하는지 모를 수도 있다. 그러나 하나님의 발등에서 이렇게 말하라. "하나님 나라를 위해 무엇이든지, 모든 것을 인내하겠습니다." 그때 당신의 하나님이 성령으로 이 두 가지 축복을 당신께 더하실 것이다. 첫째는 하나님 나라가 임하여 당신의 마음을 소유할 것이며, 둘째는 그분께 굴복하고 그분을 위해 모든 것을 버리고 희생하게 되는 축복이 임할 것이다.

"먼저 그의 나라와!" 이 축복의 삶이 어떻게 가능할까? 그 대답은 "그것을 위해 모든 것을 버리라"는 것이다. 그리고 또 한 가지는 그 마음을 유지하려는 겸손한 소망으로 매일, 매시간을 사는 것이다. 이 연단에 관해 들어본 사람들이 있다. 그들은 그것이 사실이라 말하고 따르기를 원했다. 그러나 그들에게 날마다 얼마 동안이나 하나님과 시간을 보내느냐고 물어보면 당신은 그들이 얼마나 적은 시간을 드렸는지 듣고 놀라며 매우 슬퍼할 것이다. 그러면서도 신령한 삶의 축복이 사라지는 것을 의아해한다. 우리는 어떤 것을 위해서 들이는 시간으로 그것의 가치를 증명한다. 하나님 나라는 매일, 그리고 항상 먼저가 되어야 한다. 매일 아침 하나님 나라를 먼저 구하

자. 하나님과 함께 하루를 시작하고, 그분이 친히 당신 마음속에서 그의 나라를 유지하게 하자. 이것을 믿기 바란다.

로마는 그 제국을 위해서 자기를 바친 사람의 권위를 유지하는 일에 전력을 다했다. 그렇다면 하나님, 살아계신 하나님께서 당신이 그분께 복종할 때 그분의 권위를 유지하지 않겠는가? 하나님이 실로 그렇게 하실 것이다. 그분께 다가가라. 가서 예수 그리스도를 통한 교제를 통해 당신을 그분께 드리라. 온종일 하나님과 교제하기를 힘쓰라.

친구여, 사람은 하나님 나라를 먼저 구할 수 없다. 게다가 때로는 마음의 여유를 위해 하나님 나라를 뒤로 던지고 이 세상의 일에서 자신의 기쁨을 찾는다. 사람들은 삶이 너무 엄숙하거나 긴장이 지나치게 될 것이라는 생각을 은근히 가지고 있다. 아침부터 저녁까지 하루의 모든 순간에 하나님 나라를 먼저 구하는 것은 너무 어렵다는 것이다. 이렇게 생각하는 것이 얼마나 잘못되었는지 우리는 곧 깨닫게 될 것이다. 하나님의 사랑의 손길은 모든 순간에 우리의 가장 숭고한 기쁨이어야 한다. 이제 선포하자. "하나님의 도움으로 언제나 하나님 나라를 먼저 구하게 될 것이다."

"어떻게 가능할까?"에 대한 마지막 대답은 항상 오직 성령의 능력으로 될 수 있다는 것이다. 하나님의 말씀이 우리에게 간곡히 타이르는 것을 기억하자. "성령으로 충만을 받으라." 성령 충만함에 완전히, 그리고 철저히 굴복하지 않고 하나님이 권하시는 만큼에 도달하지 못하는 성령의 채우심에 만족한다면 당신은 그 명령에 순종하는 것이 아니다. 그러나 들어보라. 하나님이 놀랍도록 미리 예비하신 것이 있다. 예수 그리스도께서 하나님 나라의 복음을 전하시고 선포하셨다. "천국이 가까이 왔느니라"(마 3:2). "여기 서 있는 사람 중에는 죽기 전에 하나님의 나라가 권능으로 임하는 것을 볼 자들도 있느니라"(막 9:1). 예수님은 제자들에게 말씀하셨다. "하나님의 나라는 너희 안에 있느니라"(눅 17:21). 천국이 올 때 하나님 나라는 이 지구 위에 임하는가? 성령이 언제 강림하셨는가? 예수님이 승천하시던 날, 그분은 하나님의 오른편 보좌에 앉으셨고, 그리스도 안에서 이 땅 위에 하나님 나라가 도래했다.

성령이 임하셨을 때 우리의 마음속에 하나님과 그리스도를 모시게 되었으며, 하나님의 법이 능력으로 세워졌다. 나는 때때로 우리가 성령을 말할 때 한 가지를 잊어버린다는 사실이 걱정스럽다. 성령은 다분히 능력과 관련되어 언급되고 있다. 또한 우리가 능력을 구하는 것은 옳은 일이다. 그러나 성령을 은혜와 관련해서는 별로 말하지 않는다. 그런데도 은혜는 능력의 은사보다 언제나 더욱 중요하다.

거룩함, 겸손, 온유함, 관대함, 사랑 등은 하나님 나라의 진정한 특징이다. 우리는 이 모든 것을 우리 안에 불어넣을 수 있는 유일한 존재가 성령이라고 말한다. 그러나 나는 더욱 중요한 제3의 요소가 있다고 생각하는데, 그것은 바로 성령 안에서 성부와 성자가 임한다는 것이다. 그리스도께서 성령을 최초로 약속하시고, 그의 임함이 가까웠다고 하셨을 때 이렇게 말씀하셨다. "그날에는 내가 아버지 안에 너희가 내 안에 내가 너희 안에 있는 것을 너희가 알리라. 나의 계명을 지키는 자라야 나를 사랑하는 자니 나를 사랑하는 자는 내 아버지께 사랑을 받을 것이요 나도 그를 사랑하여 그에게 나를 나타내리라. …사람이 나를 사랑하면 내 말을 지키리니 내 아버지께서 그를 사랑하실 것이요 우리가 그에게 가서 거처를 그와 함께하리라"(요 14:20-21, 23).

형제여, 하나님 나라를 당신의 삶에서 가장 우선으로 삼기 원한다면 먼저 그 나라를 당신의 마음에 두어야 한다. 우리 마음은 나를 쇠사슬로 감은 것에 고정되어 있을 것이다. 그러나 그 쇠사슬이 풀어지면 우리가 좋아하고 원하는 대상을 향해 날아갈 수 있다. 마찬가지로 하나님 나라도 우리 안에 있고, 이에 따라 쉽게 고백할 수 있어야 한다. "먼저 그의 나라를." 그러나 진리로써 그 나라를 우리 안에 소유하기 위해 우리는 내주하시는 성령으로 말미암아 성부 하나님과 성자 하나님도 소유해야 한다.

당신은 그리스도의 형상을 닮도록 부름받았다. 얼마나 많은 그리스도인이 그리스도의 이 모양 저 모양을 닮으려고 고군분투하면서도 그 모든 것의 근원은 잊어버리는가! 그 모든 것의 근원은 무엇인가? 그리스도께서 자기를 철저히 하나님과 그의 나라와 영광에 드린 것이다. 그리스도께서는 그의 생명을 드려서 하나님 나라가 세워지게 하셨다. 당신이 생명을 하나님께 드려서 산 제물이 된다면 하나님 나라는 당신 마음에 권능으로 임할 것이다.

자신을 그리스도께 드리라. 왕이신 그리스도께서 당신의 마음을 통치하게 하고 하늘나라가 임하게 하라. 그러면 하나님의 임재와 법이 능력으로 나타날 것이다. 고린도전서에 기록된 영원함에 관한 놀라운 사건을 생각하라. 하나님이 그리스도에게 그 나라를 위임하셨지만, 그리스도께서 아버지를 섬기러 다시 오실 날이 가까웠음을 생각하라. 그리스도께서는 그 나라를 아버지께 드려 하나님이 전부가 되게 하실 것이다. 그날에 그리스도께서는 온 우주 앞에서 말할 것이다. "이것이 나의 영광이니 나는 그 나라를 다시 아버지께 바치노라!"

그리스도인이여, 당신의 그리스도께서 이 땅 위에서 죽고, 자기를 하나님 나라를 위해 바치고, 영원 속에서 다시 그 나라를 하나님께 드리는 것을 자기의 영광으로 삼았다면 당신과 나도 하나님께 나아가 같은 일을 해야 하지 않겠는가! 우리가 가진 모든 것을 아낌없이 드려서 하나님 나라가 분명히 드러나고 하나님이 영광을 받으시게 해야 하지 않겠는가!

"그가 우리를 위하여 목숨을 버리셨으니 우리가 이로써 사랑을 알고
우리도 형제들을 위하여 목숨을 버리는 것이 마땅하니라"(요일 3:16).

:
:

나를 죽이고
성령으로 충만하라

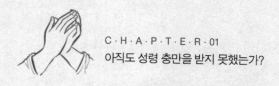

"술 취하지 말라. 이는 방탕한 것이니 오직 성령으로 충만함을 받으라"(엡 5:18). 성령으로 충만하라는 명령은 마치 술 취하지 말라고 한 금지 명령만큼이나 강한 것이다. 우리가 진실로 죄악에 대한 죄책감을 느껴야 하는 것처럼 우리는 적극적인 금지명령에 순종하도록 묶여 있다. 우리로 하여금 금주하며 살도록 부르신 하나님은, 같은 진지함으로 성령 충만하라고 강력히 주장하신다. 그분의 명령은 약속과 같은 것이다. 하나님은 자신이 열망하는 것을 우리에게 주실 것을 확실히 보증하셨다.

이와 같은 강한 확신을 갖고, 마치 성령에 충만해진 사람들처럼 하나님의 뜻 안에서 살 수 있도록 그 방법을 간단명료하게 모두 간구해야 한다. 여기서는 이러한 축복을 진정으로 갈망하고 있는 사람들에게 그들을 위해 무엇이 준비되어 있는지, 그리고 그것을 얻기 위한 몇 가지 방법을 제시하려고 한다. 먼저, 충만한 축복을 얻기 위한 두 단계를 소개하고자 한다.

첫 번째 단계는 오순절의 충만한 축복을 사실로 받아들이는 것이다. 안타깝게도 성령 충만이 하나님 자녀들의 유업이라는 사실을 믿지 못하는 성도들이 많다. 그들은 오순절을 단지 교회의 탄생 축제일로 생각한다. 그리고 그것을 예정되지 않은 축복과 능력의 때를 견뎌내야 했던 것으로 생각한다. 그들은 성령으로 충만하게 되라고 하신 명령을 반영하지 못하고 있다. 그 결과 그들은 성령 충만을 받기 위해 전혀 간구조차 할 수 없게 되었다. 그들은 결국 이 세상에 있는 교회 내에서 연약하고 불완전한 사람으로 남아 있는 것에 만족하게 되었다.

당신도 이와 같은 상태에 놓여 있지 않은가? 이 세상에서 하나님의 사역을 바르게 수행하기 위해 우리에게는 충만한 축복이 필요하다. 주님을 즐거워하기 위해, 그리고 거룩하고 즐겁고 능력 있는 삶을 살기 위해 우리에게는 성령의 충만함이 반드시 필요하다. 예수님도 우리 안에 있는 하나님의 현존하심과 거주하심, 그리고 영광스러움을 나타내기 위해 성령으로 충만해야 할 필요성을 말씀하셨다.

그러므로 오순절의 충만한 축복이 신성한 사실임을 확실히 믿어야 한다. 하나님의 자녀들은 그것을 반드시 소유해야 한다. 그것을 완전히 이해하는 데는 시간이 걸린다. 성령의 영광스러운 의미와 능력을 묵상함으로써 그것을 자기 것으로 완전히 소유하는 데도 시간이 걸린다. 우리의 이해 범위 내에서 그 축복에 관해 확고한 확신을 하는 것은 바로 그것을 받기 위한 첫 번째 단계이다. 그리고 그것을 추구하는 강력한 추진력이 필요하다.

두 번째 단계는 우리가 이러한 축복을 소유하고 있지 않음을 인정하는 것이다. 당신은 아마도 이러한 확신을 소중히 여기는 것이 왜 필요한 일인지에 관해 질문할 것이다. 왜 그것의 중요성을 고려해야 하는지 그 이유를 간단히 설명하면 많은 그리스도인이 자기가 이미 성령을 소유하고 있다고 생각하기 때문이다. 그리고 하나님이 요구하신 모든 것은 하나님을 알아가고 하나님께 순종하기 위한 그들의 충실한 노력을 더욱더 이끌어내기 위한 것으로 생각하기 때문이다. 그들은 자신이 이미 하나님의 은혜 가운데 서 있다고 생각한다. 그리고 그들은 충만한 축복이 단지 그들이 소유하고 있는 것을 삶에서 더욱더 좋게 사용하는 데 필요한 것으로 생각한다. 그들은 자신의 계속된 성장을 위해 필요한 모든 것을 다 소유하고 있다고 상상한다.

확신하건대 이 같은 영혼들은 건강하지 못한 상태에 있으며 치유할 필요가 있다. 따라서 당신의 질병으로부터 발견한 그 상황과 마찬가지로 자신이 병들어 아프다는 사실을 알아야 한다. 우리가 모든 일에 하나님을 기쁘시게 하려면 없어서는 안 될 성령의 충만함 속으로 들어가지 못하고 있다는 사실을 인정하는 것이 절대적으로 필요하다.

자신이 지금까지 잘못 인식하고 있었다는 사실을 아주 철저히 확신한다면 그들은 또 다른 문제를 고려하기 위해 준비해야 할 것이다. 즉 자신의 상황에 대한 죄책감을 인정해야 한다. 만약 "성령의 충만함을 받으라"고 하신 명령에 아직 순종하고 있지 못하다면 이러한 실패는 나태함, 자기만족, 믿음이 없는 탓으로 여겨야 한다. 이처럼 충만한 축복을 아직 받지 못했다고 하는 고백이 그들의 아주 깊은 곳에서 나올 때 그 축복을 받기 위한 더욱더 강한 추진력이 나타날 것이다.

하지만 오순절의 충만한 축복이 단지 초대 교회 그리스도인의 공동체를 위한 것이었다고 생각하는 사람들이 있다. 어떤 사람들은 이것이 후기 교회사를 위해 의도된 것임을 기꺼이 인정하려고 한다. 그들은 모든 사람이 그 축복을 기대할 권리는 없다고 여긴다. 그들은 아주 이성적으로 말한다. "나의 불운한 상황, 불행한 성향, 실제에 대한 나의 부족함, 그리고 유사한 어려움은 나로 하여금 이러한 이상을 인식하지 못하도록 합니다. 하나님은 나에게서 이것을 기대하지 않으실 것입니다. 그분은 내가 충만한 축복을 얻도록 예정해 놓지 않으셨습니다."

이러한 피상적인 견해가 당신을 속이게 해서는 안 된다. 공동체의 모든 회원, 심지어 아주 소수의 회원조차도 전체 공동체가 건강해지기 이전에 먼저 그들 자신이 건강해져야 한다. 성령의 내주하심과 충만하심은 그리스도의 전체 몸의 건강이다. 만약 당신이 그 공동체의 아주 중요한 구성원이라면 그 축복은 당신을 위한 것이다. 하나님 아버지는 예외 취급을 하지 않으신다.

은사, 소명, 상황 등에 관한 큰 차이점은 보편화되어 있다. 그러나 성령의 완전한 치유하심과 충만한 기쁨 속에서 선택한 하나님의 모든 자녀를 위한 아버지의 사랑과 그분의 열망에는 차별이 없다.

다음과 같은 확신을 반복해서 표현하고 되풀이함으로써 배우라. "충만한 축복은 나를 위한 것이다. 내 아버지는 내가 성령으로 충만해지기를 간절히 열망하고 계신다." 그 축복은 당신의 완전한 동의를 얻기 위해 당신 앞에 놓여 있다. 우리는 우리를 타락하게 한 불신앙과 죄책감 때문에 더는 그 축복을 거절할 수 없다. 당신의 온 마음을 다해 다음과 같이 말하라. "축복은 나를 위한 것이다!"

그러나 어떤 그리스도인들은 이러한 축복을 받기 위해 일반적으로 그 축복을 받을 만한 상황이 되는 믿음, 순종, 겸손, 그리고 복종을 찾아서 다양한 노력을 한다. 그리고 성공하지 못했을 때 자신을 책망하고 싶은 유혹을 받는다. 만약 그가 전적으로 절망하지 않는다면 더욱더 강한 노력과 더욱더 큰 열망이 그로부터 일어날 것이다.

물론 이렇게 분투하는 모든 것이 전혀 가치가 없거나 유용하지 않은 게 아니다. 그것은 율법에서 말했던 바로 그 일을 행하는 것이다. 그것은 우리로 하여금 우리의 전적인 무기력함을 인정하게 한다. 그것은 우리의 절망을 통해 하나님이 기꺼이 우리에게 모든 것을 주시려고 기다리고 계신 그 장소로 우리를 인도한다. 다음과 같은 깨달음이 전적으로 필요하다. "나는 이러한 축복을 나에게 수여할 수도 없고, 또한 그 축복을 취할 수도 없다. 그것은 오직 하나님이 내 안에서 역사하셔야 하는 것이다!"

오순절의 축복은 제자들의 영혼 속에서 일어난 하나님의 초자연적인 은사와 기적적인 행위였다. 모든 영혼 속에 있는 하나님의 생명은 예수 그리스도 안에서 그 생명이 처음 나타난 바 되었을 때만큼이나 진실한 하나님의 사역을 수행한다. 그리스도인은 마치 동정녀 마리아가 하나님의 초자연적인 능력을 통해 아기를 가질 수 있었던 것과 마찬가지로, 자신의 영혼 속에서 성령님의 충만한 생명이 결실을 맺을 수 있도록 스스로 행동할 수 없다. "마리아가 이르되 주의 여종이오니 말씀대로 내게 이루어지이다 하매 천사가 떠나가니라"(눅 1:38).

오직 마리아처럼 우리는 그 축복을 단지 하나님의 선물로써 받을 수 있다. 이러한 신령한 축복은 죽음의 권세로부터 예수님을 부활시키신 하나님의 신성한 사역만큼이나 하나님의 전적인 행동으로써 나누어주시는 것이다. 예수 그리스도께서는 죽음으로 내려가셔야 했다. 그분은 하나님으로부터 새 생명을 받기 위해 자신의 생명을 포기하셔야 했다. 믿는 자들은 하나님의 전능하심으로 말미암아 거저주시는 선물로써 이러한 충만한 축복을 받기 위해 그분의 모든 능력과 소망으로 풍성해져야 한다. 우리의 전적인 무기력에 대한 인정, 진정한 자기 절망은 이러한 초자연적인 축복을 누리기 위해 필수적이다.

오순절의 충만한 축복은 아주 값비싼 것이다. 우리는 오순절의 축복을 소유하기 위해 모든 것을 팔아야 하고, 또한 모든 것을 버려야 한다. 우리의 본성이 지닌 모든 능력, 우리 삶의 모든 순간, 그리고 우리의 몸과 영과 혼의 모든 종교적인 일을 하나님 영의 능력 아래 복종시켜야 한다. 하나님을 떠난 독립적인 지배력과 독립적인 힘은 어떤 곳에도 존재할 수 없다. 모든 것은 성령의 인도하심 아래 있어야 한다. 정말로 다음과 같이 고백해야 한다. "무슨 일이 있어도 나는 충만한 축복을 소유하기 위해 결단할 것이다." 오직 모든 것이 전적으로 비어 있는 그릇만이 이러한 살아 있는 생명수로 충만해질 수 있고 흘러넘칠 수 있다.

우리는 의지와 행동 사이에 커다란 격차가 있다는 사실을 알고 있다. 심지어 하나님의 뜻이 부여되어 있을 때조차도 항상 그 행동이 즉시 뒤따르지 못한다. 그러나 성령은 사람들로 하여금 어느 곳에서든지 하나님이 행하신 그 뜻에 순종하게 하실 것이다. 그리고 하나님 앞에서 그의 동의를 공개적으로 표현하게 하실 것이다. 따라서 우리가 비록 그것을 성취하기 위한 능력을 소유하지 않았더라도 모든 것을 내려놓을 준비가 신실하게 되어 있는 영혼에 그 축복이 임할 것이다.

판매 대금이 항상 일시금으로 지급되는 것은 아니다. 그런데도 구매자는 판매가 종결되고 대금에 대한 보증이 이루어지자마자 소유자가 된다. 믿는 자여, 바로 지금 당장 고백하라. "무슨 일이 있더라도 나는 충만한 축복을 소유할 것이다!" 예수님은 당신이 풍부한 모든 것을 얻기 위한 능력을 소유하게 될 보증이시다. 하나님 앞에서 확신과 인내심을 갖고 당신의 결정을 표현해야 한다. 먼저 자신의 양심에서 그것을 되풀이해야 한다. 그리고 다음과 같이 말하라. "나는 값비싼 진주를 구하는 구매자이다. 나는 오순절의 충만한 축복을 얻기 위해 모든 것을 바쳤다. 나는 그것을 가져야 한다. 그리고 가질 것이라고 하나님이 말씀하셨다. 이러한 결정 때문에 나는 머무르고 있다!"

믿음으로 말미암은 축복의 사용과 그 축복의 실제적인 경험 사이에는 큰 차이점이 있다. 가끔 그리스도인은 그들에게 약속된 것을 느끼거나 즐거워하는 경험을 즉시 갖지 못하게 될 때 용기를 잃고 절망하게 된다. 그러나 당신이 오순절의 충만한 축복을 위해 모든 것을 저버렸다고 말할 때, 그것을 잃어버렸다고 생각할 때 그 순간으로부터 하나님이 당신의 제안을 받아주실 것이며, 그분이 당신에게 성령의 충만함을 부어주실 것을 믿어야 한다.

처음부터 당신의 경험 속에서 어떠한 두드러진 변화를 쉽게 추적할 수는 없을 것이다. 마치 우리 안에 있는 모든 것이 옛날의 상태로 그대로 남아 있는 것처럼 보일 것이다. 그러나 그때가 바로 믿음으로 견뎌내야 할 시기이다. 하나님이 당신의 모든 복종을 확실하고 완벽한 변화로 받아들이셨던 하늘나라에서 그것을 기록하셔서 당신에게 보이셨던 것과 똑같은 그런 믿음을 배우라.

믿음 안에서 하늘의 보화를 얻기 위해 모든 것을 사들였던 사람처럼, 하나님께 잘 알려진 어떤 사람처럼 자신을 자세히 바라보라. 하나님이 당신에게 성령 충만함을 주실 것을 믿으라. 또한 감정과 경험 속에서 충만한 축복을 알려는 방법으로써 당신 자신을 인정하라. 하나님이 이러한 축복이 갑자기 일어나도록 명령하실 것과 당신 안에 계시해주실 것을 믿으라. 믿음 안에서 당신의 생명이 즐거운 감사와 기대의 생명이 되게 하라. 하나님은 당신을 실망시키지 않으실 것이다.

그러므로 진정한 믿음은 우리를 약속의 실제적인 상속으로 이끌어야 한다. 그 약속의 경험과 즐거움으로 이끌어야 한다. 경험으로 이끌지 못하는 믿음을 갖고 만족하며 안심해서는 안 된다. 하나님이 진실로 거룩하신 방법으로 당신에게 그 자신을 드러내실 수 있다는 충만한 확신 속에서 믿음으로 하나님을 신뢰해야 한다. 그 전체 진행과정이 당신에게 너무 광대하고 너무 놀랍고 참으로 불가능하게 보일지도 모른다.

그러나 두려워하지 말라. 당신이 하나님의 성령으로 충만하게 해주시기를 하나님께 구했다는 사실을 더 분명하게 분별하면 할수록 하나님의 기적적인 은혜가 무엇인지를 보다 더 분명하게 깨닫고 느끼게 될 것이다. 그러나 우리 안에는 이러한 축복이 갑자기 일어나는 것을 방해하는, 알지 못하는 일들이 있을 수 있다. 그 방해물은 하나님을 떠나 세상에 굴복하게 한다. 그 방해물은 우리를 죄악 속에서 허덕이게 한다. 그러므로 우리는 그 방해물을 하나님의 태연함과 그분의 사랑의 불꽃 속에서 전멸시켜야 한다. 우리의 기대를 오직 우리의 주인 되시는 하나님께 고정해야 한다.

십자가에 달려 죽으신 예수님을 영광의 생명으로 다시 살리신 하나님은 우리 안에 신령한 축복이 기적적으로 일어나도록 하실 것이다. 그때 우리는 성령으로 충만하게 될 것이다. 그리고 이성적으로가 아니라 경험적으로, 실제적으로 성령을 받았다는 사실을 알게 될 것이다.

하나님은 당신이 성령으로 충만해지기를 열망하고 계신다. 그분은 성령의 능력으로 당신의 성향과 생명을 주관하고 계신다. 만약 당신이 진정으로 그것을 소유하기를 열망한다면 하나님께 요청해야 한다. 당신 안에 확실한 대답이 있도록 해야 한다. 당신 안에 있는 모든 것이 다음과 같이 외치도록 해야 한다. "주님, 전심으로 성령을 소유하기를 원합니다!"

하나님이 당신에게 하신 이러한 약속이 생애 가운데 가장 중요한 요소가 되게 해야 한다. 그리고 가장 귀중하며, 또한 당신이 추구해야 할 일 중에 유일한 일이 되게 해야 한다. 성령 충만을 생각하고, 그것에 관해 기도하는 것으로 만족하지 말라. 오늘 당장 당신이 선택한 것을 틀림없이 허락하시는 하나님과의 긴밀한 관계에 들어가라.

당신이 이러한 선택을 하게 되었을 때 전능하신 하나님의 기적으로써 기대되는 축복을 믿는 믿음으로 확실하게 나아가게 될 것이다. 당신이 더 진지하게 그러한 믿음을 훈련하면 할수록 그것은 당신의 마음이 전적으로 더 비워져야 한다는 사실을 가르쳐줄 것이다. 그리고 모든 속박으로부터 더 자유로워져서 성령으로 충만하게 채워져야 한다는 사실을 당신에게 가르쳐줄 것이다. 당신은 그러한 축복이 확실히 온다는 사실을 당연한 일로 생각하게 될 것이다.

"이러므로 내가 하늘과 땅에 있는 각 족속에게 이름을 주신 아버지 앞에 무릎을 꿇고 비노니 그의 영광의 풍성함을 따라 그의 성령으로 말미암아 너희 속사람을 능력으로 강건하게 하시오며 믿음으로 말미암아 그리스도께서 너희 마음에 계시게 하시옵고 너희가 사랑 가운데서 뿌리가 박히고 터가 굳어져서 능히 모든 성도와 함께 지식에 넘치는 그리스도의 사랑을 알고 그 너비와 길이와 높이와 깊이가 어떠함을 깨달아 하나님의 모든 충만하신 것으로 너희에게 충만하게 하시기를 구하노라"(엡 3:14-19).

우리는 위의 말씀을 통해 다음의 내용을 확인할 수 있다. 첫째, 그리스도께서는 당신의 내면에서 하나님의 성령으로 말미암아 당신이 강건해지기를 간청하고 있다. 둘째, 믿음으로 말미암아 그리스도께서 당신 마음속에 거주하시게 될 것이다. 셋째, 당신이 사랑 가운데서 뿌리가 박히고 터가 굳어지면 지식에 넘치는 그리스도의 사랑을 알게 될 것이다. 넷째, 우리는 하나님의 모든 충만하심으로 가득 채워질 것이다.

하나님이 주시는 모든 축복은 그 안에 감춰진 영원불변의 능력을 갖추고 있는 씨와 같다. 성령으로 충만하게 되는 것을, 마치 이제는 더 이상 아무것도 열망할 것이 없는 완전한 상태라고 상상하지 말라. 이것은 절대 진리가 아니다. 예수님도 세례를 받으시고 성령으로 충만하게 되신 후에 유혹과 순종에 관한 배움을 통하여 계속해서 완전하게 되기 위해 나아가야 하셨다. 예수님의 제자들도 오순절의 성령으로 충만하게 된 이후에 끊임없이 자신을 훈련했다. 하늘로부터 내려온 능력을 소유하고 있는 상태에서의 계속된 노력은 그들로 하여금 자신의 삶 속에서 죄를 극복하고 승리할 수 있도록 더 큰 능력으로 나타났다.

성령은 진리의 영이시다. 그분은 우리를 그 진리로 인도하신다. 그분은 우리를 하나님의 영원한 목적으로, 그리스도의 지식으로, 참된 거룩함으로, 그리고 하나님과의 충만한 교제로 인도하신다. 그러므로 성령 충만함은 하나님의 자녀로 살고 사역하기 위한 완전한 준비이다.

이러한 관점에서 볼 때 하나님의 모든 자녀에게 있어 이러한 축복을 받는 것이 전적으로 얼마나 필요한 일인지를 알게 된다. 또한 바울이 왜 모든 성도를 위해 이러한 기도를 하게 되었는지 이해하게 된다. 사도 바울은 성령을 영적인 구별로써, 혹은 탁월한 사람들을 위한 것으로써, 혹은 하나님의 자녀들 가운데 호의를 보인 사람들을 위해 의도된 특별한 사치품과 같은 것으로써 간주하지 않았다. 그런 까닭에 바울은 회심할 당시 믿음으로 성령을 받았던 모든 사람을 위해 어떤 차별함도 없이 기도했다.

여기서 바울이 요구하는 것은 성령의 특별한 사역을 통해 하나님이 그들을 모든 충만하심으로, 가득 채워진 참된 진리로 이끌어가기를 원하시는 것이다. 바울의 기도에는 그리스도인의 삶에서 반드시 성취되어야 하는 가장 영광스러운 축복들이 담겨 있다. 우리는 성령이 소유하신 이러한 축복의 충만한 계시와 징후가 무엇으로 나타날 것인가를 배우려고 노력해야 한다.

우리가 예수님을 믿게 될 때 성령을 받게 된다고 하는 것은 서신서의 그전 구절을 통해 더욱 명백하게 알 수 있다. 그러나 바울은 그들이 아직 성령께서 그들을 위해 행하신 모든 것을 다 알지 못하거나 소유하지 못한 것을 보게 된다. 그들의 무지함으로 말미암아 그들이 더는 앞으로 나아가지 못함을 보게 된다.

그래서 바울은 무릎 꿇고 아버지께 그들의 내면이 성령으로 말미암아 강건해지도록 쉬지 않고 간구했던 것이다. 성령이 함께하시는 이러한 능력 있는 강함은 성령으로 충만하게 되는 것과 같은 것이며, 같은 축복의 또 다른 측면이다. 그것은 건강하게 성장하는, 그리고 열매 맺는 삶을 위해 없어서는 안 될 중요한 것이다.

바울은 하늘의 아버지께 이러한 은사를 주시기를 기도했다. 그는 하나님의 새롭고 명확한 작용을 요구했다. 그는 하나님이 그분 영광의 풍성함을 따라 이것을 행하시기를 요구했다. 그가 요청한 것은 확실히 평범하거나 하찮은 일이 아니었다. 그는 하나님이 사람들의 내면에서 성령으로 말미암아 믿는 자들을 강건하게 하시고, 하나님 은혜의 모든 풍성함을 기억하게 하시고, 행동으로 이끄시기를 열망했다.

그리스도인이여, 이러한 관점에서 우리 매일매일의 삶이 하나님의 뜻에 의지하고, 그분의 은혜와 전능하심에 의지해야 함을 배워야 한다. 그렇다. 매 순간 하나님이 우리의 내적인 삶 속에서 성령으로 말미암아 역사하셔야 한다. 우리가 강건해져야 한다. 그렇지 않으면 우리는 하나님이 원하시는 대로 살아갈 수 없다. 자연적으로 이 세상 안에 있는 피조물은 하나님이 그 생명을 유지하기 위해서 그 안에서 역사하시지 않는다면 잠시도 존재할 수 없다. 그런 까닭에 성령의 은사는 매 순간 우리 안에서 모든 것을 행하고 역사하시는 하나님의 보증이다.

우리는 우리의 모든 축복을 하나님께 의지하는 것을 배워야 한다. 우리는 하늘 아버지이신 그분께 성령의 강한 힘이 우리 안에서 시작되도록, 그리고 매 순간 방해받지 않고 그 힘을 유지할 수 있게 해달라고 청원해야 한다.

바울은 그러한 성령에 의한 강한 힘이 우리를 위해서 필요하며 요구된다는 사실을 알게 하려고, 그가 기도하고 있다는 사실을 성도들에게 말한 것이다. 오직 하나님으로부터 모든 일을 기대해야 한다. 우리는 무릎 꿇고 기도해야 한다. 하나님 자신의 계시이신 아버지로부터 그 영광의 풍성함이 우리에게 임하도록 기대해야 한다. 우리 안에 알려지지 않고 숨겨져 있고, 무기력 상태에 있는 씨와 같은 존재인 성령에 의해 당신을 강하게 해주시기를 하나님께 간구하고 기대해야 한다.

이것이 우리 영혼의 열망이요 확신이다. "하나님은 나를 성령으로 충만하게 채워주실 것입니다. 하나님은 성령을 통해 나를 그분의 전능하신 능력으로 강하게 해주실 것입니다." 당신의 전 생애 속에 이러한 기도와 기대감이 매일매일 스며들게 해야 한다.

성령으로 말미암아 사람들 내면의 힘이 강건해지는 것은 하나님의 영광스러운 열매이다. 영원하신 아버지의 위대한 사역은 아들을 낳는 것이다. 그분 안에서 홀로 하나님의 선한 기쁨을 실현하셨다. 하나님 아버지께서는 아들을 통하지 않고는 피조물과 교제하실 수 없다. 하나님은 그분의 아들을 바라보고 있을 때를 제외하고는 그 안에서 기뻐하실 수 없다. 그 아들 안에서만 기뻐하실 수 있다는 것이다. 하나님의 구원에 관한 위대한 사역은 우리 안에 하나님의 아들을 계시하시는 것이었다. 그를 통해 우리의 생활 속에서 예수님의 생활을 눈에 보이게 표현하게 될 것이다.

그리스도의 이러한 내주하심은 사람이 집에서 함께 사는 것과 같은 것이 아니다. 절대 그것과 동일시할 수 없다. 그렇다. 그분의 내주하심은 우리 마음이 진정으로 거룩하심을 소유하는 것이다. 그리고 우리의 가장 깊은 부분이 하나님의 삶 속을 관통하는 것이다. 성령으로 말미암아 아버지의 강건하심으로 우리를 내면적으로 강하게 하시는 것이다. 그 성령은 우리 의지에 생명을 불어넣으시고, 그것은 마치 예수님의 의지처럼 그 자신의 전적인 동정심을 초래하는 것이다.

그 결과 우리 마음은 예수님의 마음과 같이 되어 그분 앞에서 겸손하게 경배하며 복종할 것이다. 그리고 오직 하나님만 경외하기를 추구할 것이다. 우리의 전 영혼은 예수님을 향한 열망과 사랑으로 전율할 것이다. 이러한 내면적인 변화는 우리 마음을 주님이 거주하시기에 적합한 장소로 만든다. 성령으로 말미암아 하나님은 우리 안에 계시되었고, 우리는 우리의 생명이 깊고 거룩한 통일체가 될 정도로 그분과 하나가 되었다는 사실을 실제로 알게 되었다.

믿는 자여, 하나님은 우리 안에서 예수 그리스도 보기를 갈망하고 계신다. 그분은 그리스도께서 우리 안에 거주하심으로 말미암아 우리 내면에서 강하게 사역하실 준비를 하고 계신다. 하나님은 우리 안에 성령이 임하시고, 살아 계신 하나님 아들의 현존하심이 항상 우리 안에 거하게 될 때 강하게 사역하실 것이다. 하나님은 당신을 끔찍이 사랑하시며 당신을 애타게 갈망하신다. 그분은 당신 마음속에 거주하게 되기 전까지 절대 쉴 수 없으시다. 이것은 성령의 충만한 축복이 당신에게 임하게 하는 것이 바로 최고의 축복임을 의미한다.

우리는 믿음으로 말미암아 성령을 받았고 성령의 내주하심을 알게 되었다. 그리고 그 성령을 통해 하나님이 일하시는 것을 알게 되었다. 믿음으로 보이지 않는 물건들을 선명하게 식별하게 되는 것처럼 우리는 살아 계신 예수님을 마음속에 받아들이고 알게 되는 것이다. 예수님이 이 땅에 계실 때 제자들과 함께하셨던 것만큼이나 그렇게 끊임없이, 심지어 그들과 함께하셨던 것보다 더 끊임없이 우리 안에 함께하실 것이다. 우리에게 기쁨, 그분의 현존하심, 그리고 그분의 사랑을 주실 것이다.

영혼이여, 성령으로 말미암아 당신이 강건해지기를 기도하라. 그리고 당신의 마음을 성령 충만을 향해 열어놓으라. 그때 당신은 믿음으로 마음속에 그리스도께서 거하시는 것이 진정으로 무엇인지 그 의미를 알게 될 것이다.

"너희가 사랑 가운데서 뿌리가 박히고 터가 굳어져서 능히 모든 성도와 함께 지식에 넘치는 그리스도의 사랑을 알고." 여기서 사랑은 그 마음속에 내주하시는 그리스도의 영광스러운 열매를 말하는 것이다. 하나님의 사랑은 성령으로 말미암아 마음속에 널리 퍼져 흘러들어왔다. 그 마음속에 거주하시는 그리스도로 말미암아 하나님이 그 아들을 사랑하셨던 그 사랑이 우리에게 오게 된 것이다. 하나님 안에 있는 생명처럼 아버지와 아들 사이에 계신 성령은 오직 완전한 사랑이시다. 그래서 우리 안에 있는 그리스도의 생명은 바로 사랑일 뿐이다.

그러므로 우리는 사랑 안에서 뿌리가 박히고 터가 굳어지게 되는 것이다. 우리는 사랑이란 흙 속에 심어졌다. 우리는 거룩한 하늘의 사랑에 우리의 뿌리를 뻗게 되었다. 이제 우리의 존재는 그 사랑 안에 있게 되었다. 그리고 그 사랑으로부터 우리의 강건한 힘을 끌어당길 수 있게 되었다. 사랑은 우리의 영적인 삶 속에서 가장 중요한 최고의 요소이다. 우리 안에 거하시는 성령, 그리고 우리 안에 계신 아들은 오직 하나님의 사랑을 우리에게 가져다주신 것이다. 사랑은 우리로부터 흘러나오는 생명의 물줄기 가운데 가장 첫 번째가 되는 것이며 으뜸이 되는 것이다.

사랑은 율법의 완성이다. 그것은 이웃에게 악을 행하지 않는다고 강조했다. "사랑은 이웃에게 악을 행하지 아니하나니 그러므로 사랑은 율법의 완성이니라"(롬 13:10). 사랑은 자신의 유익을 구하지 않는다. "무례히 행하지 아니하며 자기의 유익을 구하지 아니하며 성내지 아니하며 악한 것을 생각하지 아니하며"(고전 13:5). 사랑은 형제들을 위해 우리의 생명을 버리게 할 수 있는 능력이 되기도 한다. "그가 우리를 위하여 목숨을 버리셨으니 우리가 이로써 사랑을 알고 우리도 형제들을 위하여 목숨을 버리는 것이 마땅하니라"(요일

3:16). 사랑으로 인해 우리 마음은 더욱더 넓게 되는 것이다.

우리의 친구들, 우리의 대적들, 하나님의 자녀들과 이 세상에 있는 자녀들은 모두 사랑할 만한 가치가 있다. 우리는 미워하는 사람들, 속죄함을 받은 사람들, 전 세계적으로 잃어버린 사람들, 그리고 특별하게 창조된 개인적인 모든 피조물을 하나님의 사랑 안에서 모두 기꺼이 받아들여야 한다.

우리의 행복은 우리의 명예를 희생하고, 우리의 유익을 희생하고, 다른 사람의 유익을 위해 위로를 베푸는 데 있다. 사랑은 희생을 두려워하지 않는다. 사랑은 상대방을 축복해주는 것이다.

우리는 단지 하나님이 성령과 함께하시면서 우리 안에서 강하게 역사하시기 때문에 사랑할 수 있다. 그리고 그분의 아들이 우리 안에 거하시기 때문에 사랑할 수 있다. 사랑의 십자가를 지셨던 예수 그리스도께서는 우리 마음을 그 자신의 것으로 완전히 채우신다. 우리는 사랑 안에서 뿌리가 박혔다. 하나님이 그 뿌리의 본질과 일치하도록 사랑의 열매를 맺게 하신 것이다.

영혼이여, 하나님의 말씀에 귀 기울이라. "하나님은 사랑이시다." 그분은 당신이 사랑을 완전히 이해할 수 있도록 모든 것을 제공하신다. 이러한 목적을 위해 그리스도께서 갈망하시는 것은 바로 당신의 마음 전체를 소유하는 것이다. 하나님이 성령으로 말미암아 우리를 강건하게 해주시기를 기도하라. 우리가 그리스도의 사랑을 알 수 있게 해달라고 기도하라.

그러므로 우리는 하나님의 충만하심으로 채워져야 한다. 이것은 성령이 그 충만함으로 우리를 이끌려고 계획하셨고, 실제로 우리를 이끌고 계신다는 사실을 경험하는 것이다. 하나님은 우리의 변화를 위해 필요한 모든 것을 준비하셨다. 우리는 예수 그리스도 안에서 하나님의 완전한 인간을 보게 된다. 그분은 고통과 순종으로 완전하게 되셨다. 그리고 하나님의 모든 충만하심으로 가득하게 됨으로써 완전하게 되셨다. 그분은 평범한 인간의 생명을 지닌 자와 마찬가지로 외로움과 빈곤 가운데 계셨다. 이 땅에서 그 생명이 하나님에 의해 기쁨이 됨에도 이러한 모든 필요와 결함을 지니신 그런 평범한 인간이셨다. 하나님의 뜻과 명예, 하나님의 사랑과 희생은 항상 그분 안에서 보인다. 그분에게 있어서 하나님만이 전부였다.

하나님이 이 세상을 창조하신 것은 이 세상에 그분을 계시하시기 위함이었다. 그 안에 그분의 지혜와 능력, 선함이 머물렀고, 눈에 보이게 나타난 바 되었다. 우리는 계속해서 그 본래의 특징이 하나님의 충만함이었다고 말해야 한다. 하나님은 믿음의 눈을 통해서 모든 것을 볼 수 있게 하셨다. 가장 높은 곳에 있는 천사의 노래와 온 우주는 하나님의 영광으로 가득하다. 하나님이 그분의 형상을 따라 인간을 창조하셨던 것은 하나님의 능력이 인간들 속에 나타났음을 보여주시기 위함이었다. 그리고 그 인간은 단순히 하나님의 형상을 반영하는 역할을 하게 될 것을 보여주기 위함이었다.

인간의 형상은 인간을 나타내기 위한 뭔가 다른 목적을 절대 만족하게 할 수 없다. 인간은 하나님의 형상을 닮은 존재로서 단순하게 자신의 생명 안에 하나님의 영광을 받아들여서 그것을 몸에 지니도록 예정되었다. 그것을 맨눈으로 볼 수 있도록 만들어진 존재이다. 인간은 하나님의 축복으로 충만하게 하기 위한 존재였다.

이러한 거룩한 목적은 죄에 의해 좌절되고 말았다. 인간은 하나님의 충만함 대신에 그 자신과 세상으로 충만해졌다. 죄는 인간으로 하여금 다시금 하나님의 충만함이 되게 하는 것을 영원히 불가능하게 여길 정도로 우리의 눈을 멀게 했다. 심지어 많은 그리스도인이 이러한 충만함 속에서도 아무런 바람직한 일들을 볼 수 없었다. 그러나 예수님은 우리를 구속하기 위해 오셨다. 오순절의 축복을 우리에게 상기시키기 위해 오셨다. 하나님은 그분의 성령으로 말미암아 우리 안에서 강하게 일하시기 위한 준비를 모두 마치셨다. 하나님의 아들이 우리 마음속에 거하기를 열망하고 계신다는 증거이다. 하나님은 그것을 반드시 성취하실 것이다.

그렇다. 이것이 바로 오순절의 축복이 지니고 있는 가장 고귀한 목적이다. 우리는 이러한 목적에 도달하기 위해, 그 목적에 도달하는 것을 확인하기 위해 성령을 의지할 수 있다. 그분은 우리를 향해서 그 길을 열어놓으실 것이다. 그리고 성령 안에서 우리를 인도하실 것이다. 그분은 우리 안에서 예수님의 깊은 겸손을 행하실 것이다.

예수님은 항상 말씀하셨다. "나는 스스로 아무것도 할 수 없다." "나는 나 자신의 뜻으로 일하지 않는다." "내가 하는 말은 나 스스로 하는 말이 아니다." 예수님은 이렇게 자신을 비우고 의지하는 마음 가운데 하나님이 아무것도 아닌 보잘것없는 영혼을 위해 전부가 되어주신다는 확실한 믿음과 경험으로 우리 안에서 일하실 것이다. 믿음을 통해 우리에게 하나님의 충만으로 가득했던 예수님을 계시하실 것이다. 그분은 하나님이 모든 것을 주셨던 그 사랑 안에서 우리로 하여금 뿌리가 박히도록 하는 원인이 되셨다. 그리고 우리가 하나님을 전부로 받아들이게 하는 원인이 되셨다. 그러므로 그것은 예수님과 함께했던 것처럼 우리와도 함께할 것이다. 인간은 아무것도 아니다. 하나님의 명예, 뜻, 사랑, 그리고 능력이 모든 것이 된다.

하나님의 사랑으로 당신에게 권한다. 이것이 우리에게 너무 높은 경험이라고 말하거나 우리를 위한 것이 아니라고 말하지 말라. 그렇다. 이것은 참으로 우리에 대한 하나님의 뜻이다. 또한 그것은 하나님의 명령이며 하나님의 약속으로 말미암은 뜻이다. 하나님은 자기의 뜻을 성취하셨다. 오늘 겸손 안에서, 그리고 믿음 안에서 다음과 같은 말씀을 취해야 한다. 이 말씀은 마치 우리 삶의 목적이요 표어와도 같다. 그것은 하나님이 우리를 위해 무엇을 행하실 것인가를 보여주는 말씀이다. "하나님의 모든 충만하심으로 우리를 충만하게 하소서"(엡 3:19 참조).

이 말씀은 축복을 받기 위해 준비하는 것만으로도 아주 만족해하는 자기 본위로부터 우리를 바로 세우기 위한 강력한 지렛대가 되어줄 것이다. 이 말씀은 우리가 하나님의 사랑 안으로 들어가도록 강하게 밀어넣을 것이다. 그리고 그 안에서 강력하게 뿌리를 내리도록 해줄 것이다. 이것은 정말 우리 마음속에 내주하시는 그리스도 외에는 우리 안에 이러한 사랑을 계속해서 거하도록 해줄 수 있는 것이 아무것도 없다는 사실을 확신시켜줄 것이다. 이것은 우리 안에 있는 하나님의 충만한 존재가 되게 해줄 것이다.

우리는 무릎 꿇고 우리의 구원자께 하나님의 풍성한 영광을 간구해야 한다. 우리 마음이 다음과 같은 반응을 말할 수 있을 때까지 계속해서 간구해야 한다. "그렇습니다. 하나님의 충만함으로 가득 채워지는 것이 바로 하나님이 저를 위해 준비하셨던 것입니다."

우리 앞에 있는 이러한 영광스러움을 발견하고, 다음과 같은 송영 안에서 사도들과 동행해야 한다. "우리 가운데서 역사하시는 능력대로 우리가 구하거나 생각하는 모든 것에 더 넘치도록 능히 하실 이에게 교회 안에서와 그리스도 예수 안에서 영광이 대대로 영원무궁하기를 원하노라. 아멘"(엡 3:20-21).

하나님은 아브라함에게 "나는 전능한 하나님이라"고 말씀하셨다. 하나님은 자신의 약속을 성취하기 위해 아브라함으로 하여금 하나님의 전능하심을 신뢰하도록 초청하셨다. 예수님이 무덤으로 내려가셨을 때 하나님의 전능하심이 그분을 다시 영광스러운 보좌로 끌어올리셨던 것도 믿음 안에서 이루어진 일이다. 이와 같은 전능하심은 예수 그리스도 안에서 그렇게 행동하도록 믿는 그들 속에서 하나님의 목적이 성취되도록 기다리는 것이다. 그러므로 우리 마음이

다음과 같이 말할 수 있어야 한다. "우리 가운데서 역사하시는 능력대로 우리가 구하거나 생각하는 모든 것에 더 넘치도록 능히 하실이에게 교회 안에서와 그리스도 예수 안에서 영광이 대대로 영원무궁하기를 원하노라. 아멘"(엡 3:20-21).

"하나님의 나라는 먹는 것과 마시는 것이 아니요 오직 성령 안에 있는 의와 평강과 희락이라"(롬 14:17). 우리는 이 말씀을 통하여 삼위일체 하나님의 사역이 이 땅에서 어떻게 나타나는지 알 수 있다. 하나님 나라는 의이다. 이것은 성부 하나님의 사역을 나타낸다. 그의 보좌의 기초는 정의와 심판이다. 그다음에는 성자 하나님의 사역이 있다. 그는 우리의 평강, 우리의 위로, 우리의 안식이시다. 하나님 나라는 평강이다. 과거에 대한 용서의 평강일 뿐 아니라 미래에 대한 완전한 확신이다. 그리스도 안에서 속죄의 일이 완성되었을 뿐 아니라 성화의 일 역시 완성되었다. 그리하여 나는 나를 위해 준비된 것을 받고 기뻐할 수 있다. 새로운 피조물이 창조되었으며 나는 하나님 안에서 살아갈 것이다. 한 왕국이 의로써 설립되었고 그 나라의 법이 완전하다면 그곳에 완전한 안식이 있을 것이다. 외부로부터의 어떤 전쟁이나 내부로부터의 내전 없이 평화가 있다면 그 나라는 행복하고 번영할 수 있다.

그리고 의와 평강에 이어 우리가 살아갈 수 있는 터전인 행복이 있는 희락이 있다. "하나님의 나라는 성령 안에 있는 의와 평강과 희락이라." 이러한 성령의 기쁨을 우리가 동경하는 것이나 우리가 생각해야 할 아름다운 것으로써 뿐만 아니라 우리가 요구할 수 있는 축복으로 여기길 바란다.

우리는 종종 제과점에서 맛깔스러운 케이크가 유리 앞에 진열되어 우리를 유혹하는 모습을 볼 수 있다. 배고픈 꼬마들이 거기에 서서 먹고 싶어 하지만, 그 앞에는 커다란 판유리가 덮여 있어서 손댈 수가 없다. 당신이 그들에게 "꼬마야, 케이크를 집으렴" 하고 말하면 그 아이는 놀란 표정으로 당신을 볼 것이다. 그 아이는 그 사이에 무언가가 있다는 사실을 알고 있다. 그 아이가 유리 덮개에 대해서 몰랐다면 그렇게 하려고 했을 것이다. 유리판은 때때로 너무나 투명해서 어른조차도 잠시 그것이 있는지 모르고 손을 내뻗는다. 그러나 곧 자신과 케이크 사이에 눈에 보이지 않는 막이 있다는 사실을 알게 된다. 이것은 정확히 많은 그리스도인의 모습을 나타낸다. 그들은 보기는 하지만 얻지는 못한다.

지금 내가 보고 있는 좋은 것을 갖지 못하도록 가로막고 있는 눈에 보이지 않는 유리판은 무엇인가? 그것은 단 한 가지, 자기가 주도하는 삶이다. 나는 영적인 것들을 보지만 그것에 도달할 수는 없다. 자기가 주도하는 삶이 눈에 보이지 않는 유리판이다. 우리는 작정하고 일하며 애쓴다. 그런데도 여전히 무언가로 인해 주저하고 있다. 모든 것을 하나님께 내드리기를 두려워하는 것이다. 우리는 그 결과가 어떨지를 알지 못한다. 하나님, 그리고 예수 그리스도께서는 모든 것을 받으시기에 합당하다는 사실을 아직 깨닫지 못했다.

평강과 기쁨이 있는 복된 삶에 대한 이야기를 들으면 우리는 말한다. "하나님을 찬양합니다. 하나님의 말씀은 진리입니다. 저는 말씀을 믿습니다." 그러나 우리는 여전히 날마다 뒷걸음친다. 누군가가 "그것을 가져라"고 말할 때 우리는 "저는 그것을 가질 수 없습니다. 그 사이에 무엇이 있습니다"라고 대답한다. 오, 우리가 자아 중심의 삶을 기꺼이 포기하기를. 오늘 그것을 버릴 용기를 얻고 성령의 기쁨이 우리의 믿음이 되기를. 그것은 하나님이 우리를 위해 준비하신 믿음이다. 그것은 우리가 요구할 수 있는 믿음이다. 의로움뿐 아니라, 평강뿐 아니라 성령의 기쁨이다. 그것이 하나님 나라이다. 그렇다면 이 기쁨은 무엇인가?

먼저, 성령의 기쁨은 예수님이 임재하시는 기쁨이다. 우리는 종종 다른 두 가지에 관해서 말하는 경향이 있다. 성화의 능력과 섬김의 능력이다. 그러나 나는 이 두 가지보다 더 중요한 것이 있음을 알았고, 그것은 그리스도를 그의 제자와 교회와 모든 믿는 사람의 마음속에 항상 거하게 하시려고 성령이 하늘로부터 임하셨다는 사실이다. 주 예수님은 하늘로 올라가셨고 그의 제자들은 매우 슬퍼했다. 그들의 마음은 근심으로 가득했지만 주님은 그들에게 말씀하셨다. "지금은 너희가 근심하나 내가 다시 너희를 보리니 너희 마음이 기쁠 것이요 너희 기쁨을 빼앗을 자가 없으리라"(요 16:22). 그들에게 일어났던 일은 우리에게도 일어날 것이다. 성령은 예수님의 임재를 함께하는 현실과 지속적인 경험으로 만들었다.

그렇다면 어떤 사람도 빼앗을 수 없는 그 기쁨은 무엇인가? 그것은 오순절 성령 강림의 기쁨이다. 그러면 오순절 성령 강림이란 무엇인가? 예수님이 제자들과 함께 있기 위해 성령으로 오신 것이다. 예수님이 이 땅에서 제자들과 함께하시는 동안에는 그들의 마음속에 직접 들어가실 수 없었다. 그들은 예수님을 사랑했지만 그분의 가르침을 따라 살 수 없었고, 그분의 성품에 참여할 수 없었으며, 그들의 존재 가운데 예수님의 영을 받을 수 없었다. 주님이 성령으로 제자들의 마음속에 거하기 위해 다시 오셨다. 문제를 지닌 회중의 목사로, 경쟁자와 겨뤄야 하는 사업가로, 많은 식구를 보살펴야 하는 어머니로, 성경공부 모임을 이끄는 리더로 우리가 일할 수 있게 하는 것은 오직 성령뿐이시다. 그분만이 우리로 하여금 "나는 승리할 수 있다. 나는 하나님의 안식 속에서 살 수 있다"고 말하게 하신다. 왜 그런가? "나는 전능하신 예수님을 날마다 모시고 있기 때문이다."

그러나 하나님의 사람들에게 한 가지 장애물이 있는 것 같다. 그들은 자기의 구원자를 모른다는 사실이다. 그들은 이 고마우신 그리스도께서 영원히 내주하시고, 만물에 충만하시며, 그리스도로 그들의 삶 전체를 책임지고 싶어 하신다는 사실을 깨닫지 못한다. 그들은 예수님이 전능하신 그리스도이시며, 어떤 상황에서도 그들의 보호자요, 그들의 하나님이 되시려고 한다는 사실을 알지 못하고 믿지 않는다. 이것은 절대적으로 진실이다.

많은 그리스도인은 어떻게 형용할 수 없는 기쁨이자 어떤 것도 앗아갈 수 없는 기쁨, 예수님이 마음에 채워주시는 우정과 친밀함과 사랑의 기쁨을 가질 수 있는지 질문을 받는다. 우리는 세상의 경쟁이 너무나 치열해서 개인적인 기도시간을 낼 수 없다고 불평한다. 형제여, 예수 그리스도께서 당신에게 형제와 친구와 함께하는 손님으로 오셨다면 그가 당신의 마음을 성령의 기쁨으로 채우셔서 모든 일이 당신 발아래서 올바르게 자리 잡게 하실 것이다. 당신의 마음은 매우 거룩해서 세상일로 채워질 수 없다. 일들이 머릿속과 발밑에 있게 하라. 그러나 그리스도께서 온 마음을 다 소유하시게 한다면 그분이 당신의 온 생애를 지키실 것이다.

우리의 영광스러우며 높으시고, 전능하시며 영원히 계신 그리스도께서 함께하신다! 왜 당신과 내가 그분을 온전히 신뢰하고, 그분이 일을 완전히 행하시게 할 수 없는가? 하나님 앞에서 우리가 그분을 믿는다고, 그리스도께서 모든 순간에 우리가 꿈꾸는 모든 것을 하실 수 있음을 믿겠다고 말하라. 갈보리의 십자가에서 예수님은 홀로 완전하고 축복된 일을 행하셨음을 당신은 알고 있다. 마찬가지로 하늘에 계신 그리스도께서도 홀로 대제사장과 중보자로 계시고, 당신은 그분이 거기서 일하실 것을 믿는다. 하나님을 찬양하라. 마음속에 계신 그리스도 역시 능력이 있으시며, 모든 순간에 홀로 우리를 지키신다. 하나님의 자녀들에게 그리스도께서 얼마나 가까이에서 계신지, 그리고 모든 사람의 마음속에 들어와서 그 영혼을 안식으로 이끄시기 위해 영원히 거기에 거하시려고, 그들의 마음 문을 두드리는 것이 나타나기를 기원한다.

우리는 모두 기쁨의 능력이 무엇인지 알고 있다. 희락만큼 그토록 매력적인 것도 없다. 기쁨만큼 사람으로 하여금 참고 견디는 데 도움이 되는 것도 없다. 주님이신 예수님도 장차 있을 기쁨으로 인해서 십자가의 고통을 견디셨다. 한숨 쉬고 두려워하며 의심하는 삶을 사는 사람이 올바르게 살아간다고 말할 수 없다. 오늘에 와서 성령의 기쁨이 당신을 위한 것임을 믿으라. 성경이 말하지 않는가? "예수를 너희가 보지 못하였으나 사랑하는도다. 이제도 보지 못하나 믿고 말할 수 없는 영광스러운 즐거움으로 기뻐하니"(벧전 1:8).

당신은 아버지의 아들이 항상 존재하는 한 이토록 복되고 숭모할 만하고 상상할 수 없도록 아름다운 하나님의 기쁨을 언제든지 당신을 기쁨으로 채우실 수 있음을 믿지 않겠는가? 또한 그가 당신을 사랑하는 것은 신랑이 그 신부를 사랑하는 것보다 더함을 믿지 않겠는가? 당신을 그의 피로 사신 예수님이 당신을 그토록 갈망하고 계심을 믿지 않겠는가? 그는 당신의 마음을 그의 사랑의 마음으로 채우기 원하신다. 전심으로 믿으라.

둘째로 성령의 기쁨은 죄로부터 구원받은 기쁨이다. 성령은 우리를 거룩하게 하려고 오셨다. 그리스도께서는 우리의 거룩함이요, 성령은 그리스도를 우리에게 전달하시기 위해 오셨다. 그리고 그리스도 안에 있는 모든 것을 이루시고, 그것을 우리 안에서 다시 만들어 내신다. 하나님이 보실 때는 일보다 더 중요한 것이 있음을 기억하자. 그것은 그리스도의 형상, 그리스도의 모습과 삶이 우리 안에 있는 것이다. 그것은 하나님이 원하시는 것이다. 그것이 우리로 하여금 일하기에 합당하게 할 것이다. 하나님은 그리스도께서 우리 안에서 별개의 존재로 살아야 한다고 하지 않으신다. 즉 불결하고 부정하고 더러운 것들로 가득한 성전의 한구석 어딘가에 그리스도께서 있게 하는 것이 아니다. 그것은 하나님의 뜻이 아니다. 하나님은 그리스도께서 우리 안에서 그 형상을 이루어서 우리가 그리스도와 하나가 되고, 우리의 생각과 감정과 삶 속에서 그의 축복된 아들이 그의 앞에서 나타나는 것을 바라신다. 성령은 우리를 거룩하게 하려고 주어졌다.

나의 형제여, 당신은 크건 작건 간에 모든 죄로부터 정결하기를 원하는가? 당신에게 죄를 정복할 힘이 있다고 생각하는지를 묻는 것이 아니다. 당신이 그것을 추방해낼 힘이 있다고 생각하는지를 묻는 것도 아니다. 당신은 힘이 없다고 느낄 것이다. 그러나 그것은 그다지 큰 장애물이 아니다. 나는 죄를 내쫓을 수 없지만 성령으로 그 일을 하시는 전능하신 그리스도를 모실 수는 있다.

또한 그리스도에게 "죄가 있습니다. 악한 것이 있습니다. 그것을 주님의 발아래 내려놓습니다. 그 모든 것을 거기에 던집니다. 주님, 제 오른손도 베어버릴 수 있습니다. 어떤 것이든 오직 나를 죄악에서 구원하소서"라고 말하는 것은 우리의 일이다. 그러면 그리스도께서 악한 영을 내쫓으시고 구원을 주실 것이다.

하나님의 영은 성령이시며, 그분의 일은 나를 죄와 사망의 권세에서 자유롭게 하는 것이다. 그리고 만약 당신이 성령의 기쁨 안에서 살기 원한다면 이런 질문이 찾아온다. "당신은 죄스러운 모든 것, 선하게 보이지만 죄의 얼룩을 가진 것까지도 버릴 수 있는가?" 당신은 삶을 매우 힘들게 하는 어떤 관계 속에 있을지도 모른다. 목회자는 그의 성도들과의 관계에서 매우 큰 어려움에 부닥칠 수 있다. 혹은 사업가는 그의 파트너나 일에 관련된 사람들과의 사이에서 엄청나게 괴로운 처지에 놓일 수도 있다. 그러나 하나님의 어린 양이 그 모든 것을 충분히 감당하실 수 있지 않은가?

당신에게 그리스도는 어떤 가치가 있는가? 과거에 예수님은 제자들에게 물으셨다. "너희는 그리스도에 대하여 어떻게 생각하느냐?" 나는 묻겠다. "당신에게 그리스도는 어떤 분이신가?" 그리고 나는 당신에게 장차 어떤 어려움이 있든지, 어떤 난국이 당신을 둘러싸고 있든지 간에 오늘 모든 환경을 가져다가 예수 그리스도의 발 아래 던지라고 간청하는 바이다. 그리스도를 소유한다는 것은 어떤 어려움도 능히 이겨낼 수 있다는 것이다. 그리스도를 소유하는 것은 모든 어려움의 해결책이다.

분명히 외부로 드러난 어려움과 난관만 있는 것이 아니라 시험과 냉랭한 마음과 신랄한 말과 성급한 판단 같은 수천 가지의 소소한 일들이 우리 삶에 들어와서 우리를 혼란스럽게 한다. 하지만 거룩하게 하시는 성령이 오셔서 다스리시면 모든 일에 죄를 짓지 않고 해결해나갈 수 있는 은혜를 주실 것을 믿으라. 그러면 성령의 기쁨이 무엇인지 알게 될 것이다.

우리가 고린도전서에서 보는 것과 같이 우리 몸은 성령의 거룩한 성전이다. 먹는 것과 마시는 것과 같은 일에서도 거룩해지는 것이다. 그리스도인은 얼마나 자주 자기 몸을 살찌우기 위해, 어떤 자기부인이나 희생도 없이 즐거움을 위해 먹고 마시는 것에 즐거움을 얻는가! 우리는 얼마나 자주 다른 사람들을 먹는 일에 끌어당기고, 얼마나 자주 이 몸이 성령의 비밀스러운 성전이요, 무엇을 입에 넣어 먹고 마시든지 하나님의 영광을 위해서 해야 하며, 그렇게 함으로써 하나님을 기쁘시게 한다는 사실을 잊어버리는가?

사랑하는 자여, 당신에게 이 메시지를 주고 싶다. 당신에게는 하나님의 안식으로 들어갈 수 있는 자격이 있으며, 성령은 당신을 그

곳에 데려다주기 위해 오셨다. 그는 당신의 마음을 말할 수 없는 그리스도의 임재의 기쁨으로 채우실 것이다. 그 기쁨은 죄로부터 구원받은 기쁨과 죄에 대한 승리의 기쁨, 당신이 하나님의 뜻을 행하고 있으며, 그분을 기쁘시게 하고 있다는 사실을 아는 기쁨, 그리스도께서 계시도록 성전을 거룩하게 하시고 지키심을 아는 기쁨이다. 믿는 자여, 성령의 기쁨인 하나님의 거룩함의 기쁨은 그의 축복이요, 그의 순전함이요, 그의 완전함이기에 그 무엇도 흠집을 내거나 더럽히거나 방해할 수 없다. 성령은 그것을 우리 삶 속에 가져오고 나타내기 위해 기다리신다. 그는 우리 마음속에 들어와서 우리가 성령의 사람으로서 존재 전체에 흐르는 예수님의 거룩한 능력으로 성화된 삶을 살기 원하신다.

셋째로 성령의 기쁨은 성도 사랑의 기쁨이다. 오순절에 성령은 다른 사람들과 구별된 어떤 사람에게만 오시지 않았다. 그는 모인 모든 사람에게 와서 가득 채우셨다. 우리는 그들 가운데 얼마나 많은 분리와 다툼과 자만이 있었는지 알고 있다. 그러나 그날 성령은 그들의 마음을 충만하게 하셨다. "이 사람들이 어떻게 서로 사랑했는지 보라."

초대교회 안에는 이방인들이 주목해서 보고 이해할 수 없었던 사랑이 있었다. 왜 그랬는가? 성령이 아버지와 아들 사이의 하나 됨을 묶는 끈이시고, 그 끈은 사랑이기 때문이다. 성령은 하나님의 사랑이 마음 가운데 거하기 위해 오신 것이다. 성령이 나와 내 형제들과 함께 거할 때 우리는 서로 사랑하는 법을 배운다. 비록 내가 천성적으로 사랑이 없더라도, 비록 내게 은혜가 거의 없더라도 내 형제의 마음이 성령으로 충만하면 그는 그 모든 것을 넘어서 나를 사랑한다.

사랑은 놀라운 것이다. 누군가 진짜 사랑이 아니더라도 사랑하려고 애쓰면 진짜 사랑이 생기는데, 사랑은 더 많이 부딪힐수록 더 많은 승리를 얻는다. 사랑은 더 많이 사랑을 연습하고, 더 많이 실행할수록 더 많이 기뻐하게 된다.

가령 한 어머니에게 실망스러운 아들이 있다면 그녀는 어떤 사랑으로 그를 보듬어야 하는가? 그녀의 아들이 이전보다 더욱 타락한 모습을 보였을 때 사랑하는 어머니의 마음은 그 모든 패륜을 넘어서 얼마나 더 많이 그를 사랑해야 하는가? 성경은 "그가 우리를 위하여 목숨을 버리셨으니 우리가 이로써 사랑을 알고 우리도 형제들을 위하여 목숨을 버리는 것이 마땅하니라"(요일 3:16)고 말하지 않았던가!

성령은 사랑의 영으로 오셨으며, 당신이 성령의 기쁨을 알기 원하고 그가 당신을 안식으로 인도하고 지키시기를 원한다면 이 세상이나 저 세상의 모든 것보다 사랑하지 않는 마음을 더욱 경계해야 한다. 당신의 형제나 자매에게 던진 한마디의 날카로운 말이 당신도 알지 못하는 가운데 당신에게 먹구름을 가져온다. 사람들은 서로에 관해서 단지 자기가 좋아하는 대로 말하는 데 익숙해서, 신랄하고 좋지 않고 애정 없는 말을 하고는 이에 따른 결과로 문제가 생겨도 그들은 이해하지 못한다. 하나님을 근심하게 하는 한 가지가 있다면, 성령을 방해하는 한 가지가 있다면 그것은 바로 사랑의 결핍이다.

당신이 성령의 기쁨으로 살기 원한다면 하나님과 서약하라. '그러나' 당신은 말할 것이다. "나를 너무나 못 참게 하는 그리스도인이 있습니다. 그는 나에게 문제를 일으키고, 그의 어리석음은 나를 성가시게 합니다. 또한 세상 사람들이 있습니다. 그들이 과거에 이따금 얼마나 나를 유혹했고 피해를 줬는지요! 그리고 나를 망하게 하려는 사업가도 있습니다." 그들 모두를, 그리고 당신의 아내와 자녀 등 당신을 둘러싼 모든 사람을 용납하라. 그리고 말하라. "나는 그들을 이해합니다. 사랑은 안식이고 안식은 사랑입니다. 하나님이 그의 사랑 안에서 쉬십니다. 사랑은 안식이고 안식은 사랑입니다. 사랑이 없는 곳에는 안식도 방해를 받습니다."

지금 함께 고백하자. "기쁨이 무엇인지 깨달았습니다. 그것은 항상 사랑하는 기쁨입니다. 다른 사람을 사랑하느라 나의 삶을 잃어버리는 것입니다." 겸손과 관련해서 누군가 물은 적이 있다. "이 말씀은 어떻습니까? '도의상 다른 사람을 더 우선하는 것입니까?'" 우리 영혼이 하나님 앞에서 완전한 겸손에 이르면 자기는 아무것도 아닌 존재가 되며, 하나님이 모든 것 가운데 모든 것이 되신다. 나는 아무것도 아니다. 모욕받을 만한 자아가 없다. 나는 하나님 앞에서 말했다. "나는 아무것도 아닙니다. 주님의 생명과 빛만이 비춥니다. 영광은 주님의 것입니다. 그리고 어떤 것도 나에게 접촉할 수 없습니다. 그러나 먼저 접촉하는 이가 있다면 나의 하나님일 것입니다."

사랑하는 자여, 성령의 기쁨 속에서 살고 싶지 않은가? 와서 축복을 받아들이고, 당신이 아무것도 아니라는 겸손의 삶을 살도록 자기를 버리고, 그리스도의 사랑의 삶을 실천하여 오직 당신의 이웃을 위해서 살라. 하나님 나라는 성령의 기쁨이다.

마지막으로 성령의 기쁨은 하나님을 위해 일하는 기쁨이다. 우리는 예수님이 임재하심의 기쁨, 죄에서 구원받은 기쁨, 이웃을 위한 사랑의 기쁨에 대해 고찰해 보았다. 이제 우리는 하나님을 위해 일하는 기쁨에 관해 이야기하려고 한다. 우리 가운데 몇 사람은 종종 영원하신 하나님이 우리를 통해 일하셔야 한다는 것이 얼마나 이해할 수 없는 일이냐고 말하곤 한다. 그러면 우리는 "주님, 전능하신 주님이 내 안에서 일하시고, 이 본성적으로 악한 벌레 같은 저를 위해 일하시는 까닭이 무엇입니까?"라고 묻는다. 그것은 지식을 넘어서는 신비이면서도 생생한 사실이다. 성령의 기쁨은 우리가 하나님의 사랑을 사람에게 전달하는 그리스도를 닮은 일을 할 때 찾아온다. 이제 죽기를 구하자. 이제 영혼을 위해 살고 자기는 죽이자. 우리의 이웃이 회개하고, 그들이 하나님께로 돌아가게 되도록 살고,

자기를 죽게 하자. 거듭난 영혼의 기쁨의 노래를 듣는 것만 한 큰 기쁨은 없다.

그런데 그만큼 중대하다고 할 수 있는 또 하나의 기쁨이 있다. 비록 하나님께서 거듭난 영혼이 노래하는 것을 들을 수 있는 축복을 주시지 않더라도 나는 예수님의 거절당한 삶에 동정을 느낄 수 있는 기쁨, 아버지께서 나를 흐뭇하게 바라보시는 확신의 기쁨을 가질 수 있다.

그렇다면 우리는 예수 그리스도의 진정한 계승자인가? 우리는 진정으로 갈보리 길을 오르고, 우리를 위해 피 흘리신 그리스도의 추종자요 계승자인가? 성령의 기쁨은 그리스도 안에서 하나님을 위하여 일하는 기쁨임을 기억하라. 나는 하나님이 그의 백성들이 그분을 바라기만 한다면 그들을 위한 새로운 길과 새로운 인도하심과 새로운 능력을 주신다고 믿는다. 그러나 대부분 그리스도인의 모습은 이러하다. 우리는 하나님이 주신 모든 것으로 인해 감사하고, 지금 하고 있는 일에 관하여 모든 방향에서 살펴보고, 우리의 힘으로 더 잘하겠다고 말한다.

그러나 우리를 둘러싼 수만 가지 상황 가운데서 성령이 주시는 환상으로 말미암아 조금의 감각이라도 있었다면, 확신컨대 우리는 얼굴을 하나님 앞에 떨구고 "하나님이여, 새로운 어떤 것을 위하여 나를 도우소서. 오, 나의 몸속에 모든 조직 하나하나까지도 하나님과 함께 이 위대한 일을 위해 소유하소서"라고 말할 것이다. 그 위대한 필요성은 모든 그리스도인이 하나님의 일을 위해 자기를 온전히 하나님께 바치는 것이다. 성령의 기쁨이 무엇인지 알도록 하나님이 우리를 도우시기를.

결론을 맺으며 다시 묻고자 한다. "당신은 주 예수 그리스도, 야곱이 예언했던 우리의 실로, 우리의 여호수아, 우리의 영광스러운 왕이요 대제사장이 당신을 오늘 하나님의 안식으로 데리고 가실 수 있다는 것을 믿는가?" 히브리서의 그 말씀을 기억하라. "또한 성령이 우리에게 증언하시되." 오늘 용기를 내서 당신의 사역과 당신의 사업, 당신의 모든 환경과 당신의 모든 자연적인 기질, 당신의 집, 그리고 앞으로 다가올 당신의 인생 모두를 가지고 가서 말하라.

"나는 잘 이해하지 못합니다. 앞으로 무슨 일이 일어날지도 모릅니다. 그렇지만 제가 아는 한 가지가 있습니다. 절대적으로 모든 것을 십자가에 못 박히신 하나님의 어린 양의 손에 드립니다. 그가 나의 온전한 가운데 나를 소유하실 것입니다." 그리고 기억하라. 그리스도께서는 당신에게 당신이 생각하는 것이나 깨닫는 것, 당신이 묻거나 꿈꾸는 것 이상으로 다가오실 것이다.

와서 그의 복되고 사랑이 가득한 팔에 자신을 내맡기고, 지금부터라도 우리의 여호수아가 우리를 하나님의 안식으로 인도하게 하여서 이기심, 자기 본위, 자기 신뢰, 자기 자랑에서 벗어나 안식에 이르자. 그리고 자신을 생각하지 않고 전지전능하신 하나님이 항상 우리와 함께하사 우리 안에서 역사하시는 것을 믿자. 이렇게 할 때 우리가 하나님 나라를 먼저 구하고 그의 의를 구하면 모든 것이 우리에게 더해질 것이라는 약속을 주장할 수 있다. 사랑하는 자여, 하나님 나라는 당신 안에 있다. 그리고 그것은 성령 안에서 의와 평강과 기쁨이다. 와서 지금이라도 단순하고 어린아이 같은 겸손한 믿음으로 그것을 요구하자.

"이와 같이 성령도 우리의 연약함을 도우시나니 우리는 마땅히 기도할 바를 알지 못하나 오직 성령이 말할 수 없는 탄식으로 우리를 위하여 친히 간구하시느니라. 마음을 살피시는 이가 성령의 생각을 아시나니 이는 성령이 하나님의 뜻대로 성도를 위하여 간구하심이니라"(롬 8:26-27). 이 구절에는 우리가 기도할 때 성령이 주시는 도움에 관한 하나님의 가르침이 있다. 로마서 8장 전반부는 성령과 관련한 하나님의 말씀에 상당히 중점을 두고 있다. 로마서 6장에서 우리는 죄에 대하여 죽고 하나님에 대하여 사는 것을 알아보았고, 로마서 7장에서는 율법에 대해 죽고 그리스도와 결혼하는 것과 거듭나지 않은 사람이 하나님의 뜻을 행하는 것이 불가능함을 알아보았다. 이것은 우리가 얼마나 무기력한 존재인지 보여주는 하나의 준비일 뿐이다.

그다음 8장에는 성령의 고마운 사역에 대해 나오는데, 특히 이 말씀에서 그것이 잘 표현된다. "생명의 성령의 법이 죄와 사망의 법에서 너를 해방하였음이라"(롬 8:2). 성령은 우리를 죄의 권세에서 자유롭게 하고 우리가 성령을 따라 살도록 가르치고 인도하신다. 우리의 속사람을 영적으로 바꾸고 육체의 행실을 멸하려는 것이다. 성령은 우리의 연약함을 도우신다. 기도는 영적생활에서 가장 중요한 영역이다. 그러나 우리는 기도하는 방법도 모르고 무엇을 기도해야 하는지도 모른다. 바울은 성령이 말할 수 없는 탄식으로 우리를 위해 기도하신다고 말한다. 또한 바울은 우리가 종종 성령이 우리 안에서 무슨 일을 하고 있는지 모르지만 마음을 감찰하시는 하나님이 계신다고 말한다.

말씀은 종종 내 생각과 내 소원을 드러내지만 내 마음 깊은 곳에 있는 것을 나타내지 않는다. 그러나 하나님이 오셔서 내 마음을 살피시고 마음 깊은 곳에 숨겨진, 내가 깨닫지 못한 나에게 말할 수 없는 소망이 무엇인지 찾아내신다.

능력 있는 기도! 무지함의 고백! 친구여, 나는 종종 내가 기도를 너무나 쉽게 하는 것에 대해 목회자로서 나 자신을 걱정한다. 나는 이 문제를 가지고 40년간이나 기도해왔고, 사람과 관련한 기도는 매우 쉬운 일이 되었다. 우리는 모두 기도하는 방법을 배워왔고, 기도 부탁을 받으면 기도하겠다고 할 수 있지만 그것을 너무나 쉽게 여기고 있다. 그래서 우리가 종종 진정한 기도는 거의 없으면서도 기도하고 있다고 생각하지는 않는지 염려가 된다.

이제 우리 안에 성령의 기도가 있기를 원한다면 한 가지 요구되는 것이 있다. 우리가 "나는 기도할 수 없습니다"라고 느끼는 것에서부터 시작해야 한다는 것이다. 어떤 사람이 상심하여 기도할 수 없지만, 그의 마음속에는 타오르는 불과 그에게 주어진 짐이 있을 때 그를 하나님께 이끄는 것이 있다. "나는 무엇을 기도해야 할지 모른다"는 고백이다. 우리는 충분할 만큼 무지하지 않다.

아브라함은 갈 바를 알지 못하고 나섰다. 그에게는 무지함과 믿음이 있었다. 예수님은 제자들이 보좌를 달라는 간청을 하려고 왔을 때 이렇게 말씀하셨다. "너희는 너희가 구하는 것을 알지 못하는도다"(막 10:38). 바울은 말한다. "하나님의 일도 하나님의 영 외에는 아무도 알지 못하느니라"(고전 2:11). 당신은 말한다. "만일 나의 어머니나 혹은 대학시절의 교수님으로부터 지난날, 그리고 어제의 경험으로부터 배워왔던 예전의 기도를 하지 않는다면 무엇을 기도해야 하는가?"

나는 새로운 기도를 하라고 대답하고 싶다. 하나님의 풍성함 속으로 더 높이 올라가 당신의 무지함을 느끼는 것에서부터 시작하라. 어떤 학생이 대학교에 들어가면서 자기가 모든 것을 안다고 생각하면 어떻겠는가? 그는 많은 것을 배우려고 하지 않을 것이다. 아이작 뉴턴은 말했다. "내가 세상에서 어떤 사람으로 보일지는 모른다. 그러나 나 스스로 나는 언제나 거대한 바다의 진실은 전혀 알지 못한 채 바닷가에서 보통보다 좀 더 매끈매끈한 조약돌이나 다른 것들보다 좀 더 예쁜 조개껍데기를 찾는 데 몰두하며 놀고 있는 어린아이와 같다."

나는 청산유수처럼 부드럽고 아주 쉽게 기도하지 못하는 사람을 보면 그것이 바로 성령의 특징이라고 말한다. 그가 기도를 시작하면서 "하나님, 저는 기도로 더욱 깊이 인도받기 원합니다. 저는 믿지 않는 사람들을 위해서 기도해 왔습니다. 그러나 그들의 짐을 새로이 느끼길 원합니다"라고 기도한다면 이것은 성령의 임재에 대한 표식이다. 사랑하는 당신에게 말한다. 하나님이 믿지 않는 사람의 짐을 당신에게 더 무겁게 내려놓으셔서 "나는 전혀 기도하지 않았습니다"라고 느껴지도록 하는 시간을 드린다면 그것은 당신의 삶 가운데 가장 축복된 일이 될 것이다.

교회와 관련해서도 그렇다. 우리는 이 땅에서 그리스도의 교회의 일원으로서 신분을 갖고 싶어 하고, 그 위대한 몸에 속한 자로서 "주 하나님, 이 땅의 교회를 축복하며 교회가 부흥하도록, 또한 교회가 그 세속성과 나약함에서 벗어나게 하도록 할 수 있는 일이 없습니까?"라고 말한다. 우리는 함께 의논하고 믿음 없이 이렇게 결론을 내린다. "아니요. 우리는 어떻게 해야 할지를 알지 못합니다. 우리는 모든 목회자와 그 교회들에 대해 어떤 영향력이나 힘도 없습니다." 그러나 다른 각도로 보면 하나님 앞에 나아가서 "주여, 우리는 무엇을 구하여야 할지 알지 못합니다. 무엇이 필요한지를 주님께서 아십니다"라고 말하는 것은 얼마나 복된 일인가! 우리가 자신의 무지함을 깨닫기만 한다면 성령은 우리 안에서 수백 배나 더욱 기도하실 것이다. 그때야 비로소 우리는 그분께 의지해야 함을 체감하게 된다.

하나님께서 우리가 기도할 때 얼마나 무지하고 무능한지 가르쳐 주시고 "주여, 우리는 기도할 수 없습니다. 우리는 기도가 무엇인지 알지 못합니다"라고 말하게 하시기를. 물론 우리 중에 몇 사람은 기도가 무엇인지 잘 알고 있을 것이다. 그러나 그것은 하나님의 성령이 가르치는 것과 비교하면 오직 미미한 것일 뿐이다.

여기에서 우리가 생각해야 할 첫 번째 사항이 있다. 우리의 무지함이다. "우리는 우리가 바라는 대로 무엇을 기도해야 할지 알지 못한다." 그러나 "성령이 말할 수 없는 탄식으로 우리를 위하여 친히 간구하신다." 우리는 종종 성부 하나님과 성자, 그리고 성령께서 위대한 구원의 역사를 이루고 완성하시는 것에 관하여 듣는다. 우리는 하나님이 세상을 창조하셨을 때 지치지 않으셨음에도 출애굽기에서 안식일에 대해서 놀랍게 표현한 구절을 보게 된다. "나 여호와가 제칠 일에 쉬어 평안하였음이니라"(출 31:17 참조). 하나님이 쉬셨다. 안식일은 하나님께 쉼의 시간이었다.

하나님은 일하셔야 했으며 그리스도도 일하셔야 했다. 이제 성령이 일하시고 우리에게 기도하는 방법을 가르치기 위해 그의 비밀스러운 장소, 모든 일이 시작되어야 하는 장소인 마음속에 오신다. 누구든지 무슨 기도가 필요한지, 무엇이 약속되었는지, 하나님이 무슨 일을 행하기 원하시는지에 관한 통찰력을 얻게 되면 그 사람은 그것이 자기의 생각을 넘어선다는 사실을 깨닫게 된다. 그때가 바로 그가 이렇게 말할 때이다. "나는 이스라엘의 거룩하신 분을 내 생각으로 제한할 수 없습니다. 성령이 나를 위해 표현할 수 없는 탄식과 갈망으로 기도하실 수 있도록 믿음으로 나 자신을 내드립니다." 이것을 당신의 기도에 적용하라.

기도에는 여러 형태가 있다. 예배는 단지 엎드려서 위대하신 하나님을 경배하는 것이다. 우리는 예배를 드리기 위해서 시간을 내지 않아도 된다. 우리는 은밀하게 예배할 필요가 있다. 영원하신 하나님을 마주 대하기 위해서 보좌 앞에 나아가면 그가 우리를 덮으시고 그의 사랑과 그의 영광으로 채우실 것이다. 우리 안에서 다른 기쁨들을 버리고 자기의 일까지도 떠나서 하나님과 더 자주 만날 수 있다는 열망으로 역사하실 수 있는 분은 성령이시다.

기도의 또 다른 형태는 친교이다. 기도 중에 왕을 경배하는 것뿐 아니라 자녀로서 하나님과 함께 교제하는 것이 있다. 그리스도인은 교제하는 것을 너무나 소홀히 하곤 한다. 그들은 기도가 단지 그들의 탄원을 갖고 오는 것으로 생각한다. 그리스도께서 나를 내가 원하는 모습으로 바꾸기 원하신다면 하나님과 교제하는 시간에 매달려야 한다. 하나님이 그의 사랑을 나의 마음속에 들여보내고, 빛나고, 불타게 하시기 위해 내가 그분과 함께하는 시간을 내야 한다.

대장장이는 철 연장을 불 속에 넣어야 한다. 만약 그가 잠깐만 그렇게 한다면 그 연장은 빨갛게 달아오르지 않을 것이다. 그러나 그가 그것을 꺼내서 어떤 일을 하고 잠시 후에 다시 불 속에 몇 분 동안 넣으면 이번에는 빨갛게 달아오를 것이다. 하루의 여정에서 그는 연장을 수없이 불 속에 넣고 각각 이삼 분 동안 그 안에 놔두지만, 그것은 결코 완전히 가열되지 않는다. 그가 시간을 들여 연장을 10분이나 15분 동안 불 속에 둔다면 철 연장 전체가 불 속에 있는 열로 빨갛게 달아오를 것이다.

그것은 우리에게도 마찬가지다. 우리가 하나님의 거룩한 불과 사랑과 능력을 얻고자 한다면 하나님과 교제하는 시간을 더 많이 가져야 한다. 그것은 바로 아브라함과 모세 같은 선지자들이 힘을 얻게 된 통로이다. 그들은 하나님과의 교제를 위하여 구별된 사람들이었고, 살아계신 하나님은 그들을 강하게 만드셨다.

다른 매우 중요한 기도의 형태는 중보기도이다. 하나님이 그의 사역자인 사람들을 위해 열어놓으신 중보기도는 얼마나 위대한가! 우리는 이사야서에서 멋진 표현을 본다. 하나님은 말씀하셨다. "내 힘을 의지하고 나와 화친하며 나와 화친할 것이니라"(사 27:5). 또한 "스스로 분발하여 주를 붙잡는 자가 없사오니"(사 64:7). 다른 구절에서도 하나님은 이스라엘을 위한 중보자와 관련해서 언급하셨다.

당신은 하나님을 붙잡았는가? 하나님께 감사하라. 우리 중 몇 사람은 그러하다. 그러나 하나님이 교회의 부흥을 위한 기도가 얼마나 열심인지 보여준다면, 교회에서 얼마나 많은 진정한 죄의 고백이 있는지 보여준다면, 하나님께 간구하고 그분이 예루살렘을 이 땅의 영광이 되게 하실 때까지 쉬지 않도록 하는 기도가 얼마나 있는지 보여준다면 그리스도의 교회의 대표자들은 부끄러워해야 한다. 우리는 성령이 우리를 위해 기도하고 우리 안에서 말할 수 없는 탄식으로 간구하시도록 우리의 마음을 다 드려야 한다.

그렇다면 내 안에 이런 성령으로 충만해지려면 어떻게 해야 하는가? 성령은 마음속에서 우리의 시간과 장소를 원하신다. 그는 온전한 존재를 원하신다. 그는 내 모든 관심과 영향력이 하나님의 영광과 명예를 위해 나아가기를 원하신다. 그는 우리가 자신을 모두 드리길 원하신다. 사랑하는 친구여, 중보자로서 헌신할 때 당신이 무슨 일을 할 수 있는지 잘 모를 것이다. 그것은 여러 해 동안 침상에 누워 있는 병자가 능력으로 일어나는 일이다. 그것은 거의 한 푼도 헌금하지 못하던 가난한 자가 매일 할 수 있게 되는 일이다. 그것은 아버지의 집에서 집안일을 도와야 하는 소녀가 성령으로 할 수 있게 하는 일이다.

사람들은 종종 묻는다. 오늘날의 교회가 대중에게 다가가기 위해서 무엇을 해야 하는가? 그들은 스스로 너무나 연약한 존재라고 느끼기 때문에 두려워하지만 이렇게 묻는다. 우리가 런던이나 베를린, 뉴욕, 파리 같은 장소에서 물질주의와 불신앙에 맞서서 무엇을 해야 하는가? 우리는 종종 아무런 희망이 없는 듯 포기해버린다.

어떤 기도 모임이나 어떤 기도시간을 정규적으로 떼어놓으라는 말은 아니다. 그러나 하나님께 부르짖는 일에 자기를 바치려고 하는 사람을 성령이 찾으신다면 성령은 아마 가장 분명하게 임하실 것이다. 그리스도께서 주실 수 있는 평안과 안식과 축복에 관하여 말할 때 우리가 구하는 것은 단순히 이기적인 욕망이나 행복이 아니다. 하나님이 우리를 원하시고 그리스도께서 우리를 원하신다. 성령이 그 일을 하셔야 하기 때문이다. 갈보리 사건은 우리 마음속에서 이루어져야 한다. 우리는 사람들을 위해서 하나님께 간구하는 것에 자기를 바쳐야 한다. 그러므로 우리는 날마다 자기를 드려 하나님께 간구하여 그분을 기쁘시게 하고, 그의 성령이 우리 안에서 일하시게 해야 한다.

마지막으로 하나님이 친히 자녀의 마음을 보시기 위해 임하신다. 아마도 그 가엾은 사람은 자기가 기도하고 있는지도 모를 것이다. 아마도 그는 자기의 기도를 부끄러워하고 있는지도 모른다. 그렇다면 더더욱 좋다. 그는 마음이 무겁고 불안함을 느낄지 모르지만 하나님은 들으시고 그 영혼 속에 있는 것을 알고 응답하실 것이다. 이 놀라운 신비를 생각해보라.

보좌에 계신 성부 하나님이 우리에게 그의 영광의 풍성함을 따라서 복을 주려고 하신다. 전능하신 대제사장 그리스도께서는 밤낮으로 간구하신다. 그의 전인격은 하나의 중보이시며, 그로부터 쉴 새 없이 아버지께 향한 간구가 올라간다. "주님의 교회를 축복하소서!" 그리고 아버지로부터 아들에게 응답이 오고, 아들로부터 교회에 온다. 만약 그것이 오지 않는다면 우리 마음이 닫혀서이다.

우리 마음을 열고 넓히자. 그리고 하나님께 말하자. "오, 내가 하나님의 임재에 지속해서 들어가고, 하나님을 붙들며, 나의 죽어가는 이웃에게 축복을 하고 갈 수 있는 제사장이라면!" 하나님은 예수님의 중보하심이 그의 자녀들의 마음 가운데 나타나는 모습을 보기 원하신다. 그 모습을 찾으시면 그것은 그에게 기쁨이 된다. 또한 마음을 살피시는 이가 성령의 생각을 아신다. 성령이 하나님의 뜻에 따라 성도들을 위하여 기도하시기 때문이다.

어떤 사람은 "성도들을 위하여"라는 말이 온 세계를 통하여 성도들을 위한 믿는 자들의 찬양의 영을 의미한다고 한다. 하나님의 말씀은 지속해서 우리에게 모든 사람을 위해 기도하고 자신에 만족하지 말라고 하신다. 이 땅 위에 있는 수많은 교회 구성원을 생각해보라. 그중의 많은 사람은 회심하지 않았고, 또 많은 사람은 방금 회심했지만 여전히 세상적이고 허물이 크다. 수천 명의 평범한 그리스도인을 생각해보라.

그리스도인이라는 이름은 있지만 하나님을 강도질하고 있다! 그러면 우리는 행복할 수 있는가? 우리가 영혼들의 짐을 감당하면 이 평안과 기쁨을 가질 수 있는가? 하나님께서 당신이 그리스도 구원의 기쁨 속에서 영혼들의 짐을 질 수 있을 만큼 강하게 하시려는 단 한 가지 목적을 위해 당신에게 평강과 기쁨을 주신다.

우리는 이렇게 말하기를 바라지는 않는다. "저는 제가 할 수 있는 한 거룩해지려고 애쓰고 있습니다. 나를 둘러싼 세속적인 사람들에 대하여 제가 어떻게 해야 합니까?" 내 손에 심한 병이 있다면 내 몸은 이렇게 말할 수 없다. "나는 손하고 아무 상관이 없어." 에스라는 백성들이 죄를 지었을 때 자신의 옷을 찢고 티끌에서 무릎을 꿇고 회개했다. 그는 백성들을 책임지고 죄를 뉘우쳤다. 또한 느헤미야는 국가가 죄를 지었을 때 회개하고 하나님 앞에 엎드려서 그들 조상의 하나님께 그들의 불순종에 대해 개탄했다. 다니엘도 그같이 했다.

그러면 믿는 사람으로서 우리도 그처럼 위대한 일을 해야 한다고 생각하지 않는가? 우리가 한 점의 죄도 없는 사람이라고 가정하자. 그냥 가정만 하자. 그러면 우리는 죄를 회개할 수 있을까? 죄가 없는 그리스도를 보라. 그는 죄인들과 함께 요단강으로 들어가셨다. 그는 스스로 그들과 같이하셨다. 하나님은 우리가 누구인지 깨닫고 있는지를 물으신다. 하나님은 지금 우리가 이 땅의 교회에 속해 있는지를 물으신다. 우리는 주변을 둘러싼 죄의 짐을 져왔다.

이제 하나님께로 가서 그분이 성령으로 우리 마음을 교회의 상태에 대한 말할 수 없는 슬픔으로 채우시고, 하나님이 우리로 하여금 그분 앞에서 울 수 있는 은혜를 주시기를 바라자. 우리가 교회의 죄를 고백하기 시작하면 전에는 절대 경험하지 못했던 우리의 죄를 깨닫게 될 것이다. 아시아의 일곱 교회에 보냈던 다섯 개의 서신 속에서 핵심 단어는 "회개하라"였다. 그들이 회개하지 않으면 죄를 이기고 축복받을 어떤 방법도 없었다. 그리스도의 교회를 대신하여 회개하자. 그러면 하나님이 자신의 일을 회복하셔서 우리를 도우실 것이다. 하나님께서 우리가 자신을 하나님과 그리스도께 드리도록 도우시고, 그분의 이름을 위하여 그것이 우리의 일상이 되게 하실 것이다. 아멘.

이 내용은 청교도 신학의 최고봉 존 오웬의 대표작 「내 안의 죄 죽이기」에서
발췌한 내용으로써 우리가 나를 죽이고 성령님의 임재를 경험하기 위해서는
우리 안에 있는 죄를 죽여야 하기에 존 오웬이 제시하는
죄를 죽이는 9가지 실제적인 방법을 특별히 수록한 것입니다.
우리가 신앙생활을 하는 데 큰 도움이 될 것입니다.

"너희는 믿음 안에 있는가 너희 자신을 시험하고 너희 자신을 확증하라. 예수 그리스도께서 너희 안에 계신 줄을 너희가 스스로 알지 못하느냐. 그렇지 않으면 너희가 버림받은 자니라"(고후 13:5).

우리가 죄와 정욕으로 고통받을 때 우리 영혼을 안내해주는 구체적인 방법을 이야기하고자 한다. 이것은 이 책에서 내가 의도한 핵심이기도 하다. 이 방법 중 어떤 것은 다른 것을 위한 선행조건으로 제시되는 준비 작업인 것도 있고, 어떤 것은 그 자체로 독자적인 안내 역할을 하는 것도 있다.

방법 1. 정욕에 동반되는
여러 위험한 징후를 살피라

먼저 당신의 정욕에 동반되는 여러 위험한 징후들을 숙고해보라. 즉 그 정욕이 치명적인 증상을 가지고 있는지 조사하라. 만약 그것이 치명적이라면 특단의 조치를 취해야 한다. 일반적인 수준에서 죄를 죽이려는 노력은 효과를 거둘 수 없다. 그렇다면 우리 안에 거하는 죄가 치명적임을 보여주는 위험한 징후는 무엇인가? 그 징후들은 다음과 같다.

고질적 습관

만약 어떤 죄가 당신의 마음을 오랫동안 타락시켜왔는데 그것의 위력을 물리치고 거기서 치유받으려고 노력하지 않았다면 그 죄의 병은 매우 심각한 것이다. 혹시 당신은 오랫동안 세상적인 생각, 야망, 욕심으로 인해 하나님과의 끊임없는 동행의 삶을 위해 필요한 다른 의무들을 저버리지는 않았는가? 아니면 수많은 날을 헛되고 어리석고 악한 생각으로 보내며 당신 마음을 더럽히지는 않았는가? 만약 그렇다면 당신의 정욕은 매우 위험한 수위에 있다.

다윗의 경우가 그러했다. "내 상처가 썩어 악취가 나오니 나의 우매한 까닭이로소이다"(시 38:5). 마음속에 오랫동안 자리 잡은 정욕은 사람을 타락시키며 곪게 하고 짓무르게 하여 영혼을 비참한 상태로 만든다. 이러한 경우 일반적인 처방으로는 치료가 불가능하다. 이 정욕은 온갖 수단을 동원해서 영혼의 모든 기능을 은근히 잠식하고 사람의 감정을 지배한다. 그래서 사람의 마음과 양심은 그것에 익숙해져서 전혀 낯설게 여기지 않고 오히려 자신의 습관인 것처럼 생각하기까지 한다. 실로 죄의 정욕은 이와 같은 방법으로 사람을 지배하며 때때로 자신의 존재를 사람들의 눈에 띄지 않도록 한다. 따라서 그러한 사람은 특단의 조치를 취하지 않는 한 이 세상에서 결코 평화를 맞볼 수 없다.

그 이유는 첫째, 특정 정욕을 오랫동안 죽이지 못한 것은 중생하지 못한 사람에게만 일어나는 죄의 노예 상태에서 비롯된 것일 수 있기 때문이다. 둘째, 오랫동안 특정한 죄의 정욕이 여러 모양으로 역사하여 마치 요지부동인 것처럼 역사하고 있을 때 그 정욕이 더는 자신을 괴롭히지 않을 것이며, 자신은 딴 사람이 될 것이라고 다짐하는 일은 어불성설이기 때문이다. 아마도 이 특정 정욕은 당근과 채찍이라는 양면작전을 통해 영혼이 눈치 채지 못하도록 자신의 존재를 오랫동안 숨겨왔을 것이다. 그리고 말씀을 통해 주어지는 각종 은사들의 도전 앞에서 오랫동안 굴복하지 않은 채 있었을 것이다.

이렇게 고질적인 습관처럼 영향력을 행사하는 죄를 사람이 제거한다는 것은 확실히 쉬운 일이 아니다. 오랫동안 방치된 상처들은 종종 치명적이며 항상 위험하다. 속에 거하는 병은 계속 아무런 장애 없이 거하면서 더욱 난폭하고 완고해진다. 정욕은 그러한 속병으로 일단 사람 안에 습관으로 자리 잡게 되면 발본하기가 더욱 어려워진다. 그것은 스스로 죽는 법이 없기 때문에 우리가 매일매일 그것을 죽이지 않는다면 그 위력은 분명히 점점 더 커질 것이다.

죄와 타협하려는 마음

내주하는 정욕의 힘 앞에서 복음적인 방법으로 그것을 죽이기보단 마음의 평화를 유지하기 위한 명목으로 그것과 은근히 타협하려는 것은 마음속에서 그 죄가 치명적인 수위로 발전했다는 또 다른 증거이다. 이러한 타협은 다음과 같은 방법으로 이루어질 수 있다.

첫째, 죄로 인한 생각으로 고통당할 때 그것을 파괴하려고 노력하기보다는 자신의 마음속에서 그런 죄의 속성 외에 다른 좋은 면이 있는지를 찾아보고, 그것을 찾게 되면 죄에 대해서 관용한다.

사람이 하나님과 가졌던 경험들을 다시 생각하고 기억하며, 그것들을 더욱 발전시키기 위해 노력하는 것은 좋은 일이다. 이것은 모든 성도의 마땅한 의무로서 구약과 신약에서 모두 권고하는 행동이다. 다윗도 이와 같은 일을 했다. "밤에 부른 노래를 내가 기억하여 마음으로 간구하기를"(시 77:6). 이렇게 해서 다윗은 주님이 자신에게 베풀어주신 이전의 은혜들을 기억했다. 이와 같은 행위를 바울도 우리에게 권면했다. "너희는 믿음 안에 있는가 너희 자신을 시험하고 너희 자신을 확증하라. 예수 그리스도께서 너희 안에 계신 줄을 너희가 스스로 알지 못하느냐. 그렇지 않으면 너희는 버림받은 자니라"(고후 13:5).

솔로몬이 말한 것처럼 시련과 시험의 때, 그리고 죄로 인해 마음이 괴로울 때 그와 같이 하나님의 은혜들을 묵상하면 그 은혜의 잔은 더욱 돋보이게 된다. 하지만 그와 같은 기억을 다른 목적으로 사용한다면, 즉 죄로 고통당하는 양심을 달래기 위한 목적으로 이용한다면 그것은 죄의 계책에 넘어가는 것이다.

사람의 양심이 하나님과 대면하고 하나님으로부터 그의 죄성이 꾸짖음을 받을 때, 그 죄를 그리스도의 보혈의 피로 용서받고 성령으로 죽이기보다 오히려 전에 가졌던 좋은 경험들을 생각하며 위안을 얻고, 하나님이 자신의 목에 놓은 멍에를 회피하는 일은 실로 위험한 행동이다. 그렇게 되면 그의 상처는 거의 치료가 불가능해진다. 유대인들은 그리스도의 가르침에 찔림을 받고 양심의 가책을 느꼈을 때 자신들이 아브라함의 자손이며, 그래서 하나님으로부터 인정받은 백성이라고 주장하며 스스로를 위로하고 합리화했다. 그 결과 온갖 불경스러운 죄악으로 그들은 파멸하게 되었다.

어떤 의미에서 이것은 '스스로 자축하는 행위'라고 말할 수 있다. 그래서 "악화 일로에 있을지라도 자신 안에는 여전히 평화가 있다"고 말하는 것과 같다. 이와 같은 태도 뒤에는 죄를 사랑하고 하나님으로부터 오는 은혜와 평화를 무시하려는 심리가 있다. 실로 자신에게 임하는 분노를 피할 수만 있다면 하나님과 완전히 단절되지는 않지만 어느 정도 하나님과 거리를 두면서 세상에서 열매 없이 살아도 된다는 생각이다. 이러한 생각을 가진 사람에게 무엇을 기대할 수 있겠는가?

둘째, 죄를 죽이기 위해 신실하게 노력하는 대신에 죄를 은혜와 자비의 논리로 합리화하는 것도 죄와 타협하는 행위이다. 이런 합리화는 그 당사자의 마음이 얼마나 죄에 물들어 있는지를 잘 보여주는 표식이다. 림몬의 당에서 경배해야 하는 나만처럼(왕하 5:18) 사람이 자신의 마음속에 "다른 경우들은 하나님과 동행하겠지만 이 경우만은 나에게 자비를 베풀어주소서!"라고 은밀히 말한다면, 그는 곧 비참한 상태에 빠지게 될 것이다.

실로 자비라는 핑계로 죄에 계속 안주하려는 것은 크리스천의 신실성에 위배되는 짓으로 위선이다. 그것은 하나님의 은혜를 도리어 색욕거리로 만드는 셈이다(유 1:4). 하지만 유감스럽게도 하나님의 자녀들이 사탄의 간교와 그들의 불신앙으로 때때로 이와 같은 죄의 속임수의 함정에 빠진다. 만약 그렇지 않다면 바울은 우리에게 그와 같은 속임수에 대해 주의하라고 말하지 않았을 것이다.

실로 사람은 천성적으로 이처럼 육신적인 거짓 논리에 무엇보다도 쉽게 사로잡힌다. 그래서 육신은 '은혜'라는 핑계를 대고 더욱 방종하려고 한다. 그리고 자비와 관련된 말은 무엇이든지 귀를 쫑긋하고 낚아채서 자신의 타락한 목적을 위해 왜곡시킨다. 죽이지 못한 자신의 죄에 대해 이와 같은 은혜를 대입시켜 합리화하는 행위는 결국 복음이라는 도구를 통해 육신의 목적을 만족시키는 행동이다.

속임을 당한 인간의 마음이 자신의 죄를 합리화하기 위해 사용하는 방법은 이 외에도 많다. 이처럼 내면에서 죄를 합리화하는 사람은 결국 마음속에서 죄를 은밀히 좋아하게 된다. 그래서 비록 그의 의지는 전적으로 죄를 향해 있지는 않지만 어느 정도 그것에 기울어져서 조건만 맞으면 쉽게 죄를 짓는다. 그래서 그는 그리스도의 피로 죄에서 사함을 받고 죄를 죽이려 하기보다 다른 방법을 통해 죄의 고통에서 위안을 얻으려고 한다. 결국 이런 사람의 상처는 악취를 품기며 썩게 되고 죽음의 문턱에 이르게 된다.

죄의 유혹에 동조하는 태도

죄의 정욕이 치명적인 수위에 이르렀음을 보여주는 또 다른 징후는 죄의 유혹이 성공을 거두고 빈번히 사람의 의지가 죄의 지배에 동조하는 경우이다. 사람의 의지가 죄를 기쁘게 받아들이고 그것에 동조할 때 비록 그 죄를 외형상 실제적으로 범하지 않을지라도 죄는 자신의 목적을 이룬 셈이 된다. 외형적인 기준으로 볼 때 사도 야고고가 말한 것 — 오직 각 사람이 시험을 받는 것은 자기 욕심에 끌려 미혹됨이니 욕심이 잉태한즉 죄를 낳고 죄가 장성한즉 사망을 낳느니라(약 1:14-15) — 처럼 실제로 죄를 짓지는 않지만 사람은 마음속에서 죄를 짓고자 하는 마음과 성향을 가질 수 있다. 그렇게 되면 죄는 성공을 거둔 것이다. 그래서 정욕이 사람의 영혼에 위력을 갖게 되어 그의 상태는 마치 중생하지 못한 사람처럼 나빠지고 위험에 처하게 된다.

정욕에 휘말리는 일을 의도적으로 하든 무심코 하든 간에 그 결과는 똑같다. 무심코 한다는 자체도 어느 정도 선택이 개입되어 있기 때문이다. 우리가 경계하고 주의할 부분에서 의무를 게을리 하고 무심코 행한다면 그런 무심한 행동은 일부러 하는 행위와 같다. 즉 일부러 의무를 소홀히 하고 부주의한 것이 아닐지라도 부주의하게 행동하도록 상황을 몰아간 것이기 때문에 그 선택의 책임을 피할 수는 없다. 마음의 악은 대부분 무심결에 갑자기 들어와 자신이 어쩔수 없이 동조한 것이기에 시간이 지나면 그 악이 어느 정도 경감될 것이라고 생각하는 일은 잘못이다. 그렇게 무심결에 기습적으로 악이 들어오게 된 데에는 마음을 지켜야 할 의무를 소홀히 한 자신이 주요 원인이다.

죄와 싸우지 않고 논쟁하는 자세

사람이 죄와 싸워야 할 때 앉아서 죄의 문제와 죄의 심판에 대해 논쟁만 한다면 그것은 죄가 그의 의지를 사로잡은 증거이며, 그의 마음속에는 사악함이 가득 차 있다는 징후이다. 이런 사람은 마음속에서 죄와 정욕의 유혹에 대해 싸우지 않고 오직 타인들 사이에서 수치를 당하는 일과 하나님으로부터 오는 지옥의 심판만을 두려워하기 때문에 죄의 심판이 없다면 충분히 죄를 짓고도 남을 사람이다. 그래서 결국 그의 행위는 죄를 짓는 것과 마찬가지가 된다. 진정으로 그리스도의 소유가 된 성도는 복음의 원리에 기초해서 순종하고 그리스도의 죽음, 하나님의 사랑, 그리고 죄의 혐오스러운 속성을 깨달아 하나님과 동행하며 죄를 죄로 여기고 경멸한다. 그래서 모든 죄의 유혹을 물리치고 마음속의 정욕과 투쟁한다.

요셉이 바로 그랬다. "내가 어찌 이 큰 악을 행하여 하나님께 죄를 지으리이까"(창 39:9). 이런 맥락에서 사도 바울도 이렇게 말했다. "그리스도의 사랑이 우리를 강권하시는도다"(고후 5:14). 또한 그는 "그런즉 사랑하는 자들아 이 약속을 가진 우리는… 육과 영의 온갖 더러운 것에서 자신을 깨끗하게 하자"(고후 7:1)라고 말했다. 반면 정욕의 힘에 이끌리는 사람이 복음의 무기가 아닌 율법만으로 정욕과 싸운다면, 다시 말해 전적으로 율법의 무기인 지옥과 심판을 갖고 죄와 싸운다면 죄가 그의 의지와 감정을 사로잡아 광범위한 영향을 미치게 될 것이다.

이와 같은 사람은 새롭게 하는 은혜를 저버린다. 그가 아직 파멸되지 않는 것은 그를 지탱하는 하나님의 은혜 때문이다. 하지만 은혜에서 멀어지게 된 사람은 결국 율법의 권세 아래로 떨어지고 만다. 그리스도의 가볍고 온유한 멍에를 팽개치고 철로 만든 무거운 율법의 멍에 아래로 들어가 정욕의 방탕함을 억제하고자 한다면 그것은 그리스도를 모욕하는 행위이다.

이 점을 다시 한번 생각해보라. 당신이 죄 앞에서 다음과 같은 선택의 기로에 서 있다고 가정해보자. 즉 계속 죄의 노예가 되어 전쟁터로 달려가는 말처럼 죄의 명령에 굴복해 어리석은 행동으로 치닫거나, 아니면 죄를 스스로 제어하기 위해 대항한다고 하자. 이때 당신은 당신의 영혼에게 어떻게 말할 것인가? 그것으로 모든 게 끝나는가? 아니다. 결국 이 경주의 종착지는 지옥이 될 것이며, 거기서 복수의 심판이 당신을 기다릴 것이다! 그러므로 이제 당신은 스스로를 돌아봐야 한다. 악이 문 앞에서 기다리고 있다. 성도들이 더는 죄의 지배를 받지 않는다고 주장한 바울의 주요 논점은 "성도들이 율법 아래 있지 않고 은혜 아래 있다"는 것이었다(롬 6:14).

율법적 관점에서 율법적 원리와 동기를 갖고 죄와 대항할 때 당신을 파멸로 이끄는 죄의 지배에서 당신이 해방될 수 있다고 어떻게 확신할 수 있는가? 그런 율법적 자세에서 죄를 억제하려는 노력은 결국 오래가지 못한다. 강력한 복음의 요새를 떠나 스스로 정욕과 맞서 싸우게 되면 그 정욕은 즉시 당신을 삼키게 될 것이다. 적과 싸울 때 천 배의 힘을 발휘하는 무기를 적에게 넘겨준다면 절대 당신은 적의 지배에서 해방될 수 없다. 당신이 율법적 태도에서 신속히 돌아서지 않는다면 당신이 두려워하는 일이 당신에게 엄습하게 될 것이다.

징계의 심판에 대한 무감각

당신이 정욕으로 인한 강퍅함, 또는 적어도 징계의 심판을 느끼지 못하고 더는 괴로워하지 않을 때 이것은 죄의 또 다른 위험한 징후이다. 하나님은 때때로 자신의 자녀들에게 죄나 정욕을 허락하셔서 그들을 당혹하게 하고, 그것을 통해 그들이 가졌던 죄, 태만, 그리고 어리석음 등을 교정하신다. 그래서 이스라엘은 하나님께 불평했다. "여호와여 어찌하여 우리로 주의 길에서 떠나게 하시며 우리의 마음을 완고하게 하시나이까"(사 63:17). 의심의 여지없이 하나님은 이와 같은 방법을 중생하지 못한 불신자들에게도 사용하신다.

그러면 죄로 인한 찔림이 하나님의 징계의 손길인지 우리가 어떻게 알 수 있는가? 자신의 마음과 행동 양식을 살펴보면 알 수 있다. 지금 죄의 덫에 걸려 괴로워하기 전 당신 영혼의 상태는 어떠했는가? 당신은 의무를 소홀히 하지 않았는가? 과도하게 자신만을 위해 살지 않았는가? 당신에게 회개하지 않은 죄가 있지는 않았는가? 하나님은 우리로 하여금 옛 죄를 기억하도록 하기 위해 고통을 주실 뿐만 아니라 더 나아가 전혀 새로운 죄를 짓도록 허락하기도 하신다.

놀라운 은혜, 보호하심, 그리고 구원을 받았음에도 당신은 그것들을 계속 발전시키지 않고 감사하지도 않았던 것은 아닌가? 너무 죄의 고통에 길들여져 그 고통 뒤에 숨어 있는 하나님의 뜻을 이루기 위해 노력하지 않았던 것은 아닌가? 아니면 하나님의 섭리 속에서 하나님을 영화롭게 할 수 있도록 은혜로 주신 기회들 앞에서 최선을 다하지 않았던 것은 아닌가? 혹시 당신은 매일매일 많은 유혹을 통해 세상과 사람들에게 영합하지는 않았던가? 만약 당신이 이러한 상태에 있다면 깨어서 하나님을 구하라. 지금 당신은 주위에 분노의 폭풍이 몰아치고 있다는 사실도 모른 채 영적인 잠을 자고 있다.

죄를 교정하려는 하나님을 방해하는 것

죄를 교정하려는 하나님의 방법을 정욕을 통해 방해한다면 이것은 심각한 죄의 징후이다. 이런 상태를 성경은 이렇게 말한다. "그의 탐심의 죄악을 말미암아 내가 노하여 그를 쳤으며 또 내 얼굴을 가리고 노하였으나 그가 아직도 패역하여 자기 마음의 길로 걸어가도다"(사 57:17). 이 말씀에서 하나님은 이스라엘의 죄를 교정하기 위해 고통을 주고 유기(遺棄)하는 방법들을 사용하셨다. 하지만 그들은 그 모든 하나님의 방법을 무시하고 오히려 저항했다. 이것은 정말 슬픈 일이다. 왜냐하면 18절의 말씀처럼 인간은 오직 하나님의 주권적인 은혜를 통해서만 죄로부터 벗어날 수 있기 때문이다. "내가 그의 길을 보았은즉 그를 고쳐 줄 것이라. 그를 인도하며 그와 그를 슬퍼하는 자들에게 위로를 다시 얻게 하리라." 이 은혜는 사람의 힘으로 얻어지는 은혜가 아니다.

하나님은 때때로 자신의 섭리에 의해 특정한 사람을 대면하고 그 마음의 죄를 말씀하신다. 요셉을 애굽에 판 요셉의 형제들의 경우가 그런 예다. 이때 당사자는 자신의 죄를 숙고하게 되고 스스로를 판단하게 된다. 이처럼 하나님은 자신의 뜻을 말씀하실 때 보통 위험, 고통, 고난, 질병 등과 같은 방법을 사용하신다. 어떤 때는 성경을 읽는 중에 어떤 구절을 통해 마음에 찔림을 주기도 하신다. 그래서 그로 하여금 자신의 상태를 깨닫고 일어서도록 역사하신다. 또한 매우 자주 말씀 전파, 죄를 자각하게 하는 성찬식, 회심, 그리고 덕을 세워주는 훈계의 방법 등을 통해 사람들을 만나신다. 그리고 종종 말씀의 칼을 통해 사람들을 다듬어가신다. 그리하여 사람들의 심장에 있는 정욕을 향해 직접 칼을 들이대어 죄인들을 놀라게 하시고 그들로 하여금 마음의 죄악을 죽이도록 이끄신다.

그렇지만 사람이 자신의 정욕으로 인해 주님의 속박에서 벗어나고 그분의 멍에 줄을 끊는다면, 또한 죄로 인해 주님이 주시는 깨달음을 버리고 다시 옛 생활로 돌아간다면 그 영혼은 비참한 상태에 놓이게 될 것이다. 이런 사람에게는 이루 형용할 수 없는 죄악들이 동반하게 된다. 이때 그에게 하나님이 주시는 특정한 경고의 말씀은 하나님이 그를 무한히 사랑하신다는 표지이다. 실로 하나님의 사랑을 저항하는 행위는 하나님을 경멸하는 행위이다! 그럼에도 하나님이 그런 죄인을 버리시지 않고, 분을 내어서 안식의 자리에 절대 들여보내지 않겠다고 맹세하시지 않는 것을 보면 그분의 인내가 얼마나 무한하신지 잘 알 수 있다!

위험한 죄의 징후는 이상에서 말한 것 외에도 많다. 주님이 귀신 들린 자를 고치시면서 "기도 외에는 이런 유가 나갈 수 없다"라고 하신 말씀은 정욕을 죽이는 문제에서도 적용된다. 일상적인 방법으로 죄를 죽인다는 것은 불가능하다. 오직 특별한 방법을 통해서만 죄를 죽일 수 있다. 그러므로 당신은 죄와 싸울 때 앞에서 말한 이러한 위험한 징후들이 있는지를 먼저 살펴야 한다.

다음 논의로 들어가기에 앞서, 앞에서 말한 것에 오해가 없도록 하기 위해 잠시 사족으로 주의를 주고자 한다. 물론 위에서 언급한 죄와 정욕들은 성도들에게도 일어날 수 있다. 하지만 거꾸로 그런 죄를 마음속에 가진 사람들이 모두 진실한 성도는 아니다. 앞에서 말한 죄들은 성도들이 덫에 걸려 빠져들 수 있는 죄들을 말하는 것이지, 절대 성도들의 속성을 지칭하는 것은 아니다.

로마서 7장에서의 묘사는 분명히 중생한 사람의 고백을 포함하고 있다. 하지만 거기서 말하는 인간의 어두운 부분과 중생하지 못한 측면, 그리고 그 속에 존재하는 죄의 폭력과 위력을 보고나서 그런 요소들이 자신에게도 있다는 사실을 발견하고, 어떤 사람이 자신도 비록 부족하지만 중생한 사람이라고 결론을 내리는 것은 자신을 속이는 일이다.

당신이 진정으로 성도라는 증거를 갖기 원한다면 성도의 속성을 가져야 한다. 이런 속성을 가진 사람만이 "비록 성도이지만, 오호라 나는 곤고한 사람이다!"라고 말할 수 있다. 누구나 자신에 대해 곤고한 자라고 말할 수는 있다. 하지만 곤고함 속에서도 마음의 평화를 갖기 위해서는 진정으로 성도인지를 보여주는 또 다른 증거들이 있어야 한다.

방법 2. 죄의식, 죄의 위험,
죄의 사악함을 항상 인식하라

당신의 마음과 양심 안에서 다음과 같은 것들에 대해 변함없는 분명한 인식이 있어야 한다. 즉 첫째는 죄의식, 둘째는 당신을 괴롭히는 죄의 위험, 그리고 셋째는 그것의 사악함을 항상 인식해야 하는 것이다.

죄의식

사람이 정욕의 지배를 받을 때 정욕은 그 사람에게 죄의식을 느끼지 못하도록 속인다. 그래서 림몬의 당에 들어가 우상을 경배할 때 하나님도 그 정도는 봐주실 것이라고 생각하게 된다. 또한 이것은 나쁘지만 다른 악에 비해 그렇게 나쁜 것은 아니라고 구실을 대도록 한다. 하나님의 자녀들 중에도 이런 생각의 틀 속에서 행동하는 사람들이 있다. 그리고 실제로 그들 중에 어떤 사람은 무서운 죄의 함정에 빠지기도 한다!

죄가 사람의 마음을 속여 올바른 죄의식을 갖지 못하도록 하는 데에는 여러 가지 방법이 있다. 죄는 요란한 광기를 일으키며 사람의 마음을 어둡게 하고 올바른 판단능력을 흐리게 한다. 다시 말해 당혹스러운 논리, 사람을 무력하게 하는 달콤한 약속, 혼란스럽게 하는 욕망, 하나님의 자비에 대한 지나친 신뢰, 잘못된 목적으로 죄와 싸우도록 유도하는 것과 같은 방법들을 통해 비등해가는 정욕을 의식하지 못하도록 사람의 마음을 뒤흔드는 것이다. 그래서 호세아 선지자는 정욕이 절정에 이를 때 그것이 어떤 결과를 가져오는지를 이렇게 말했다. "음행과 묵은 포도주와 새 포도주가 마음을 빼앗느니라"(호 4:11). 여기서 마음이라는 단어는 성경에서 종종 판단력, 지혜, 통찰력 등을 의미한다.

죄의 정욕의 힘은 중생하지 못한 사람들에게 최고조에 달하지만 부분적으로 중생한 사람들에게도 비슷하게 역사한다. 솔로몬은 음녀에게 유혹받는 자를 어리석은 자라고 말하면서 그런 자를 "지혜 없는 자"(잠 7:7)라고 지칭했다. 그렇다면 그와 같은 사람이 왜 어리석은가? 그 이유에 대해 솔로몬은 잠언 7장 23절에서 "그의 생명을 잃어버릴 줄 알지 못함" 때문이라고 말한다. 이 어리석은 사람은 자신의 죄에 대해 의식하지 못한다.

같은 의미에서 주님은 에브라임에 대해 그의 방법이 효과가 없는 이유를 이렇게 말씀하셨다. "에브라임은 어리석은 비둘기같이 지혜가 없어서"(호 7:11). 한마디로 에브라임은 자신의 비참하고 곤고한 상태를 이해하지 못했다. 다윗은 율법의 잔 아래서 수많은 변명을 통해 자신의 혐오스러운 죄의 추악함과 죄성을 제대로 보지 못했다. 하지만 그가 분명한 죄의식을 가졌다면 그처럼 오랫동안 죄에 사로잡혀 있지는 않았을 것이다. 그래서 나단 선지자는 다윗의 죄를 질책할 때 먼저 다윗의 모든 변명과 구실을 비유를 통해 일축했다.

그러자 비로소 다윗은 온전히 자신의 죄를 인식할 수 있었다.

이처럼 정욕은 사람의 마음을 어둡게 하여 죄를 올바로 인식하지 못하도록 방해한다. 마음을 무력하게 하기 위해 정욕이 사용하는 방법은 매우 다양하기에 여기서 그 모두를 다룬다는 것은 사실상 불가능하다. 그러므로 확실히 죄를 죽이기 원하는 사람은 자신의 마음속에 있는 죄성에 대해 우선적으로 올바른 판단의식을 가져야 한다. 이런 판단의식을 갖는 데 도움이 되는 몇 가지를 생각해보자.

첫째, 죄는 마음속에 은혜를 간직하고 있는 사람에게는 그 위력이 약해서 다른 사람들의 경우처럼 그를 지배하지는 못한다. 하지만 그런 사람에게도 여전히 죄성이 남아 있기 때문에 그의 죄성은 죄로 인해 더욱 악화될 수도 있다. "그런즉 우리가 무슨 말을 하리요. 은혜를 더하게 하려고 죄에 거하겠느냐. 그럴 수 없느니라. 죄에 대하여 죽은 우리가 어찌 그 가운데 더 살리요"(롬 6:1-2). 죄에 대하여 죽은 우리가 어찌 그렇게 할 수 있는가? 여기서 강조하는 것은 '우리'라는 말이다. 사도 바울이 나중에 표현한 것처럼 죄를 짓지 않기 위해서 그리스도의 은혜를 받은 우리가 어떻게 그런 일을 할 수 있겠는가? 실로 우리가 그런 일을 한다면 믿지 않는 사람들보다 더 악한 사람이 되는 것이다.

실제로 그런 일을 저지른 사람들에 대해 여기서 많은 이야기는 하지 않겠다. 하지만 확실히 그런 사람들은 사랑, 자비, 은혜, 도움, 구조의 손길, 필요한 자원, 그리고 구원을 다른 사람들보다 더 많이 대적하고 자신의 죄성을 더욱 악화시키고 있다. 그러므로 당신은 이 점을 항상 명심해야 한다. 즉 은혜를 받지 않은 사람들의 죄보다 은혜를 받은 사람들의 죄가 더 사악하다는 점이다. 따라서 스스로 깨달아 반성해야 한다.

둘째, 하나님은 믿지 않는 사람들의 영광스러운 업적이나 하나님의 종들의 외형적인 행동보다 성도들 마음의 열망과 소원을 보시고 거기서 더 풍부한 아름다움을 느끼신다. 일반적으로 성도의 외형적인 행동은 그의 마음에 있는 은혜의 열망을 충족시키지 못하고 악에 치우치는 경향이 있다. 마찬가지로 하나님은 성도들의 마음속에 있는 정욕을, 사악한 사람들의 공개적인 악랄한 행동이나 성도들이 곧잘 외형적으로 범하는 죄보다 더 큰 악으로 여기신다. 그래서 그런 성도들의 마음을 더욱 질책하시고 그에게 더 많은 수치를 주신다. 종말에 예수 그리스도는 타락한 자녀들을 다루실 때(계 3:15), 그들의 뿌리를 감찰하시고 겉으로 하는 그들의 신앙고백을 무시하신 채 "내가 네 행위를 아노니"라고 말씀하시며, 그들의 마음이 입으로 말한 것과 다름을 지적하시고, 그들을 향해 스스로 가증스러운 존재가 되었음을 꾸짖으실 것이다. 당신은 이와 같은 사실을 깨닫고 자신 안에 거하는 죄성에 대해 분명한 인식을 갖기 위해 노력해야 한다. 그래서 마음을 약화시키거나 변명하게 하는 생각들을 청산하고 죄가 힘을 발휘하지 못하도록 해야 한다.

죄의 위험들

첫째, 히브리서 3장 12~13절에서 바울은 죄의 속임수로 인해 우리가 강퍅해질 수 있음을 다음과 같이 지적했다. "형제들아 너희는 삼가 혹 너희 중에 누가 믿지 아니하는 악한 마음을 품고 살아 계신 하나님에게서 떨어질까 조심할 것이요 오직 오늘이라 일컫는 동안에 매일 피차 권면하여 너희 중에 누구든지 죄의 유혹으로 완고하게 되지 않도록 하라." 바울의 핵심은 주의하고 모든 수단을 동원해서 자신의 시험을 깊이 생각하고 경계를 늦추지 말라는 것이다. 죄는 속임수를 통해서 우리 마음을 강퍅하게 하고 하나님을 경외하지 못하도록 유혹한다.

여기서 강퍅함이란 완고함이라는 뜻이다. 실로 죄의 지향점은 바로 이런 완고함이다. 그러므로 모든 정욕은 발전해서 사람을 완악하게 만든다. 한때 온유했고 하나님의 말씀과 고난을 통해서 부드러워졌던 사람이 정욕으로 인해, 불경스러운 표현을 빌리자면 더는 설교 말씀이나 질병 앞에서도 찔림을 받지 않고 완고해진다. 또한 과거에 하나님의 사랑을 확신했고 죽음에 대한 생각과 하나님의 존전 앞에 서는 일로 두려워했던 사람이 마음의 완악함으로 인해 더는 그런 생각들에 동요되지 않는다. 그는 자신의 영혼 상태와 죄에 대한 지적을 당해도 전혀 개의치 않는다. 그리고 기도, 말씀 읽기, 예배와 같은 책임을 유기한다. 그러면서 그의 마음은 전혀 가책을 느끼지 못한다. 이런 상태에서 그에게 죄는 매우 하찮은 것이 되어 그것을 아무렇지 않게 여긴다.

그렇다면 죄가 이렇게 자라나면 그 종착지는 어디인가? 한마디로 참담한 상태이다. 다시 말해 죄, 은혜, 그리스도의 피, 율법, 천국과 지옥 등에 대해서 거의 생각하지 않는 상태에 이르게 된다. 그런 상태는 생각만 해도 끔찍하지 않은가? 그러므로 주의하라. 당신의 정욕이 노리는 것은 바로 이것이다. 심지어 정욕은 마음을 강팍하게 하고 양심을 마비시켜 생각을 어둡게 하고 감정과 영혼을 속인다.

둘째, 죄의 위험은 죄가 이 세상에서 하나님의 징계를 불러일으킨다는 데 있다. 성경은 이 징계를 복수, 심판, 그리고 처벌이라고 말한다. "만일 그의 자손이 내 법을 버리며 내 규례대로 행하지 아니하며 내 율례를 깨뜨리며 내 계명을 지키지 아니하면 내가 회초리로 그들의 죄를 다스리며 채찍으로 그들의 죄악을 벌하리로다. 그러나 나의 인자함을 그에게서 다 거두지는 아니하며 나의 성실함도 폐하지 아니하며"(시 89:30-33). 하나님은 당신 마음속에 있는 불경한 죄로 인해 당신을 완전히 버리지는 않지만 그분의 막대기를 통해 당신을 징계하신다. 즉 하나님은 당신을 용서하시지만 당신이 지은 죄에 대해서는 벌을 내려 그 결과에 책임지도록 하신다는 것이다.

다윗이 당한 고난을 기억해보라. 다윗이 압살롬을 피해 광야로 피신했던 일을 생각하고, 그에게 향한 하나님의 징계의 손길을 숙고해보라. 하나님이 분노에 의해 당신의 아이를 죽이고, 당신의 재산을 파괴하며, 당신의 뼈를 사르고, 당신을 죽이고 파멸시키며, 당신을 어둠 속에 가두었다면 당신은 그것을 대수롭지 않게 여길 수 있겠는가? 하나님이 당신 때문에 다른 사람들을 벌하고 죽일지라도 당신은 아무렇지도 않게 여길 수 있겠는가? 그렇다고 나의 말을 오해하지는 말라. 하나님이 자신의 백성을 항상 그런 분노로 대하신다는 뜻은 아니다. 여기서 내가 말하고자 하는 핵심은 하나님이 당신을 그와 같은 식으로 다루어 당신의 양심으로 하여금 당신의 죄를 증거하게 만들 때 하나님의 그 징계의 손길은 당신 영혼에 매우 큰 고통이 된다는 사실이다. 그럼에도 이런 것들을 두려워하지 않고 계속 죄를 짓는다면 당신은 이미 강퍅함에 사로 잡혀 있다는 방증이다.

셋째, 죄의 정욕의 위험은 사람의 일생 동안 평화와 힘을 **빼앗아** 갈 수 있다는 데 있다. 하나님과 화평을 누리고 그분 앞에서 동행할 수 있는 힘을 얻는 것은 은혜 언약의 위대한 약속이다. 바로 이와 같은 평화와 힘을 통해서 우리 영혼은 삶을 얻는다. 만약 그런 것들이 없다면 우리 삶은 죽은 것이나 마찬가지다. 하나님과 화평 가운데서 우리가 그분의 얼굴을 보지 못하고 하나님과 동행하는 힘을 상실한다면 그런 삶은 우리에게 더는 의미가 없다. 정욕을 죽이지 못할 때 그 정욕은 영혼에게 이처럼 평화와 힘을 **빼앗아간다.** 이 진리를 우리는 다윗의 경우에서 극명하게 볼 수 있다. 다윗은 종종 죄로 인해 자신의 **뼈가** 쇠하며, 자신의 영혼이 불안하고, 자신의 상처가 중하다는 사실을 고백했다!

또 다른 예로 이사야 선지자는 이렇게 말했다. "그의 탐심의 죄악으로 말미암아 내가 노하여 그를 쳤으며 또 내 얼굴을 가리고 노하였으나"(사 57:17). 하나님이 얼굴을 가려 그분의 얼굴을 보지 못하는 영혼에게 무슨 평화가 있을 수 있겠는가? 또한 하나님으로부터 징계의 채찍을 받은 영혼이 무슨 힘이 있겠는가? "그들이 그 죄를 뉘우치고 내 얼굴을 구하기까지 내가 내 곳으로 돌아가리라. 그들이 고난받을 때에 나를 간절히 구하리라"(호 5:15). 하나님이 그들을 떠나서 자신의 얼굴을 숨기신다면 어떻게 그들이 하나님으로부터 평화와 힘을 기대할 수 있겠는가? 당신이 한 번이라도 하나님과 평화를 맛보고 하나님의 분노를 두려워했다면, 그리고 한 번이라도 하나님과 동행하기 위해서 필요한 힘을 체험하고 자신의 연약함 앞에서 기도로 슬퍼하며 괴로워한 적이 있었다면 당신의 머리맡에 가까이 있는 이 죄의 위험성을 깊이 생각하기 바란다.

조금 지나면 당신은 하나님의 얼굴을 더는 보지 못할 수도 있다. 아마도 내일쯤이면 당신은 기쁨과 활기를 거의 잃은 채 기도, 성경 읽기, 설교 듣기 등과 같은 의무를 억지로 수행하게 될지도 모른다. 그리고 아마도 그 이후에 당신의 삶은 고요한 평화를 전혀 맛보지 못할지도 모른다. 그래서 당신의 생애 동안 당신의 뼈는 고통과 두려움으로 채워지게 될 수도 있다. 확실히 하나님은 자신의 화살을 당신에게 쏘아 고통과 불안, 두려움, 그리고 혼란을 갖도록 하실 것이다. 그래서 당신은 자신뿐만 아니라 다른 사람들에게 저줏거리와 놀림거리가 될지도 모른다.

또한 하나님은 당신에게 매 순간 지옥과 분노를 보여주시고, 하나님이 당신을 얼마나 미워하는지 깨닫게 하여 당신을 놀라게 할지도 모른다. 그 결과 당신의 상처는 계속 흘러 마르지 않고 당신의 영혼은 위안받기를 거절하게 될 것이다. 오히려 당신은 살기보다 죽고자 할 것이며, 당신의 영혼은 스스로 목매어 자살하려고 할 것이다. 하나님은 당신을 완전히 파멸시키지 않을지라도 당신을 그런 상황으로 몰아넣어 당신의 파멸을 생생하게 목도하도록 만들 수 있다는 사실을 명심하라. 당신은 이런 사실을 항상 숙지하고, 그와 같은 상태의 의미가 무엇인지 깨달으라. 또한 이런 생각을 통해 두려움과 떨림으로 항상 깨어 있으라.

넷째, 죄는 사람을 영원히 파멸시킬 수 있는 위험을 갖고 있다. 이 점을 제대로 논의하기 위해 우선적으로 우리는 다음과 같은 사실에 주목해야 한다. 즉 계속 죄를 짓는 삶은 필연적으로 영원한 파멸을 가져오기 때문에 그런 삶을 사는 사람들의 경우, 설사 하나님이 구원해주기를 원하다 할지라도 그들을 영원한 파멸에서 건져낼 수는 없다. 사람이 계속해서 죄의 권세 아래 있다면 하나님으로부터 영원한 분리와 파멸의 위협이 그들을 사로잡게 된다. 이 점을 히브리서 3장 12절과 히브리서 10장 38절이 잘 말해주고 있다. "형제들아 너희는 삼가 혹 너희 중에 누가 믿지 아니하는 악한 마음을 품고 살아 계신 하나님에게서 떨어질까 조심할 것이요." "나의 의인은 믿음으로 말미암아 살리라. 또한 뒤로 물러가면 내 마음이 그를 기뻐하지 아니하리라 하셨느니라."

결국 하나님의 규칙은 이와 같다. 즉 하나님을 떠나 불신앙을 통해 다시 죄악의 길로 돌아선 영혼은 하나님이 기뻐하시지 않기 때문에 그가 파멸할 때까지 계속 그에게서 분노가 떠나가지 않는다는 사실이다. 갈라디아서 6장 8절은 이 진리를 명확하게 말하고 있다. "자기의 육체를 위하여 심는 자는 육체로부터 썩어질 것을 거두고 성령을 위하여 심는 자는 성령으로부터 영생을 거두리라."

앞에서 묘사한 것처럼 타락한 죄의 권세 밑으로 다시 들어가 그것에 얽매이게 된 사람은 어떤 효력으로도 그를 파멸의 두려움에서 건져낼 수 없다. 또한 그는 언약에 대한 명확한 인식을 가질 수 없기 때문에 주님으로부터 파멸의 심판이 오면 크게 놀라게 되고, 그것이 자신의 죄악된 행동의 종말임을 비로소 깨닫게 된다. 물론 성경이 "그리스도 예수 안에 있는 자에게는 결코 정죄함이 없나니"(롬 8:1)라고 한 말은 사실이다. 하지만 누구나 이와 같은 주장을 통해 위로받을 수 있는 것은 아니다.

그러면 어떤 사람이 그런 주장을 할 수 있는가? 그 해답은 "육신을 따르지 않고 그 영을 따라 행하는 사람"이다. 여기서 혹자는 로마서 8장 1절의 말씀은 결국 사람들에게 불신앙을 조장하는 것이 아닌가라고 반문할지 모른다. 결론적으로 말해 그렇지는 않다. 일반적으로 사람은 두 가지 측면에서 스스로를 판단한다. 첫째는 자신의 인격이고, 둘째는 자신의 행동 양식이다. 내가 지금 말하고자 하는 것은 인격이 아니라 행동 양식에 관한 판단이다. 사람은 자신의 인격에 대해 좋은 증거를 갖고 호의적인 판단을 내릴 수 있다. 하지만 더 중요한 것은 자신의 사악한 행동 양식이 파멸을 가져다준다는 사실을 판단할 줄 알아야 한다는 점이다. 이런 판단 능력이 없다면 그는 무신론자이다.

물론 사악한 행동 양식을 가진 사람들은 모두 그리스도에 대한 자신의 개인적인 관심의 증거들을 내팽개친다는 뜻은 아니다. 다만 그들이 그 증거들을 삶 속에서 지키지 못한다는 의미이다. 올바른 사람이라면 자신의 자아를 다음 두 가지 순서를 통해 정죄할 것이다. 첫째는 자신의 공과를 살펴서 자신이 하나님의 임재에 들어갈 자격이 없음을 깨닫는 것이다. 이런 깨달음은 신앙이 없는 사람들에게는 불가능하며 오직 믿음을 가진 사람만이 할 수 있다. 둘째는 그 결과와 관련해서 자신의 영혼이 저주를 받게 될 것임을 인정하는 것이다. 이것도 모든 사람이 할 수 있는 일은 아니다. 결론적으로 성도는 자신의 사악한 행동 양식이 죽음에 이르게 한다는 사실을 판단할 줄 알아야 한다. 그래서 그런 판단을 통해 자극받고 죄에서 벗어나려고 노력해야 한다. 실로 우리 영혼이 죄의 정욕의 얽매임에서 해방되고자 한다면 이점을 숙고해야 한다.

죄의 사악함

여기서 내가 말하고자 하는 것은 죄가 현재 우리에게 끼치는 악한 점들이다. 앞에서 말한 죄의 위험은 미래에 속하는 것이지만 죄의 악은 현재와 관련된 것이다. 정욕을 죽이지 못할 때 부수적으로 동반하는 많은 악에 대해 몇 가지 살펴보기로 하자.

첫째, 죄는 성도의 마음속에 거하도록 보내진 성령을 근심하게 한다. 그래서 사도 바울은 성도들을 향해 정욕과 죄에서 떠나라고 권면할 때 그 이유와 동기를 이렇게 말했다. "하나님의 성령을 근심하게 하지 말라. 그 안에서 너희가 구원의 날까지 인치심을 받았느니라"(엡 4:30). 바울은 하나님의 성령을 근심하게 하지 말라고 말한다. 그 이유는 성령을 통해 우리가 수없이 많은 은혜를 누릴 수 있기 때문이다. 그리고 그 은혜 중에 가장 상징적 의미를 갖는 은혜는 구속의 날까지 성령이 우리에게 인치심을 주시는 은혜이다.

부드러운 사람이 친구의 무례함을 보고 근심하는 것처럼 성령은 죄의 정욕을 보면 근심하신다. 성령은 부드럽고 사랑 가득한 모습으로 우리 영혼의 소원을 이루어주시기 위해 우리 안에 내주하신다. 이때 우리가 물리쳐야 할 대적을 여전히 마음속에 간직하고 있다면 성령은 그것을 보고 근심하신다. 우리에게 어떤 고통과 근심도 주시지 않는 성령(애 3:33)을 우리가 매일 삶 속에서 근심하게 한다면 정말 배은망덕한 일이 아니겠는가! 바울은 우리의 죄악이 하나님을 얼마나 노하게 하는지를 묘사하기 위해 때때로 성령이 "마음속으로 근심한다" 또는 "괴로워한다"라는 표현을 사용했다.

당신의 영혼에 은혜로운 정직함이 있고 죄의 속임수로 완전히 강팍해져 있는 것이 아니라면 깨달음을 얻기 위해 다음의 사실을 명심하라. 즉 당신이 누구이며 무엇인지, 그리고 근심하게 된 성령은 무엇이며, 그 성령이 당신을 위해서 무엇을 했고, 당신의 영혼에게 어떤 의미를 갖는지 깊이 생각해보라. 또한 성령이 당신 안에서 이루어 놓으신 일은 무엇인지 깊이 살펴보라. 그렇게 되면 당신은 곧 수치심을 느끼게 될 것이다. 하나님과 동행하는 사람들이 마음과 생각을 항상 정결하게 하고 모든 영역에서 거룩함을 지키려고 노력하는 가장 큰 이유는, 그들 속에 거하여 그들을 하나님의 성전으로 만들고 그들과 만나주시는 성령 때문이다. 이 성령은 우리 안에 거하여 우리가 무엇을 갖고 즐거워하는지 주시하신다. 이때 우리가 우리의 성전을 정결하게 한다면 성령은 그것을 보고 크게 기뻐하실 것이다.

구약에서 시므리는 모세와 다른 사람들이 보는 앞에서 창녀를 회중 가운데로 데려와 이스라엘을 근심하게 한 적이 있다. 이것은 시므리가 저지른 가장 큰 죄악이었다(민 25:6). 마찬가지로 하나님의 성령이 성도의 마음에 있는 성전을 정결하게 하기 위해 불꽃 같은 눈으로 살피시고 있을 때 우리가 죄의 정욕을 마음속에 데려와 마치 성도에게 당연한 일인 양 죄에게 비위를 맞추려고 한다면 이것은 정말 큰 악이 아닐 수 없다.

둘째, 죄는 예수 그리스도에게 다시 상처를 입히는 악을 행한다. 또한 우리 마음속에 있는 새사람도 그 죄를 통해 상처를 입게 된다. 실로 죄는 그리스도의 사랑의 힘을 빼앗고 대적자인 사탄의 욕망을 채워준다. 죄의 속임수를 통해 주님을 완전히 저버리는 행위는 주님을 다시 못 박는 행위와 같다. 그와 마찬가지로 주님을 멸하기 위해 왔던 죄를 다시 마음에 품는 행위도 주님께 상처를 주고 주님을 근심하게 만든다.

셋째, 죄는 이 세상에서 사람의 유용성을 말살시킨다. 그래서 죄의 지배 아래 놓인 사람은 아무리 노력할지라도 하나님의 축복을 거의 받지 못한다. 만약 그가 설교자라면 하나님은 그의 사역의 훼방꾼이 되어 결국 그를 불구덩이 속에서 사역하도록 만드실 것이다. 그 결과 하나님의 일을 하면서도 그는 실제로 아무런 성취도 이루지 못하게 된다. 이것은 다른 상황에서도 마찬가지다. 실로 이 세상은 신앙을 공언하지만 스스로를 괴멸시키는 불쌍한 영혼으로 가득 차 있다. 정말로 아름다운 영광의 빛 속으로 걸어가는 사람은 매우 극소수이다! 대부분의 사람은 황폐하여 거의 쓸모없는 사람이다.

그 원인은 여러 가지로 설명될 수 있다. 특별히 우려되는 점은 많은 사람이 마음속에 자신의 영을 삼키는 정욕을 계속 품고 있다는 사실이다. 이들의 정욕은 벌레처럼 순종의 저변에 기생하여 매일매일 순종을 갉아먹는다. 그래서 은혜의 효력을 증진시키는 은혜의 모든 수단과 방편을 손상시킨다. 이때 하나님도 그런 이들을 방해하여 그들의 일이 성공하지 못하도록 역사하신다.

다음에서는 우리 영혼에 습관이 되어 있는 정욕과 대항하는 방법에 관해 논의할 것이다. 결론적으로 당신은 앞에서 언급한 죄의 위험과 죄의 악들을 계속 염두에 두어야 한다. 그것들에 대해 잠시라도 생각을 멈추어서는 안 된다. 그러한 죄에 대한 생각으로 당신의 영혼이 강력한 도전을 받고, 당신의 마음이 떨릴 때까지 계속 죄의 속성들을 묵상해야 한다.

방법 3. 내면 깊은 곳의
양심으로 죄를 느끼라

단순히 죄의식을 가졌다는 것으로는 불충분하다. 실제적으로 일어나는 죄의 분출과 동요를 보고 당신의 양심은 괴로워해야 한다. 이 점을 더욱 확실히 하기 위해서 다음과 같은 조치가 필요하다.

점점 구체적으로 죄를 느끼라.

첫째, 정직하고 거룩한 율법의 관점에서 당신 안에 나타나는 죄를 양심으로 느껴야 한다. 하나님의 율법을 당신의 양심에 가져와 타락한 당신의 성품을 율법 아래서 점검해야 한다. 그리고 그 율법을 통해 자극받기를 기도해야 한다. 율법이 갖는 거룩함과 영성, 불같은 엄격함과 절대성, 그리고 내면성을 생각하고, 당신이 그 앞에서 어떻게 설 수 있는지를 살펴보라. 율법 안에서 주님이 얼마나 무서운 분이신지를 양심으로 크게 느끼라. 그리고 공의를 이루기 위해서는 당신의 범죄가 마땅히 응분의 대가를 치러야 한다는 사실을 양심으로 깨달으라. 아마도 당신의 양심은 그러한 생각을 회피하기 위해 다음과 같은 변명과 핑계를 늘어놓을지 모른다. 즉 율법의 정죄의 능력은 자신에게는 해당되지 않기 때문에 자신은 율법에서 자유롭다는 주장이다. 또한 당신은 율법에 순응하지는 않지만 적어도 그것으로 인해 자신이 괴로워할 필요가 없다는 것이다.

하지만 당신 마음속에 정욕이 아직 죽지 않는 한 당신의 양심을 정죄하는 죄의 능력에서 자유로울 수는 없다. 이 사실을 인정한다면 율법은 당신에게 그동안 당신을 속여 왔던 죄의 정체를 보여줄 것이다. 이때 당신은 자신이 타락한 존재임을 깨닫게 될 것이다. 따라서 우선적으로 당신 안에서 율법이 말하는 것을 심사숙고하는 일이 급선무이다. 은밀한 마음 깊은 곳에서 율법의 정죄의 능력에서 자유롭다고 항변하고 죄와 정욕에 대해 별로 신경을 쓰지 않는 사람은 복음의 입장에서 볼 때 비록 겉으로는 그런 행색을 낼지라도 그는 절대 그런 영적인 증거들을 가질 수 없다.

더욱이 율법은 하나님으로부터 위임장을 받아 죄인들을 잡아내고 하나님 보좌 앞으로 이끄는 역할을 한다. 이때 보좌 앞에서 죄인들은 자신을 변론해야 한다. 이것이 당신이 현재 처한 상황이다. 율법이 당신을 발견하게 되면 하나님 앞으로 당신을 끌어놓을 것이다. 거기서 당신이 용서를 구한다면 잘한 일이지만 그렇지 않다면 율법은 자신의 사명에 따라 당신을 정죄하게 될 것이다. 율법의 목적은 당신 안에서 죄를 발견하고 그 죄에 대해 당신의 영혼을 일깨워 겸손하게 하는 데 있다. 한마디로 그것은 죄를 반사시켜주는 거울이다. 여기서 당신이 자신의 죄를 대면하기를 거절한다면 그것은 믿음의 행위가 아니라 당신 마음이 강퍅하고 죄의 속임수에 넘어갔다는 증거가 된다.

실로 신앙을 공언했던 많은 사람이 이와 같은 과정을 거쳐 배교했다. 그들은 자신이 율법에서 해방된 사람처럼 자부하고 율법의 안내를 전혀 받지 않았다. 그 결과 그들은 율법을 통해 자신의 죄를 판단하기를 거부했다. 그래서 이런 태도를 통해 조금씩 죄의 원리가 그들 안에 파고들어 그들의 실제적인 이해력에 영향을 미치고 그것을 사로잡게 되자 그들의 의지와 감정은 불경한 모든 죄에 노출되고 말았다.

나는 이상의 논의를 토대로 정욕과 타락에 관해서 주님의 이름으로 말하는 율법의 소리에 당신의 양심이 부지런히 귀 기울일 것을 촉구한다. 실로 당신의 귀가 열려 있다면 율법의 소리에 당신은 떨림으로써 땅에 엎드려지고, 당신의 내면은 놀람으로 가득 차게 될 것이다. 당신이 진정으로 타락한 행동을 죽이고자 한다면 당신 양심을 율법에 묶어 율법에서 핑계를 대고 벗어나지 못하도록 해야 한다. 그리고 철저히 죄를 인식하고 다윗이 말한 것처럼 "내 죄가 항상 내 앞에 있나이다"(시 51:3)라고 고백할 수 있어야 한다.

둘째, 당신은 당신의 정욕을 복음의 빛 속에서 조명해야 한다. 이것은 복음에서 위안을 받기 위함이 아니라 더욱 자신의 죄를 인식하기 위함이다. 당신이 찌른 주님을 바라보고 비통해 하라. 그리고 당신의 영혼에게 이렇게 말하라.

"내가 무엇을 했는가? 내가 어떻게 그 큰 사랑과 자비, 보혈, 은혜를 경멸하고 짓밟았는가! 하나님 아버지의 사랑과 아들 하나님의 피, 그리고 성령의 은혜에 대한 보답이 이런 것이었는가? 나는 결국 이런 식으로 주님께 보상했는가? 그리스도의 죽음을 통해 씻음받고 성령이 내주하게 된 나의 마음을 이런 식으로 내가 더럽혔단 말인가? 나는 이 더러운 먼지에서 벗어날 수 있는가? 사랑의 주 예수님께 나는 무엇이라고 말할 수 있겠는가? 어떻게 그분 앞에서 뻔뻔스럽게 머리를 들 수 있겠는가? 그분과의 교제를 너무나 소홀히 다루어 나의 정욕으로 인해 나의 마음속에 그분의 설 자리가 사라진 것은 아닌가? 이 큰 구원을 무시한 내가 어떻게 심판을 회피할 수 있단 말인가? 마음속에 정욕을 품기 위해서 사랑, 자비, 은혜, 선하심, 평화, 기쁨, 위로 등을 모두 저버리고 그것들을 너무나 하찮게 여긴 것은 아닌가? 하나님 아버지의 도움을 받았던 내가 오히려 그분의 얼굴 앞에서 그분을 노하게 했단 말인가? 나의 영혼이 씻김을 받았던 이유가 단지 새로운 죄를 짓기 위함이었는가? 나는 그리스도의 죽음의 목적을 훼손시키는 행동을 계속할 것인가? 나의 구속의 날까지 인치심을 주는 성령을 매일 근심시킬 것인가?"

그리고 매일 당신의 양심에게 이렇게 약속하라. "죄로 악화되기 전에 죄에 맞서 양심을 세우겠다!" 만약 당신이 이렇게 다짐하지 않는다면, 두렵건대 당신은 매우 위험한 상황에 놓이게 될 것이다.

구체적인 은혜와 죄성을 숙고하라.

다음으로 당신을 향한 하나님의 구체적인 방법에 대해 생각해보자. 복음의 일반적인 은혜 가운데는 구원, 칭의 등과 같은 것이 있다. 마찬가지로 당신은 그 은혜들이 구체적으로 당신의 영혼에서 어떤 사랑을 베풀었으며, 그 사랑을 저버린 당신의 타락한 죄성이 구체적으로 무엇인지를 생각해봐야 한다.

첫째, 특별히 당신을 향한 하나님의 무한한 참으심을 고찰해야 한다. 만약 하나님이 당신의 죄를 보고 당신을 이 세상의 수치거리와 영원한 분노의 대상으로 만들려고 하셨다면 어떤 조치를 취하셨을지 숙고해보라. 또한 당신이 때때로 그분께 어떻게 거짓을 행하며 반역했는지, 그리고 당신의 입술로 하나님께 아첨하면서 당신이 지금 추구하는 죄를 통해 그 모든 약속과 맹세를 어떻게 저버렸는지 생각해보라. 또한 그런 식으로 당신이 그분의 인내를 시험할지라도 주님이 때때로 당신을 용서해주셨다는 사실을 깨달으라. 실로 당신은 아직도 그분께 대항해서 죄를 지을 것인가? 여전히 그분을 싫증나게 하고 주님께 당신의 타락한 행위에 동조하도록 계속 종용할 것인가?

당신은 종종 주님이 더는 당신을 참아주지 않을 것이라는 생각을 한 적이 있었는가? 그분이 당신을 버리고 더는 은혜를 베푸시지 않을 것이며, 그분의 인내가 한계에 도달해 이제 지옥과 분노가 당신을 기다리고 있다고 생각한 적이 분명 있었을 것이다. 그러나 주님은 당신의 예상을 깨고 그런 당신을 지금까지 사랑으로 대해주셨다. 이런 은혜에도 여전히 당신은 그분의 영광의 눈을 화나게 하는 일을 계속할 것인가?

둘째, 죄의 속임수로 인해 거의 강퍅해진 당신이었지만 하나님은 자신의 무한하고 풍부하신 은혜로 자주 당신을 회복시키고 그분과 다시 교제할 수 있도록 역사하셨다! 그동안 당신 안에 있는 하나님의 은혜는 점점 쇠퇴해갔고, 당신이 의무, 규율, 기도, 그리고 묵상 등과 같은 일에 흥미를 잃었었다는 사실을 당신도 인정하지 않는가? 또한 무절제하고 방탕한 삶이 기승하고, 거의 회복 불가능할 정도로 죄에 얽매였었다는 사실을 당신도 알고 있지 않은가? 더구나 당신은 하나님이 혐오하시는 악한 계층의 무리와 어울려 그런 일들을 즐거워하며 행했다는 사실을 알고 있다. 그런데도 마음을 강퍅하게 하기 위해 그런 일을 대범하게 계속할 것인가?

셋째, 하나님이 은혜의 섭리 가운데 당신에게 베푼 구원, 고통, 자비, 즐거움 등은 모두 나름대로 목적이 있다. 그러므로 당신은 그런 하나님의 섭리를 통해 당신의 양심에 죄의식의 짐을 지워야 한다. 그리고 당신 안에 거하는 타락한 죄들로 인해 그 상처를 인식하고, 주님 앞에서 먼지를 뒤집어쓴 채 석고대죄하며 철저히 괴로워해야 한다. 이와 같이 하지 않는다면 당신은 절대 구원받지 못할 것이다. 당신의 양심이 죄의식을 희석시킨다면 당신의 영혼은 죄를 죽이려고 결코 힘쓰지 않을 것이다.

방법 4. 죄의 권세에서
해방되기를 끊임없이 갈망하라

        일단 죄를 심각하게 인식하게 되면 그 죄의 권세에서 해방되기 위해 끊임없이 갈망해야 한다. 한순간이라도 당신 마음속에 현재 상태에 만족하려는 생각이 있어서는 안 된다. 세상적인 갈망은 사람으로 하여금 추구하는 대상에 이르도록 자극할 뿐, 그 외에는 아무런 가치나 효과도 발휘하지 못한다. 하지만 영적인 갈망은 다르다. 영적인 구원을 갈망하는 행위는 그 자체가 은혜이며, 영혼으로 하여금 그것이 추구하는 대상을 닮도록 강력한 힘을 발휘한다. 그러므로 사도 바울은 하나님의 뜻 안에서 고린도 교인들이 행하는 회개와 슬픔을 언급할 때 그들의 갈망은 그 자체가 역사하시는 하나님의 은혜라고 표현했다.

    그렇다면 자신 안에 거하는 죄와 그 능력에 대해서 바울은 어떤 태도를 취했는가? 실로 그의 마음은 구원을 받기 위한 열렬한 갈망

으로 충만해 있었다. 바울처럼 위대한 성인도 자신의 죄에 대항하고
자 하는 강력한 열망이 있었다. 그런데 특정한 정욕의 광기와 권세
로 당신이 그런 영적 열망을 희석시킨다면 어떻게 강력한 열망을 기
대할 수 있겠는가? 죄에서 해방되고자 하는 열망이 없다면 당신은
절대 구원받을 수 없다.

이 점을 진실로 깨닫는다면 당신 마음은 경계심을 갖고 대적자
와 싸우기 위해 자신에게 유리한 모든 수단과 기회를 강구해야 한
다. 그리고 적을 물리치기 위해 주어지는 모든 도움을 사용해야 한
다. 강력한 열망은 성도들에게 명령으로 주어진 "항상 기도하라"는
말의 본뜻이기도 하다. 강력한 열망을 가져야 하는 가장 큰 이유는
그런 열망을 통해 우리의 믿음과 소망이 힘을 발휘하게 되고, 우리
영혼이 하나님을 향해 움직일 수 있기 때문이다. 그러므로 당신 마
음속에서 항상 갈망하는 자세를 굳게 지켜야 한다. 그리고 바라고
울부짖어야 한다. 당신은 그런 다윗의 예를 잘 알고 있을 것이기에
더는 말하지 않겠다.

방법 5. 성품에 죄가
뿌리를 내리고 있는지 살피라

당신을 혼란에 빠뜨리는 죄가 당신의 성품에 침투하여

뿌리를 내리고, 당신의 체질로 정착하여 세력을 확산시키고 있는지 주의 깊게 살펴야 한다. 확실히 어떤 죄는 사람들의 기질과 성향으로 굳어져 있는 것을 볼 수 있다. 그런 경우에는 다음과 같은 점들을 조심해야 한다.

죄를 무조건 자신의 기질 탓으로 돌리지 말라.

어떤 사람은 불경스럽게도 공개적으로 자신의 죄를 자신의 기질이나 성향 탓으로 돌리려고 한다. 하지만 그런 식으로 그들이 죄책감에서 해방될 수 있을지는 두고 볼 일이다. 결론적으로 말해 우리의 성품이 타락하고 부패했기 때문에 우리의 천성적인 기질에 죄의 자양분이 자리 잡고 있는 것이다. 다윗은 자신의 죄가 줄어들지 않고 계속해서 죄를 짓는 이유를 "내가 죄악 중에서 출생하였음이여 어머니가 죄 중에서 나를 잉태하였나이다"(시 51:5)라고 말했다. 당신이 특정한 죄의 성향을 가졌다는 것은 당신의 성품 안에 정욕이 특정한 모습으로 분출되고 있다는 뜻이다. 그리고 그런 분출로 인해 당신은 수치를 당하는 것이다.

죄의 성향은 사탄에게 유리하게 작용한다.

따라서 하나님과 동행하는 삶과 관련해서 주시해야 할 점은 이와 같은 당신 죄의 기질과 성향으로 인해 사탄과 죄가 매우 유리한 상황을 선점하고 있다는 것이다. 그래서 당신에게 각별한 경각심과 주의, 그리고 부지런함이 없다면 그들이 당신의 영혼을 확실히 잡아 삼킬 것이다. 실로 수많은 사람이 이와 같은 이유로 서둘러 지옥으로 떨어졌다. 만약 그렇지 않았다면 지옥으로 가는 그들의 행보는 하나님을 덜 자극하고, 어느 정도 해악을 덜 끼치면서 천천히 진행되었을 것이다.

하나님의 방법으로 몸을 복종시키라.

천성적인 성품에 뿌리를 둔 죄성을 우리가 어떻게 죽일 것인가 하는 방법은 이미 앞에서 어느 정도 논의했고 앞으로도 계속 논의할 것이다. 하지만 여기서 추가로 그것을 위해 아주 특별한 방법을 소개하고자 한다. 그것은 사도 바울의 방법으로 "내가 내 몸을 쳐 복종하게"(고전 9:27) 한다는 것이다. 몸을 복종시키는 행위는 죄를 죽이기 위한 하나님의 명령이다. 이것은 죄의 천성적인 뿌리를 억제하고 죄의 기름진 토양을 제거하여 그것을 시들게 하는 것이다.

로마 가톨릭 교도들은(이들은 그리스도의 의와 성령의 사역에 대해 문외한이며 죄의 본질과 죄를 죽이는 일이 무엇인지 알지 못한다) 죄를 죽이는 문제를 오직 봉사와 고행을 자청하여 자신의 육체를 복종시키는 일로만 해석한다. 때문에 이들의 유혹으로 많은 사람이 하나님께서 직접 정하신, 소위 마련하신 방법을 무시한다. 하지만 몸을 복종시키기 위해 금식과 철야기도 등과 같은 방법으로 천성적인 욕구를 죽이는 일이 하나님께서 보시기에 합당하기 위해서는 다음과 같은 조건이 충족되어야 한다.

첫째, 자신의 몸을 외형적으로 손상시키고 약화시키는 행위 자체가 어떤 위력이 있거나, 그런 행위를 통해 자동적으로 죄가 죽을 것이라고 생각해서는 안 된다(그렇게 되면 우리는 죄의 규율의 속박으로 다시 돌아가게 된다). 대신 우리는 그런 행위가 죄의 천성적인 뿌리를 무력화시키기 위한 단순한 수단임을 인식해야 한다. 이것을 인식하지 않을 때 사람은 자신의 몸뿐만 아니라 영혼까지 쇠약하게 할 수 있다.

둘째, 금식이나 철야기도와 같은 수단들이 그 자체에 어떤 마술적인 힘이 있기 때문에 죄를 죽일 수 있다고 생각해서는 안 된다. 정말로 그러한 효과가 있다면 이 세상의 중생하지 않은 사람도 성령의 도움 없이 죄를 죽일 수 있게 된다. 이런 수단들은 성령께서 자신의 사역을 수행하기 위해서 때때로 사용하는 도구에 불과한 것이다. 가톨릭 교도들은 중생에 관한 올바른 인식이 없기에 그와 같은 사실을 고려하지 않는다. 그러므로 그들이 죄를 죽이기 위해 취하는 행동은 성도들에게 적용될 수 있는 것이라기보다 들판의 말이나 짐승들에게나 적용될 수 있는 것들이다.

앞의 논의를 요약한다면, 죄가 우리의 천성적인 기질이나 성향에 뿌리를 내리고 있는 상황에서 우리 영혼이 해야 할 일은 그리스도의 피와 성령에 의지해서 하나님의 방법으로 그와 같은 죄의 천성적인 뿌리들을 억제하도록 노력해야 한다는 것이다.

방법 6. 죄에 대항하여
항상 깨어 있으라

당신은 죄가 어떤 때에 힘을 발휘하고, 그것이 어떤 상황에서 자신에게 유리한 쪽으로 세력을 펼치는지 고찰하고, 항상 죄에 대항하여 깨어 있어야 한다. 주님이 제자들에게 "깨어 있으라"(막 13:37)고 당부하신 말씀처럼 깨어 있는 것은 실로 우리의 의무이다. 누가복음 21장 34절은 깨어 있는 삶에 대해서 이렇게 말씀한다. "너희는 스스로 조심하라. 그렇지 않으면 방탕함과 술취함과 생활의 염려로 마음이 둔하여지고." 한마디로 타락한 성품의 분출을 막기 위해서 깨어 있어야 한다는 지적이다. 다윗은 이 의무를 스스로 실천하려고 노력했다. "또한 나는 그의 앞에 완전하여 나의 죄악에서 스스로 자신을 지켰나니"(시 18:23). 그는 자신의 부정한 모든 행동 양식과 죄를 대적하기 위해 깨어 있었다. 이것이 바로 주님께서 우리를 부르시고 우리에게 행위를 돌아보라고 명하신 말씀의 의미이다.

한편 당신은 죄가 활개를 칠 때는 어떤 상황이며, 그것이 어떤 요소와 어떤 기회를 만날 때, 그리고 어떤 조건이 충족될 때 유리하게 전개되는지 생각해야 한다. 그래서 그런 것들을 주시하고 대항해야 한다. 육체의 질병을 당할 때 사람들은 자신에게 해로운 음식이나 공기, 그리고 환경 등을 피하게 된다. 영혼의 질병은 육체의 병보다 더 중요하지 않는가? 죄의 상황을 대수롭지 않게 여기고 오히려 즐기는 사람은 결국 죄를 짓게 된다. 이 사실을 명심하기 바란다. 죄 유혹의 모험에 빠져드는 사람은 결국 죄를 지을 수밖에 없다.

방법 7. 처음부터 죄에 대해
결사적으로 대항하라

죄의 모습이 처음 나타날 때 당신은 그것에 대해 결사적으로 대항해야 한다. 그 죄가 당신의 마음 밭에 절대 서지 못하도록 항거해야 한다. "이 죄는 여기까지만 진행되고 더는 진척되지 않을 것이다"라고 말하며 자신을 속여서는 안 된다. 죄는 일단 한 걸음을 내딛으면 그다음 발걸음을 취한다. 죄가 진행되지 못하도록 그것을 묶어둔다는 것은 거의 불가능하다. 그것은 마치 강바닥에 흐르는 물과 같다. 그래서 죄가 일단 자리를 잡게 되면 물줄기처럼 자신의 경로를 따라 멈추지 않고 계속 흐른다. 그러므로 분출된 죄를 더는 진행되지 못하도록 막는 일보다 차라리 처음부터 그것을 원천봉쇄하는 일이 더 쉽다. 야고보는 우리에게 죄를 처음부터 막아야 한다는 사실을 지적하기 위해 죄가 어떻게 단계적으로 진행되는지를 잘 설명해주었다. "오직 각 사람이 시험을 받은 것은 자기 욕심에 끌려 미혹됨이니 욕심이 잉태한즉 죄를 낳고 죄가 장성한즉 사망을 낳느니라"(약 1:14-15).

혹시 당신의 생각이 타락한 죄로 인해 물들려는 조짐이 있는가? 만약 그렇다면 그 죄가 목적을 달성할 때 나타나는 결과를 생각하고 미리 사력을 다해 싸우라. 당신에게 정결하지 못한 생각들이 어떤 결과를 가져오는지 숙고하라. 확실히 그것들은 당신으로 하여금 어리석음과 더러움에 처하도록 만들 것이다. 또한 시기심의 종말이 무엇인지를 생각하라. 결국 그 종착지는 살인과 파괴이다. 이런 죄가 당신을 비천하게 만든다는 사실을 인식하고 더욱 강렬히 그것들에 대항하라. 이런 투쟁의 자세 없이는 절대 승리할 수 없다. 죄가 일단 감정을 사로잡아 당신이 죄를 기뻐하게 된다면 죄는 다시 이성에 침투하여 죄를 가볍게 여기도록 조종할 것이다.

방법 8. 자신의 사악함을 깨닫고 겸손하라

자신의 사악함을 깨닫고 겸손한 자세를 유지하기 위해서는 항상 다음과 같은 사실을 깊이 묵상해야 한다.

하나님의 탁월한 위엄을 묵상하라.

하나님의 탁월한 위엄을 묵상하면서 그것에 비해 너무나 동떨어진 자신의 초라한 모습을 생각해보라. 이와 같은 생각을 많이 하게 되면 당신은 자신의 사악함을 깨닫게 되고 속에 거하는 죄의 깊은 뿌리를 잘라낼 수 있다. 욥은 하나님의 위대하심과 탁월하심을 마침내 목도하게 되었을 때 수치심으로 자신을 부정할 수밖에 없었다. "내가 주께 대하여 귀로 듣기만 하였사오나 이제는 눈으로 주를 뵈옵나이다. 그러므로 내가 스스로 거두어들이고 티끌과 재 가운데에서 회개하나이다"(욥 42:5-6). 하나님의 위대하심을 나중에 깨달았던 하박국 선지자는 어떠했는가? 하박국 3장 16절을 보라. "내가 들었으므로 내 창자가 흔들렸고 그 목소리로 말미암아 내 입술이 떨렸도다. 무리가 우리를 치러 올라오는 환난 날을 내가 기다리므로 썩이는 것이 내 뼈에 들어왔으며 내 몸은 내 처소에 떨리는도다."

또한 욥은 하나님의 위험에 대해 "북방에서는 황금 같은 빛이 나오고 하나님께는 두려운 위엄이 있느니라"(욥 37:22)고 고백했다. 이러한 하나님의 위엄과 관련해서 옛날 사람들은 하나님의 얼굴을 본 자는 모두 죽게 된다고 생각했다. 성경은 사람의 비천한 상태를 깨닫도록 하기 위해 하나님과 비교하여 이 땅의 인간들을 '메뚜기' '헛된 것' 또는 '티끌'로 비유했다(사 40:22-24). 마음의 교만을 제거하고 영혼을 겸손하게 하기 위해서는 자신의 비천함을 깊이 깨달아야 한다. 죄의 속임수에 항거할 때 이와 같은 생각만큼 큰 힘을 발휘하는 것도 없다. 그러면서 동시에 하나님의 위대함을 깊이 묵상해야 한다.

자신의 지식이 미천함을 묵상하라.

하나님에 대한 자신의 지식이 미천하다는 사실을 깊이 묵상하라. 비록 스스로를 낮추고 겸손할 정도의 지식은 있다 할지라도 그분에 대한 당신의 지식은 정말로 초라한 것이다! 지혜로운 사람은 이와 같은 성찰을 통해 자신에 대해 다음과 같은 사실을 깨닫는다. "나는 다른 사람에게 비하면 짐승이라. 내게는 사람의 총명이 있지 아니하니라. 나는 지혜를 배우지 못하였고 또 거룩하신 자를 아는 지식이 없거니와 하늘에 올라갔다가 내려온 자가 누구인지, 바람을 그 장중에 모은 자가 누구인지, 물을 옷에 싼 자가 누구인지, 땅의 모든 끝을 정한 자가 누구인지, 그의 이름이 무엇인지, 그의 아들의 이름이 무엇인지 너는 아느냐"(잠 30:2-4).

이와 같은 성찰을 함으로써 우리는 교만한 마음을 낮추기 위해 노력해야 한다. 당신은 하나님에 대해서 무엇을 알고 있는가? 정말로 당신의 지식은 빈약하기 짝이 없다! 속성상 하나님은 정말로 광대하신 분이다! 과연 그 영원의 심연을 당신은 두려움 없이 쳐다볼 수 있겠는가? 당신은 그분의 영광스러운 존재의 빛을 감당할 수 없다.

그리스도를 통해 아들의 신분이 되어 담대히 은혜의 보좌에 나아가면서 계속적으로 하나님과 동행하게 될 때 앞에서 말한 그런 생각이 나에게 큰 도움이 되었기 때문에 이 점을 좀 더 구체적으로 설명하고자 한다. 내가 이렇게 하는 이유는 하나님과 겸손하게 동행하기를 원하는 영혼들에게 이 생각의 필요성을 확실히 각인시켜주기 위함이다.

마음속으로 하나님의 위엄을 계속적으로 경외하기 위해서, 무엇보다 먼저 최고의 업적을 성취하며 하나님과 가장 친밀한 교제를 나눈 위인들일지라도 그들이 세상에서 가졌던 하나님에 대한 지식은 매우 보잘것없었음을 숙고해야 한다. 하나님은 모세에게 자신의 이름을 밝히셨고 언약을 통해 자신의 가장 영광스러운 속성들을 계시하셨다. 그런데도 모세가 본 것은 모두 하나님의 뒷모습에 불과했다(출 34:5-6). 따라서 하나님에 대한 모세의 지식은 그분의 온전한 영광과 비교하면 매우 작은 것이다.

특별히 성경은 모세를 언급하는 문맥에서 하나님을 본 사람은 아무도 없다고 말씀한다(요 1:18). 사도 요한은 모세를 그리스도와 비교하고서 그 어떤 사람도, 심지어 사람들 중에 가장 탁월했던 모세조차도 하나님을 보지 못했다고 진술한다. 우리는 온종일 하나님에 대해 말하고 그분과 그분의 일, 그리고 그분의 가르침에 대해 이야기할 수 있다. 하지만 진실로 그분에 대해 아는 것은 매우 적다. 그분에 대한 우리의 생각, 묵상, 그리고 표현들은 천박해서 그분의 온전함에 크게 미치지 못하기 때문에 그분의 영광을 제대로 반영하지 못한다.

혹자는 여기서 모세는 율법 아래 있었고, 하나님은 어둠 속에서 자신을 숨기시고 희미한 예표나 구름, 모호한 제도들을 통해 자신의 뜻을 나타내셨기 때문에 모세가 많은 것을 알 수 없었던 것은 당연하다고 주장할지 모른다. 그리고 지금은 복음의 영광스러운 빛으로 우리가 영생을 확실히 알게 되었고, 하나님의 생각이 직접 계시된 상황이므로 지금 우리는 하나님을 전보다 훨씬 더 명확히 알 수 있다고 말할지 모른다. 즉 우리가 모세처럼 하나님의 뒷모습만 바라보는 것이 아니라 그분의 얼굴까지도 그대로 대면할 수 있다는 주장이다.

하나님이 자신의 아들을 통해 우리에게 말씀하신 이후 하나님에 대한 우리의 지식과 옛날 율법 아래에서 성도들이 가졌던 지식 사이에는 엄청난 차이가 있음을 나도 인정한다. 물론 과거 그들의 눈은 우리의 눈처럼 예리하면서 분명했고, 그들의 신앙과 영적 이해는 우리에게 뒤지지 않았으며, 우리와 마찬가지로 그들 신앙의 대상도 영광스러운 것이었다. 하지만 그럼에도 우리의 시대는 그들의 시대보다 더 명확하다. 즉 구름이 걷히고 밤의 그림자가 사라졌으며 태양이 떠오르고 전보다 훨씬 분명하게 사물을 볼 수 있게 된 것이다.

모세가 하나님의 은혜로 그분을 볼 수 있었기에 그가 본 하나님은 복음의 은혜를 통해 우리가 보는 하나님과 동일한 모습이었다. 하지만 그가 본 하나님의 모습은 성경에서 하나님의 뒷부분이라고 말하는 것처럼 하나님의 온전한 속성과 비교할 때 매우 낮은 모습이다.

사도 바울은 율법의 영광에 비교해서 복음의 빛의 영광을 높이 칭송하고, 지금 어둠을 일으켰던 수건이 사라져 우리가 주님의 영광을 "수건을 벗은 얼굴"(고후 3:18)로 바라볼 수 있다고 말했다. 그러면서도 우리가 "거울을 보는 것같이"(고후 3:18) 그분을 본다고 말했다. 그렇다면 여기서 거울을 보는 것같이 본다는 말의 의미는 무엇인가? 온전하게, 그리고 분명하게 본다는 뜻인가? 분명히 그것은 아니다. 바울은 그 의미를 이렇게 말했다. "우리가 지금은 거울로 보는 것같이 희미하나"(고전 13:12). 여기서 거울은 우리가 멀리 있는 것을 볼 수 있도록 도와주는 망원경이 아니다. 이 거울은 사물을 뚜렷하게 볼 수 있도록 하는 기능이 없다.

그러므로 이 거울이 있다고 할지라도 우리는 사물에 대해 여전히 부족한 지식을 가질 수밖에 없다. 바울이 언급한 이 거울은 사물 자체를 보여주는 것이 아니라 사물의 형상을 희미하게 반영하는 유리 거울일 따름이다. 이 거울 안에 비친 희미한 형상을 바울은 우리의 지식과 비교했다. 또한 바울은 그 거울을 통해 우리가 보는 것은 '수수께끼'로써 어둠 속에 있다고 말했다. 확실히 당시에 어느 누구보다도 분명하게 많은 것을 알았던 바울이지만 그는 우리에게 자신도 '부분적으로', 즉 천국의 실체에 대해 오직 뒷부분만을 보았다고 진술했다(고전 13:12).

또한 바울은 하나님에 대한 자신의 지식을 어린아이의 사물 지식과 비교했다. "내가 어렸을 때에는 말하는 것이 어린아이와 같고 깨닫는 것이 어린아이와 같고 생각하는 것이 어린아이와 같다가 장성한 사람이 되어서는 어린아이의 일을 버렸노라"(고전 13:11). 즉 부분적인 것으로 온전함에 크게 못 미치는 지식임을 고백한다. 확실히 이런 부분적인 지식은 나중에 없어지게 된다. 어린아이들은 처음에 추상적인 실재를 매우 빈약하고 불확실하게 이해한다. 하지만 신체와 지적 능력이 자라면서 그런 빈약한 개념은 사라지고, 그런 생각을 가졌다는 사실조차 잊어버린다.

아이들이 부모를 공경하고 신뢰하며 순종하는 것은 칭찬할 만한 일이다. 하지만 부모는 그들의 생각과 과학적 사고가 유치하고 어리석다는 사실을 잘 안다. 마찬가지로 우리가 높은 업적을 쌓아 스스로 자부할지라도 하나님에 대한 우리의 생각은 그분의 무한한 온전하심에 비추어보면 정말로 유치하기 짝이 없다. 하나님에 대해 우리가 가지고 있다고 생각하는 가장 정확한 개념(이것은 순전히 우리의 생각이다)조차도 대부분 매우 불완전한 것이다. 하지만 우리가 하나님 아버지를 사랑하고, 공경하며, 믿고 순종하기에 하나님은 우리의 이런 유치한 생각을 받아주신다. 결국 우리는 그분의 뒷모습만 보기 때문에 우리의 지식은 정말로 보잘것없음을 알아야 한다.

그런데도 고난 중에 우리가 힘을 얻고 위로를 받을 수 있는 이유는 우리가 "그의 참모습 그대로 볼 것"(요일 3:2)이라는 약속의 말씀 때문이다. 그때 우리는 "얼굴과 얼굴을 대하여 볼 것이요 지금은 내가 부분적으로 아나 그때에는 주께서 나를 아신 것같이 내가 온전히 알리라"(고전 13:12). 이 말씀을 거꾸로 생각하면 지금 여기서 우리가 보는 것은 그분의 실제 모습이 아니라 뒷부분이며, 그것도 그분의 온전한 영광이 아니라 어둡고 희미한 형상으로 본다는 사실을 암시한다.

시바의 여왕은 솔로몬에 대해 소문을 듣고 그의 위엄을 깊이 생각했다. 하지만 실제로 이스라엘에 도착해서 그의 영광을 보았을 때 자신의 생각이 반쪽 진리였음을 깨달았다. 마찬가지로 우리도 지금 여기서 하나님에 대해 분명하고 고상한 위대한 지식을 가졌다고 자부할 수 있다. 하지만 나중에 그분의 존전 앞에 나아가게 되면 우리는 결코 그분을 제대로 알지 못했음을 소리 질러 고백하게 될 것이다. 실로 그분의 영광과 온전함, 그리고 은총의 억만분의 일도 제대로 우리가 생각하지 못했음을 깨닫게 될 것이다.

사도 요한은 우리가 그때 어떻게 될 것이고, 어떤 모습으로 나타나게 될 것인지 알지 못한다고 말한다. "사랑하는 자들아 우리가 지금은 하나님의 자녀라. 장래에 어떻게 될지는 아직 나타나지 아니하였으나 그가 나타나시면 우리가 그와 같을 줄을 아는 것은 그의 참 모습 그대로 볼 것이기 때문이니"(요일 3:2). 하물며 우리가 하나님이 어떤 분이시며 어떤 모습으로 나타나시게 될지 어떻게 알 수 있겠는가? 하나님이 어떻게 자신을 계시하는지, 또한 우리가 그분을 어떻게 알 수 있는지를 생각해보면 이 점은 더욱 분명해진다.

하나님의 무한하신 속성을 묵상하라.

결국 이 모든 것은 하나님이 그런 식으로 자신을 계시하시기 때문이다. 실로 하나님은 우리가 그분을 온전히 알 수 없다는 사실을 이미 말씀하셨다. 하나님은 자신을 보이지 않고 이해할 수 없는 분으로 설명하셨다. 그러므로 우리가 하나님을 있는 그대로 안다는 것은 불가능한 일이다. 따라서 하나님에 대한 우리의 지식은 주로 부정적인 측면에서 그분의 속성이 아닌 것들이 무엇인지에 초점을 맞출 수밖에 없다. 다시 말해 하나님은 죽으시지 않고 한계가 없으시다는 식으로 묘사하는 것이다. 즉 죽을 수밖에 없고 유한하며 제한된 우리와 달리 그런 속성이 없는 분으로 이해하는 것이다.

성경은 하나님의 영광스러운 속성에 대해서 다음과 같이 말씀한다. "오직 그에게만 죽지 아니함이 있고, 가까이 가지 못할 빛에 거하시고, 어떤 사람도 보지 못하였고, 또 볼 수 없는 이시니, 그에게 존귀와 영원한 권능을 돌릴지어다"(딤전 6:16). 하나님께 접근하여 그분을 볼 수 있는 피조물은 아무도 없다. 그 이유는 하나님이 볼 수 없기 때문이 아니라 우리가 그것을 감당할 수 없기 때문이다. 어둠이 조금도 없는 하나님의 빛은 피조물의 접근을 허용하지 않는다. 빛나는 태양도 육안으로 볼 수 없는 너무나도 연약한 우리가 어떻게 무한하신 광명의 빛을 볼 수 있겠는가?

바로 이런 연유에서 잠언의 지혜자는 자신을 짐승이라고 고백하고 자신에게 사람의 총명이 없음을 말했던 것이다. "나는 다른 사람에게 비하면 짐승이라. 내게는 사람의 총명이 있지 아니하니라"(잠 30:2). 그는 자신이 하나님과 비교해서 아무것도 아니라는 사실을 깨달았고 하나님의 일과 그분의 방법을 생각하자 자신의 모든 총명이 사라진 느낌을 받았던 것이다. 이와 같은 고찰 속에서 이제 구체적인 사안들을 살펴보자.

우리가 하나님의 존재와 관련해서 다른 사람들에게 무엇을 가르칠 수 있을 정도로 충분한 지식을 갖는다는 것은 거의 불가능하다. 때문에 일반 사물에 대한 표현 방식대로 마음속에서 하나님의 개념을 형상화한다면 결국 우상을 만드는 꼴이 되어 하나님을 진정으로 섬기기보다 자신이 만든 하나님을 숭배하는 셈이 된다. 마음속에서 우리의 이해에 걸맞은 존재로 하나님을 형상화하는 것은 나무와 돌로 하나님을 만드는 것과 진배없다.

그러므로 하나님의 존재를 생각할 때 최선책은 그분의 존재에 대해 우리가 아무런 생각도 가질 수 없음을 인정하는 것이다. 어떤 존재에 대해 우리가 가질 수 있는 최고의 지식이 그 존재를 잘 모른다고 인정하는 것이라면 그 존재에 대한 우리의 지식은 확실히 매우 미천한 것일 수밖에 없다. 물론 하나님이 자신의 직접적인 가르침을 통해 우리가 하나님의 속성 일부를 정연한 표현들을 가지고 묘사할 수 있도록 하셨다. 하지만 우리가 그런 식으로 말한다고 그분의 속성 자체를 직접 안다는 것은 아니다. 실로 우리는 그것들을 알지 못한다. 우리가 할 수 있는 일은 고작 믿고 경배하는 것일 뿐이다. 단지 가르친 바대로 하나님이 무한하시고 전능하시며 영원하신 분임을 고백할 따름인 것이다.

물론 우리는 하나님의 무소부재하심, 광대하심, 무한하심, 그리고 그분의 영원성에 대해 토론할 수는 있다. 하지만 단순히 말과 개념으로 이야기할 뿐이며 우리가 실제로 그것들을 아는 것은 아니다. 그렇다면 우리가 어떻게 그것들을 이해할 수 있겠는가? 만약 그것을 이해하려 한다면 아무것도 아닌 인간의 마음은 무한한 심연 속으로 빠져들고 말 것이다. 그런 것들을 생각하기에는 우리의 이해력이 너무나 조잡하다고 생각하지 않는가? 그러므로 이해하지 않는 것이 오히려 온전한 지혜의 모습이다. 실로 우리가 보는 것은 영원함과 무한함의 뒷모습에 불과하다.

같은 본질에서 세 개의 다른 인격이 존재하는 삼위일체의 교리를 우리는 어떻게 설명할 수 있겠는가? 이 진리는 아무도 이해하는 사람이 없기 때문에 많은 사람이 부인해왔던 신비였다. 실로 그 말 하나하나가 매우 이해하기 어려운 신비였다. 성자 하나님의 나심, 성령의 나오심, 그리고 그 둘 간의 차이를 누가 정확히 설명할 수 있단 말인가?

하나님과 우리 사이에 있는 상상할 수 없는 무한한 괴리감으로 인해 우리는 어둠 속에 놓여 있다. 그렇기에 우리는 그분의 얼굴을 제대로 보지 못하고 그분의 온전하신 속성을 명확하게 이해할 수 없는 것이다. 우리가 하나님을 아는 방식은 그분의 존재 상태를 통해서가 아니라 그분의 행위를 통해서다. 즉 그분의 본질적인 선하신 속성이 아니라 그분이 우리에게 행하신 선하심을 통해서 그분을 알게 되는 것이다. 하지만 그런 지식도 욥이 말한 것처럼 매우 보잘것없는 것이다!

믿음으로 하나님을 깨달으라.

이 세상에서 하나님을 알 수 있는 방법은 오직 믿음을 통한 길밖에는 없다. 여기서 나는 인간의 마음속에 천성적으로 있는 신의식을 논의할 생각은 없다. 또한 사람들이 하나님의 창조 섭리를 보고 이성적으로 생각했던 신관에 대해서도 논하지 않을 것이다. 그들도 고백한 것처럼 그런 신관은 혼란스럽고 비천하며 보잘것없는 지난 세대의 모든 경험의 산물에 지나지 않는다. 그들은 하나님에 대한 지식을 알고 있다고 말하지만 빈약한 경험에서 나온 신지식으로 인해 마땅히 하나님을 경배하지 않은 채 하나님 없이 이 세상을 산다.

하나님과 그분의 경륜을 알 수 있는 유일한 방법은 믿음뿐이다. "하나님께 나아가는 자는 반드시 그가 계신 것과 또한 그가 자기를 찾는 자들에게 상주시는 이심을 믿어야 할지니라"(히 11:6). 그분을 알고 그분에게서 상을 받기 위해서는(이것들은 우리의 순종의 토대이다) 믿어야 한다. "이는 우리가 믿음으로 행하고 보는 것으로 행하지 아니함이로라"(고후 5:7). 믿음은 우리가 믿는 것을 잘못 형상화하고 표현하지 못하도록 막아준다. 이 믿음은 보지 못하는 것들의 증거이다. "믿음은 바라는 것들의 실상이요 보이지 않는 것들의 증거니"(히 11:1).

여기서 좀 더 믿음의 성격에 대해 이야기해보자. 실로 믿음과 관련된 현상들을 살펴보면 하나님에 대한 우리의 지식이 오직 뒷모습이라는 사실을 더욱 분명히 깨달을 수 있다. 우리의 믿음은 전도를 통해 우리가 보지 못한 주님을 증거받을 때 일어난다. 그래서 사도 바울이 말한 것처럼 직접 보지는 않았지만 믿음을 통해 주님을 알게 되고 그분을 사랑할 수 있게 된다. 이처럼 믿음은 주님에 대한 증거의 말씀을 통해 생겨난다. 그러면 이렇게 생겨난 믿음의 성격은 무엇인가? 그것은 그 증거에 동의하겠다는 표시이다. 믿음은 그 증거를 증명했다는 표시가 아니다. 앞에서 말한 것처럼 그것은 우리 능력 밖의 일이다. 이런 의미에서 우리의 믿음은 앞에서 관찰한 것처럼 거울처럼 희미하게 보는 것을 뜻한다. 따라서 이런 믿음을 통해 우리가 갖는 지식은 여전히 어둡고 매우 작다.

여기서 당신은 나의 말에 반박하여 그 모든 것은 사실이지만 그것은 오직 하나님을 예수 그리스도 안에서 계시된 방법대로 알지 못하는 사람들에게만 적용된다고 주장할지 모른다. 예수 그리스도 안에서 하나님을 아는 사람들은 다르다는 논리이다. 물론 성경은 다음과 같이 말씀한다. "본래 하나님을 본 사람이 없으되 아버지 품속에 있는 독생하신 하나님이 나타내셨느니라"(요 1:18). 또한 성경은 "하나님의 아들이 이르러 우리에게 지각을 주사 우리로 참된 자를 알게 하신 것"(요일 5:20)이라고 말씀한다. 그리고 하나님의 형상인 그리스도의 영광스러운 복음의 빛이 성도들의 마음에 비춘다고 말씀한다. "어두운 데에 빛이 비치라 말씀하셨던 그 하나님께서 예수 그리스도의 얼굴에 있는 하나님의 영광을 아는 빛을 우리 마음에 비추셨느니라"(고후 4:6).

그러므로 우리는 "전에는 어둠이더니 이제는 주 안에서 빛"이 되었다(엡 5:8). 더 나아가 바울은 우리가 수건을 벗은 얼굴로 주의 영광을 본다(고후 3:18)고 말했다. 따라서 지금 우리는 어둠 속에서 하나님으로부터 멀리 떨어져 있지 않다. 또한 우리는 아버지와 그 아들 예수 그리스도와 함께 사귀는 일이 가능해졌다(요일 1:3). 지금 하나님을 계시해주는 복음의 광채는 영광스러운 빛이다. 그것은 별빛이 아니라 우리에게 하나님의 아름다움을 보여주는 태양 빛이다.

이제 우리의 얼굴에는 수건이 걷혀졌다. 그러므로 불신자와 믿음이 약한 성도들은 여전히 어둠 속에 있을지라도, 어느 정도 성장하고 괄목할 만한 신앙의 진보를 보인 성도들은 예수 그리스도 안에서 하나님의 얼굴을 분명하게 볼 수 있다고 말할 수 있다. 한편으로 우리 모두가 하나님을 사랑하고, 그분을 즐거워하며, 그분을 섬기고 순종하며, 그분을 신뢰한다고 할지라도 그런 행위는 하나님에 대한 우리의 지식에 비하면 아직도 턱없이 부족하다. 그래서 그 지식을 온전히 실천한다고 말할 수 없다.

확실히 우리의 어둠과 연약함이 우리의 태만과 불순종의 구실이 되어서는 안 된다. 하나님의 온전하심과 탁월한 성품에 대한 지식만큼 신앙생활을 해온 사람이 과연 누가 있겠는가? 하나님이 우리에게 자신에 대한 지식을 알게 하신 목적은 하나님께 영광을 돌리도록 하기 위함이다. 즉 그분을 사랑하고 섬기며, 믿고 순종하면서, 죄를 용서하는 창조자 하나님께 마땅히 드려야 하는 영광과 존귀를 돌리도록 하는 데 있다. 우리 모두는 우리의 지식만큼 하나님의 형상으로 철저히 변화되지 않았음을 자각해야 한다. 우리가 우리의 은사들을 제대로 사용한다면 우리는 하나님으로부터 더 많은 신뢰를 받을 것이다.

다른 것과 비교해서 우리가 복음 안에서 예수 그리스도의 계시로 알게 된 하나님에 대한 지식은 영광스럽고 매우 특출한 것이다. 다른 식으로 얻은 하나님에 대한 지식은 이것과 비교하면 상대가 되지 않는다. 구약의 율법시대에 주어진 지식도 마찬가지다. 구약의 지식은 좋은 것의 그림자일 뿐 실체를 보여주지는 않는다. 이 점을 사도 바울은 고린도후서 3장에서 자세히 설명했다. 말세인 지금, 그리스도는 아버지의 품에서 나와 아버지를 계시하시고, 그분의 이름을 선포하시면서, 하나님의 뜻과 계획을 율법시대의 그 어떤 방법보다 더 명확하고 탁월하게 보여주셨다. 앞의 대부분의 논의에서 나는 이점을 보여주고자 했다. 다시 말해 복음 안에서 하나님의 뜻이 그 어떤 다른 방법보다 더 명쾌하게 선포되었다는 사실이다.

신지식과 관련해서 성도와 불신자의 차이는 무엇을 안다는 것보다 아는 방법에서 극명히 나타난다. 실로 불신자 중에도 일부는 하나님에 대해 더 많이 알 수 있고 그분의 속성과 뜻을 여러 성도들보다 더 많이 말할 수 있다. 하지만 그들의 지식은 올바른 방법으로 주어진 것이 아니다. 그들은 영적으로 구원받기 위해 그런 지식을 소유한 것이 아니다. 또한 거룩한 천상의 빛 속에서 그런 지식을 가진 것도 아니다. 성도의 탁월한 위치는 그가 많은 진리를 알고 있다는 데 있는 것이 아니라 비록 짧은 이해이지만 그 진리를 구원의 빛, 즉 하나님 영의 빛 속에서 바라본다는 데 있다. 그래서 그것을 통해 성도는 하나님과 교제를 나누게 되고 더는 호기심 어린 생각을 하지 않게 되는 것이다.

예수 그리스도는 말씀과 성령을 통해 자신에 속한 영혼들에게 아버지로서의 하나님, 언약의 하나님, 갚아주시는 하나님을 계시하시고, 모든 필요한 방법을 동원하여 이 세상에서 성도들이 하나님께 어떻게 순종해야 할지를 가르치신다. 그리하여 우리를 하나님의 품 안으로 인도하시고 나중에 천국에서 하나님을 기뻐하며 영원까지 살 수 있게 하신다. 하지만 그 모든 사실에도 여전히 하나님에 대한 우리의 지식은 매우 적으며, 우리는 그분의 뒷모습만을 바라볼 수밖에 없다는 한계가 있다. 그 이유를 다시 곱씹으면 다음과 같다.

첫째, 복음의 모든 계시의 의도는 하나님의 본질적인 영광을 드러내고 하나님을 있는 그대로 보여주는 데 있지 않다. 복음의 계시는 단순히 믿음, 사랑, 순종, 그리고 하나님께 나아갈 수 있는 은총을 얻기 위해 우리에게 필요한 하나님에 관한 지식을 계시하는 데 그 목적이 있다. 다시 말해 복음 계시의 목적은 유혹 가운데 있는 가련한 인생들에게 합당한 믿음과 사역의 토대가 될 수 있는 지식을 보여주는 데 있는 것이다. 하지만 나중에 우리가 하나님의 부르심을 받고 천국에서 영원히 그분을 찬양하고 경배할 때는 하나님이 새로운 방법으로 자신을 보여주실 것이다. 그때가 되면 지금 우리 앞에 놓여 있는 그 모든 것은 그림자처럼 사라질 것이다.

둘째, 우리 마음은 우둔하고 더뎌서 계시된 말씀 안에 있는 실체들을 제대로 분별하지 못한다. 그래서 하나님은 우리의 연약함 때문에 우리에게 하나님을 의지하도록 만드시고, 그분의 말씀으로 자신을 계시하신 것이다. 또한 우리의 연약함으로 인해 하나님은 우리 영혼들에게 이 세상에서 모든 지식을 깨닫도록 허락하시지 않는다. 그러므로 복음의 계시 방법이 명확하고 분명하지만 그 계시를 통해 갖는 우리의 지식은 매우 연약할 수밖에 없다.

결론으로 이제 지금까지 우리가 논의한 내용의 목적과 그 유용성을 생각해보자. 확실히 하나님의 형용할 수 없는 위대하심과 그분과 우리 사이에 있는 엄청난 괴리감을 우리가 제대로 인식한다면, 우리 영혼은 그분에 대한 거룩하고 두려운 경외심으로 채워져 모든 정욕과 맞서 싸울 수 있게 된다. 그러므로 하나님의 위대하심과 무소부재하심에 대해 경외하는 마음을 항상 잃지 말아야 한다. 그러면 우리 영혼은 모든 불경스러운 행동을 경계하게 될 것이며 항상 하나님을 묵상하게 된다. 실로 하나님은 소멸하는 불이시다. 그러므로 하나님의 임재 앞에서 당신의 비천함을 알고, 당신의 천성이 그분의 본질적인 영광을 이해하기에는 너무나 왜소하다는 사실을 항상 자각하기 바란다.

방법 9. 죄 앞에서 자신에게
평안하다고 말하지 말라

하나님이 당신에게 죄와 그 뿌리에 대해 찔림을 주시고, 죄가 분출할 때마다 당신으로 하여금 불안하게 할 때 하나님이 말씀하시기 전에 당신이 먼저 스스로에게 평안하다고 말하려는 유혹을 경계해야 한다. 대신 하나님이 당신의 영혼에게 하시는 말씀에 귀 기울이라. 이와 같은 경청의 자세가 없다면 당신의 마음은 죄의 속임수에 노출되고 말 것이다.

실로 이것은 매우 중요한 일이다. 사람이 자신의 영혼을 속이는 것은 정말 슬픈 일이다. 우리 영혼에게 부드러운 음성으로 말씀하시는 하나님의 경고는 우리의 폐부를 관통하기 때문에 그 음성 앞에서 우리가 스스로 평안하다고 말한다는 것은 있을 수 없다. 실로 스스로 평안을 말하는 것은 하나님을 대적해서 자신을 높이는 죄라고 할 수 있다. 여기에서 그 위험성을 자세히 논하지는 않겠다. 이 장에서 논의하는 죄를 죽이는 실제적인 방법들은 성도들이 그런 죄를 짓지 않도록 도와주고, 그런 죄를 지을 때 그 사실을 어떻게 알 수 있는지 보여주는 데 있기 때문이다. 이를 위해서 우리는 다음과 같은 점을 주목해야 한다.

하나님의 은혜는 그분의 위대한 특권이자 주권이다.

하나님이 자신의 뜻에 따라 사람들에게 은혜를 주시는 것은 그분의 위대한 특권이자 주권이다(하나님은 "긍휼히 여기시는"(롬 9:16) 분으로서 자신의 뜻에 따라 사람들을 부르시고 그들을 성화시키신다). 그렇기에 하나님은 그렇게 부름받고 의롭다 함을 얻어 구원받은 사람들에게 자신의 기뻐하시는 뜻에 따라 평화를 말할 수 있는 특권이 있다. 그리고 그 은혜를 베푸시는 정도도 전적으로 하나님의 뜻에 달려 있다.

성도들을 대할 때 하나님은 본질적으로 '모든 위로의 하나님'이시다. 이러한 위로는 하나님이 자신의 백성들에게 주시는 선한 은혜 중에 하나이다. 이 은혜를 하나님은 또한 자신의 뜻에 따라 자녀들에게 베푸신다. 하나님은 이것을 자신의 특권이라고 말씀하신다. "내가 영원히 다투지 아니하며 내가 끊임없이 노하지 아니할 것은 내가 지은 그의 영과 혼이 내 앞에서 피곤할까 함이라. 그의 탐심의 죄악으로 말미암아 내가 노하여 그를 쳤으며 또 내 얼굴을 가리고 노하였으나 그가 아직도 패역하여 자기 마음의 길로 걸어가도다. 내가 그의 길을 보았은즉 그를 고쳐줄 것이라. 그를 인도하며 그와 그를 슬퍼하는 자들에게 위로를 다시 얻게 하리라"(사 57:16-18).

이 말씀에서 하나님은 유다의 상처와 위로받지 않은 상태를 고쳐주시겠다고 말씀하신다. 그리고 그것이 자신의 전적인 특권임을 다음과 같은 말씀으로 암시하신다. "입술의 열매를 창조하는 자 여호와가 말하노라"(사 57:19). 이 말씀의 의미는 상처받은 피조물에게 하나님이 찬양의 입술을 창조하시고 그분의 주권에 따라 그것을 이루어주신다는 뜻이다.

하나님은 자연 상태에 있는 사람들을 향한 일반은총도 자신의 방법으로 역사하시며 그 과정도 외형상 우리가 예측할 수 없는 방식으로 이루신다. 은혜의 상태에 있는 성도에게 하나님이 특별은총인 평화와 기쁨을 주실 때에도 마찬가지다. 즉 하나님은 우리가 예측할 수 없는 방식으로 자신의 특별은총을 베푸신다.

평화를 말할 수 있는 것은 예수님의 특권이기도 하다.

성부 하나님이 자신의 뜻에 따라 평화를 창조하실 수 있는 것처럼 성자이신 그리스도도 성도들의 마음속에 평화를 말할 수 있는 특권이 있다. 라오디게아교회가 스스로 자신들의 상처를 거짓되게 치료하고 자신들에게 평화를 말할 때 주님은 그들에게 "아멘이시요 충성되고 참된 증인이시요"(계 3:14)라고 말씀하셨다. 실로 주님은 우리의 상태를 있는 그대로 증거하시는 분이다.

우리는 실수하고 헛되게 수고할 수 있다. 또한 거짓된 이유로 스스로 우쭐할 수 있다. 하지만 주님은 아멘이시며 신실한 증인이시다. 그러므로 우리의 상황과 상태에 대해 그분이 하신 말씀은 실로 참되고 신실하시다. 주님은 우리처럼 눈에 보이는 외모로 판단하시는 분이 아니다. 주님은 모든 원인을 있는 그대로 파악하고 판단하신다. "그가 여호와를 경외함으로 즐거움을 삼을 것이며 그의 눈에 보이는 대로 심판하지 아니하며 그의 귀에 들리는 대로 판단하지 아니하며"(사 11:3).

당신이 위의 두 가지 전제를 주목했다면 이제 나는 우리의 평화가 스스로 지어낸 평화인지, 아니면 하나님이 주신 평화인지를 분별할 수 있는 몇 가지 규칙을 소개하고자 한다.

● 규칙 1. 자신의 죄를 증오하지 않는다면
　　　　 절대 참된 평화는 오지 않는다.

확실히 사람들은 스스로에게 평화를 말한다. 그렇게 해서 자신의 죄를 가증스럽게 여기지도 않고, 그렇게 하는 자신을 혐오하지도 않는다. 죄로 인해 상처받고 괴로워하며 당혹해 할 때 보통 우리는 그 죄를 치료하기 위해서는 오직 그리스도의 피를 통한 하나님의 자비밖에 없다는 사실을 알고, 하나님을 바라보며 하나님 안에서 이루어진 언약의 약속들을 의지한다. 그리고 하나님이 우리에게 확실한 은혜를 주실 것이며, 상황이 나아질 것이라는 기대감으로 마음의 동요를 가라앉힌다.

하지만 그러는 가운데 여전히 우리가 우리를 괴롭히는 죄를 증오하지 않는다면 결국 하나님에 의해 치유받기보다는 스스로를 치료하는 셈이 된다. 이런 인간적인 치유는 엘리야가 경험했던 것과 같이 '크고 강한 바람'이기는 하지만 그 속에는 하나님이 없는 바람이다. 이에 반해 치유와 평화를 얻기 위해 그리스도를 진정으로 바라보는 사람들은 자신이 주님을 찔렀다는 사실을 알고 애통해한다. 심지어 그분을 위해서 통곡하며, 더 나아가 그분에게 상처준 자신의 죄를 증오하게 된다. 또한 진정으로 치유받기 위해 그리스도께로 나아가는 사람은 자신의 죄로 말미암아 주님이 찔림을 받았다는 사실을 목도하게 된다. "내가 다윗의 집과 예루살렘 주민에게 은총과 간구하는 심령을 부어주리니 그들이 그 찌른 바 그를 바라보고 그를 위하여 애통하기를 독자를 위하여 애통하듯 하며 그를 위하여 통곡하기를 장자를 위하여 통곡하듯 하리로다"(슥 12:10).

믿음을 통해 그리스도를 접하고 그분과 교제할 때 우리는 거기서 그리스도의 여러 가지 모습을 경험하게 된다. 때때로 믿음의 눈은 그분의 거룩함, 능력, 그리고 사랑을 보게 되고, 더 나아가 그분이 아버지로부터 어떤 총애를 받았는지까지 직시하게 된다. 그리고 믿음을 통해 치유와 평화를 구할 때 우리는 특별히 언약의 피, 즉 그분의 고난을 보게 된다. 왜냐하면 그분의 채찍 맞음을 통해 우리가 나음을 입었고 그분이 징계를 받음으로 우리는 평화를 누렸기 때문이다. "그가 찔림은 우리의 허물 때문이요 그가 상함은 우리의 죄악 때문이라. 그가 징계를 받으므로 우리는 평화를 누리고 그가 채찍에 맞으므로 우리는 나음을 받았도다"(사 53:5).

우리가 치유함을 구할 때 우리는 그분의 채찍 자국을 보게 된다. 단순히 로마 교황청의 경건주의자들이 하는 식으로 주님의 채찍 맞음을 이야기하는 것이 아니다. 십자가의 신비와 계획, 그리고 사랑과 인애를 몸소 체험하면서 보게 되는 것이다. 그래서 평화를 구할 때 우리는 그분이 우리를 대신해서 징계를 받으셨다는 사실을 함께 깨닫게 된다.

이같이 치유와 평화를 얻기 위해 성령의 힘과 하나님의 마음으로 우리 주님을 바라보는 사람은 자신의 죄를 증오하게 된다. 에스겔 16장 60~61절은 다음과 같이 말씀한다. "그러나 내가 너의 어렸을 때에 너와 세운 언약을 기억하고 너와 영원한 언약을 세우리라." 이런 언약이 세워지면 어떤 일이 벌어지는가? "네 행위를 기억하고 부끄러워할 것이라." 실로 하나님이 확실한 언약으로 평화를 말씀하실 때 그 영혼은 죄로 인해 하나님으로부터 멀리 떨어진 자신의 행동에 수치심을 느끼게 된다.

사도 바울이 하나님의 뜻대로 하는 근심은 후회할 것이 없으며 구원에 이르는 회개에 이른다고 말했을 때 그 근심에 동반하는 현상 중에 하나로 죄에 대한 복수심을 언급했다. "얼마나 벌하게 하였는가"(고후 7:11). 실로 자신의 비행을 생각하고 그 어리석음을 분노와 함께 복수심을 갖고 징벌하려고 하는 것이다. 욥은 자신이 온전히 치유받았을 때 "내가 스스로 거두어들이고 티끌과 재 가운데서 회개하나이다"(욥 42:6)라고 울부짖었다. 실로 그렇게 할 때까지 그의 마음속에는 평화가 없었다. 아마도 욥은 엘리후가 멋지게 말한, 대가 없이 주는 자유로운 하나님의 은혜 교리를 신봉하고 그것으로 위안을 삼으려고 했을지 모른다(욥 33:14-30). 하지만 그의 상처는 낫지 않았다. 결국 그가 상처에서 치유받기 위해서는 나중에 자신을 증오해야 했다.

시편 78편 33절과 35절에서 죄로 인해 큰 고통과 어려움을 당했던 사람들도 이런 경우에 해당된다. 그들은 그리스도를 통해 하나님을 불렀지만(구약의 그들이 그리스도를 의지했다는 사실은 그들이 하나님을 자신들의 반석이며 구속자라고 부른 것에서 쉽게 알 수 있다. 이 두 명칭은 성경의 다른 곳에서 주 예수 그리스도를 지칭하는 용어로 사용된다), 동시에 자신들에게 스스로 평화를 말했다. 과연 그런 평화가 지속되었을까? 그렇지 않았다. 그것은 마치 이른 아침의 이슬처럼 곧 사라졌다. 하나님이 그들의 영혼에 평강의 말씀을 주시지 않았기 때문이다. 그러면 왜 그들은 하나님의 평강을 얻지 못했는가? 그 이유는 그들이 하나님을 입술로만 불렀기 때문이다. 그것을 어떻게 알 수 있는가? "이는 하나님께 향하는 그들의 마음이 정함이 없으며 그의 언약에 성실하지 아니하였음이로다"(시 78:37). 그들은 자신들의 죄를 증오하며 포기하는 대신 죄 앞에서 자신들에게 평안하다고 말했던 것이다.

확실히 치유와 평화를 갈구하는 사람들은 진정한 치유자를 찾아가서 올바른 방법으로 치유를 받아야 한다. 그리고 언약의 약속 위에서 마음의 안정을 추구해야 한다. 한편 마음의 평화를 얻었다고 할 때 자신을 괴롭히고 상처준 죄를 증오하거나 혐오하지 않는다면 그 평화는 하나님이 주신 평화가 아니라 스스로 만들어낸 평화이다. 따라서 상처의 허물만 벗겼을 뿐 그 내부는 그대로 있는 셈이 된다. 결국 그 상처는 더욱 곪고 부패해져 나중에 더 큰 위험을 불러일으키게 된다. 그러므로 죄의 고통만 느낄 뿐 죄와 동반하는 불결함과 타락에 대해서는 신경 쓰지 않는 자세를 우리는 경계해야 한다. 실로 그리스도 안에서 주님의 자비를 위해 부르짖으면서도 그 목에서는 달콤한 죄를 계속 삼킨다면 그것은 확실히 잘못이다. 그런 길에 있는 사람은 절대 온전한 평화를 맛볼 수 없다.

예를 들어 당신 마음이 세상을 좇아가기 때문에 하나님과 교제하면서도 속으로 괴로워한다고 가정해보자. 그러면 성령은 당신에게 "이 세상이나 세상에 있는 것들을 사랑하지 말라. 누구든지 세상을 사랑하면 아버지의 사랑이 그 안에 있지 아니하니"(요일 2:15)라고 분명히 말씀하신다. 그래서 이 말씀으로 당신은 그리스도 안에서 하나님을 대면하고 당신 영혼의 치료와 양심의 평강을 위해 부르짖게 된다. 하지만 이때 당신에게 그 악 자체를 철저히 증오하는 마음이 없을 수 있다. 그리고 단순히 죄의 결과에 대해서만 동요할 뿐 죄자체에 대해서는 오히려 즐기기까지 할 수 있다. 그런 당신은 나중에 불 가운데서 간신히 건짐을 받는 것처럼 하나님의 역사로 겨우 구원받을지 모른다. 하지만 분명한 것은 이 세상에 있는 동안 당신은 절대 진정한 평화를 누리지 못한다는 점이다. 그래서 당신은 파리해지고 기운을 잃게 될 것이다.

신앙을 공언하는 많은 사람의 평화의 뿌리에는 이와 같은 속임수가 자리 잡고 있다. 때문에 그들에게는 진정한 평화가 없다. 그들은 온 힘을 다해 자비와 용서를 구한다. 그리고 외형상으로 하나님과 놀라운 교제의 삶을 살기도 한다. 심지어 그들은 하나님 앞에 엎드려 자신의 죄와 어리석음을 슬퍼하기도 한다. 그런 행동으로 그들은 자신들이 죄에서 완전히 떠났다고 착각한다. 또한 한시적으로 마음에 만족을 주는 평화를 누리기도 한다. 하지만 그들의 마음을 좀 더 철저히 분석해보면 그들 속에는 아직도 어리석음이 은밀히 도사리고 있는 것을 발견할 수 있다. 적어도 그들은 마땅히 해야 할 만큼 자신의 죄를 혐오하지 않는다. 그 결과 그들이 누리는 평화는 연약해져서 썩게 된다. 그리고 한순간 잠시 그들의 입술로 평화를 구한 것처럼 그 평화도 그들에게 잠시 있다가 사라지고 만다.

● 규칙 2. 자신의 신념과 원리에 근거해서 자신에게
평화를 선언한다면 그것은 거짓 평화이다.

사람들이 자신의 신념과 원리에 근거해서 스스로에게 평화를 선언한다면 그것은 거짓 평화이기 때문에 오래 지속될 수 없다. 여기서 그 이유를 간단히 살펴보자. 죄로 인해 상처받은 사람이 있다고 가정해보자. 그는 그 죄 때문에 마음에 가책을 느낀다. 복음에 합당하게 올바로 살지 못했다는 자책 때문이다. 그래서 하나님과 자신의 영혼과의 관계가 올바르지 않았음을 자각하고 자신이 무엇을 해야 할지를 심사숙고한다. 그때 그는 빛 속에서 자신이 어떤 길을 가야 할지를 알게 된다. 그리고 자신의 영혼이 전에 어떻게 치료를 받았는지도 생각해낸다. 하나님의 약속만이 자신의 상처를 치유할 수 있고, 자신의 마음을 안정시켜주는 약임을 알고, 그는 그 약속을 의지하며 좇아간다.

특별히 약속의 말씀 중에서 자신의 상태와 직접적으로 연관된 구절을 찾아 자신에게 다음과 같이 말한다. "이 약속의 말씀은 하나님이 나에게 주시는 말씀이다. 여기서 나오는 약을 나의 상처의 넓이만큼 가져다가 바를 것이다." 이렇게 해서 그는 하나님의 약속의 말씀을 자신의 상태에 적용한다. 그리고 평화를 얻는다. 하지만 이런 행동은 산에서 주님이 가까이 계신 것처럼 보였지만 실제로 계시지 않는 것과 같이 공허한 신기루를 좇는 행위이다. 이것은 죄와 의와 심판에 대하여 책망하시는 성령의 사역이 아니다(요 16:8). 이것은 단지 지적이고 이성적인 영혼의 단순한 활동에 불과하다.

인생은 세 가지 유형의 삶으로 나뉠 수 있다. 즉 생계를 유지하는 삶, 감정적인 삶, 그리고 이성적이고 지적인 삶이다. 오직 생계만을 유지하며 사는 사람이 있는가 하면 감정적인 삶을 사는 사람들도 있다. 하지만 감정적인 삶에도 생계유지의 삶이 필수적이다. 이와 마찬가지로 이성적인 삶도 앞의 두 유형의 삶을 모두 전제한다. 그러므로 이성적인 삶을 사는 사람은 이성의 원리뿐만 아니라 앞에서 말한 나머지 두 종류의 삶의 원리도 따르며 살아간다. 그렇지만 그는 점점 자라면서 분별력을 갖게 된다.

이런 이치는 하나님의 세계와 관련해서도 적용된다. 하나님의 관점에서 볼 때 사람들 중에는 단순히 이성을 가진 자연인으로 사는 사람들이 있는가 하면, 깨달음 속에서 마음에 죄의식을 가진 사람들이 있고, 더 나아가 진실로 거듭난 성도들도 있다. 진실로 중생한 사람은 앞에서 말한 두 가지 유형의 모습을 모두 공유한다. 그 결과 그는 때때로 이성적 원리에서 깨달음을 갖고 행동한다. 하지만 그의 진정한 영적 삶은 감정의 원리에 지배를 받지 않는다. 그는 절대 감정에 좌우되는 법이 없으며 그의 열매는 그런 뿌리와는 아무런 상관이 없다.

앞에서 내가 가정해서 말한 사람의 경우, 그는 단순히 죄의식과 깨달음의 원리에서 행동하는 자라고 할 수 있다. 그렇기 때문에 그것을 통해 자신의 천성적인 능력을 함양시킬 수는 있지만, 절대 그에게는 성령의 물결이 일어나지 않는다. 예를 들어 어떤 영혼이 다시 타락해서 마음에 상처와 동요를 일으킨다고 하자. 실로 은혜를 한 번 맛보고 나서 다시 타락하는 것보다 영혼에 더 깊은 상처와 고통을 주는 일은 없다. 이 경우 그는 마음의 혼란 속에서 다음과 같은 약속의 말씀을 찾는다. "그가 긍휼히 여기시리라. 우리 하나님께로 돌아오라. 그가 너그럽게 용서하시리라"(사 55:7). 즉 하나님이 반복해서 계속 용서하실 것이라는 말씀이다.

또한 그는 호세아 14장 4절의 말씀을 찾게 된다. "내가 그들의 반역을 고치고 기쁘게 그들을 사랑하리니." 그래서 그는 성령이 실제로 자신에게 이 말씀을 주시고 힘과 생명을 불어넣고 있는지 한 번도 분별하지 않고 무조건 그 말씀을 적용해서 자신에게 평화를 선포한다. 그는 과연 하나님이 그 말씀을 통해 자신에게 직접 평화를 말씀하고 계신지, 그것에 대해서는 전혀 귀 기울이지 않는다. 실로 그는 하나님을 기다리지 않는다. 하나님도 자신의 얼굴을 숨기시고 그 가련한 영혼이 평화를 도둑질하는 것을 묵묵히 바라보신다. 그러다가 하나님은 때가 되면 또다시 그와 대면하시고 그에게 새로운 기회를 주신다. 그때 비로소 그는 하나님이 자신의 손을 잡지 않으신다면 자신의 발걸음은 결국 헛수고라는 사실을 깨닫게 된다.

이와 관련해 당신은 많은 질문을 할 수 있다. 내가 여기서 그 모든 질문에 답할 수는 없지만 꼭 알아야 할 몇 가지 질문에 대해서만 간단히 답변하도록 하겠다.

| 첫 번째 질문 | 정말 그렇다면 슬픈 일이 아닐 수 없다. 이것이 성령이 우리를 인도하시는 방법이라면 우리가 우리의 상처를 치유하고 마음의 평화를 추구할 때 우리 스스로의 힘으로 하는 것인지, 아니면 성령이 함께하는 것인지 우리가 어떻게 알 수 있는가?

첫째, 당신이 여전히 거짓된 평화를 가졌다면 하나님은 그런 당신에게 신속히 깨우침을 주실 것이다. 왜냐하면 "온유한 자를 정의로 지도하심이여 온유한 자에게 그의 도를 가르치시리로다"(시 25:9)라는 하나님의 약속이 있고, 그 외에도 하나님은 당신의 실수를

계속 좌시하시지 않기 때문이다. 하나님은 당신이 자신의 벗은 모습을 무화과나무 잎으로 계속 가리고, 그런 보호 속에서 안주하도록 허락하시는 분이 아니다. 따라서 당신은 당신의 상처가 온전히 치유되지 않았음을 곧 깨닫게 될 것이다. 그리고 그 깨달음을 통해 재빠르게 당신 마음속에 있었던 평화가 일시적이었음을 알게 될 것이다.

둘째, 이런 사람이 스스로에게 평화를 말할 때 그는 보통 기다리지 않고 말한다. 하지만 기다림은 하나님의 은혜이다. 그는 기다리지 않기 때문에 하나님이 원하시는 믿음의 행동을 보여주지 못한다. 물론 하나님은 때때로 기다리지 않고 사람의 영혼 안으로 파고들어가 상처주시고 동시에 치유하시기도 한다. 다윗이 사울의 옷자락을 잘라냈을 때가 바로 그런 경우이다. 하지만 보통 하나님은 종이 주인의 명령을 기다리듯 우리에게 기다릴 것을 요구하신다(시 130:6). 그래서 이사야 선지자는 "이제 야곱의 집에 대하여 얼굴을 가리시는 여호와를 나는 기다리며 그를 바라보리라"(사 8:17)고 고백했다.

때때로 하나님은 하나님의 집을 떠난 자녀들이 돌아올 때 잠시 문 앞에서 기다리게 하고 바로 들어오지 못하도록 하신다. 그러므로 그들은 하나님이 손을 잡고 자신들을 집 안으로 들여보내지 않는 한 문 앞에 서서 기다려야 한다. 그리고 그렇게 기다릴 때 그들은 자신들이 그동안 하나님으로부터 떠났던 사실에 수치심을 느끼게 된다. 반면 스스로에게 평안하다고 말하며 자신들을 치유하려는 사람들은 서두른다. 그래서 그들은 기다리지 않고 하나님의 말씀에 귀 기울이

지도 않는다.

셋째, 이렇게 해서 자신들의 양심, 생각, 이성, 그리고 영혼을 안정시킬 수 있다 할지라도 그들의 마음은 진정한 안식과 은혜의 만족으로 소생되지 못한다. 이들이 받은 위로의 말씀은 마치 나아만이 엘리사에게 들었던 "너는 평안히 가라"(왕하 5:19)는 말과 같다고 할 수 있다. 열왕기 본문에서 나아만은 그 말을 듣고 마음의 안정을 얻을 수 있었다. 하지만 나는 그 대답을 통해 그의 마음이 진정으로 달콤한 평화를 맛보았다고는 생각하지 않는다. 다시 말해 치유함에서 일어나는 자연적인 기쁨이 아닌 진정으로 믿는 데서 오는 영적인 기쁨을 그가 누렸다고 생각하지 않는다. "나의 말이 정직하게 행하는 자에게 유익하지 아니하냐"(미 2:7). 이 미가서의 말씀처럼 하나님의 말씀은 우리의 지각을 통해 죄를 깨닫게 할 뿐만 아니라 우리에게 진정으로 유익을 가져다준다. 그러므로 하나님의 말씀을 직접 듣게 되면 그 사람은 달콤한 평화와 즐거움을 자신의 감정과 의지에서 맛보게 된다. 그리고 그 영혼은 하나님의 말씀을 통해 온전한 안식으로 들어갈 수 있게 된다. "내 영혼아 네 평안함으로 돌아갈지어다. 여호와께서 너를 후대하심이로다"(시 116:7).

넷째, 더욱이 스스로 평안을 말하는 사람은 자신의 삶을 바로잡을 수 없다. 그런 자세로는 절대 악을 치유하고 병을 퇴치할 수 없다. 반면 하나님으로부터 직접 평화의 말씀을 들은 영혼은 하나님의 인도하심을 받아 다시는 어리석음으로 돌아가지 않는다. "내가 하나님 여호와께서 하실 말씀을 들으리니 무릇 그의 백성, 그의 성도들에게 화평을 말씀하실 것이라. 그들은 다시 어리석은 데로 돌아가지 말지로다"(시 85:8).

스스로 평강을 말하는 사람은 그 마음에서 악을 제거할 수 없다. 그것은 영혼으로 하여금 더욱 뒷걸음치도록 만드는 가장 확실한 방법이다. 치유함을 받았다고 생각했지만 당신이 죄에서 완전히 떨어지지 않고 오히려 죄와의 싸움만 격렬해진다면 당신은 예수 그리스도와 성령을 배제한 채 스스로 자신의 영혼에게 평강을 말한 것이 분명하다. 이와 같은 행동은 얼마가지 못해서 그 대가를 톡톡히 치르게 된다. 즉 새로운 상처를 받게 되어 다시 씨름하게 되는 것이다. 하지만 하나님으로부터 직접 평강의 말씀을 들은 영혼은 더는 완악한 행동을 하지 않겠다는 강한 의지를 갖게 된다. 또한 그 의지만큼 그의 영혼은 감미로움을 맛보고 하나님의 사랑을 발견하게 된다.

● 규칙 3. 자신에게 평안을 말하는 것은 경박한 행동이다.

예레미야 선지자는 당시의 지도자들의 그런 행동을 크게 비판했다. "그들이 내 백성의 상처를 가볍게 여기면서 말하기를 평강하다 평강하다 하나 평강이 없도다"(렘 6:14). 실로 우리는 이와 같은 사람들을 종종 보게 된다. 그들은 상처를 치유하는 일을 가볍게 생각한다. 즉 믿음으로 하나님의 약속의 말씀을 흘긋 보기만 하면 치유가 된다고 여기고 그것이 전부인 양 생각한다. 사도 바울은 "듣는 자가 믿음과 결부시키지 아니"(히 4:2)하기 때문에 하나님의 말씀이 어떤 사람들에게는 유익이 되지 못한다고 말한다. 다시 말해 진정한 믿음을 갖고 듣지 않기 때문이라는 것이다.

단순히 하나님의 약속 안에 있는 자비의 말씀을 보는 것만으로는 충분하지 않다. 말씀이 믿음 안으로 융화되어야 한다. 그때 비로소 그 말씀은 영혼에게 유익을 끼칠 수 있다. 한때 양심의 상처로 불안함으로 비틀거렸던 당신이 자유함을 얻었다고 한다면 나는 당신에게 그 자유함을 어떻게 얻었는지 묻고 싶다. 이 물음에 당신은 "나는 사죄와 치유의 약속을 보고 평강을 발견했습니다"라고 대답할지 모른다. 그렇다면 당신은 성급하게 매우 피상적으로 행동한 것이다. 실로 당신은 그 약속의 말씀을 믿음과 결부시키지 않았기 때문에 그 말씀의 효과를 온 영혼에 퍼지지 못하도록 훼방하는 결과를 초래했다. 그러므로 당신의 처신은 매우 경박한 행동이었다. 따라서 당신의 상처는 머지않아 재발할 것이며, 당신은 치유되지 않은 자신을 곧 깨닫게 될 것이다.

● 규칙 4. 죄를 해결하기 위해 하나님을
        의지하지 않는 사람의 평화는 거짓 평화이다.

무슨 이유든지 간에 스스로에게 평강을 말하는 사람은 자신의 영에 있는 심각한 악의 문제를 하나님을 의지하며 해결하려고 하지 않는다. 이런 사람이 말하는 평강은 실제로는 공허한 것이다. 이 의미를 좀 더 설명하자면, 마땅히 해야 할 의무를 어떤 사람이 반복해서 태만히 한다면 나중에 그의 양심은 당혹감을 느끼고 그의 영혼은 상처를 받게 된다. 또한 그의 죄로 인해 그의 뼈는 쑤시는 아픔을 경험하게 된다.

이런 상황에서 그는 스스로를 치유하기 위해 약을 바르고 평강을 찾는다. 그러나 이렇게 되면 결국 성령을 근심시키는 세속적인 생각, 교만, 또는 다른 어리석은 생각들이 그의 마음에 완전히 자리 잡게 된다. 그래서 그는 죄로 인해 더는 고통을 느끼지 못하고 죄와 싸우려 하지도 않게 된다. 이런 사람에게는 하나님에게서 오는 평화를 기대할 수 없다.

우리 영혼이 올바르기 위해서는 하나님의 모든 명령을 똑같이 지켜야 한다. 하나님은 죄에 있는 우리를 의롭게 하시는 분이며, 동시에 우리 안에 있는 극히 작은 죄라도 적당히 넘어가시지 않는 분이다. 하나님의 눈은 매우 정결해서 그 앞에는 부정이 설 수 없다.

● 규칙 5. 교만한 양심에 찾아오는 평화는 거짓 평화이다.

양심에게 스스로 평강을 말하는 사람은 하나님이 주시는 겸손함을 좀처럼 갖지 못한다. 하나님의 평강은 다윗의 경우에서 보듯 사람을 겸손하게 하며 낮아지게 한다. "하나님이여 주의 인자를 따라 내게 은혜를 베푸시며 주의 많은 긍휼을 따라 내 죄악을 지워주소서"(시 51:1). 하지만 스스로 평강을 외치는 사람은 다윗이 나단의 말을 듣고 취했던 그런 깊은 겸손함을 절대 보여주지 못한다.

| **두 번째 질문** | 여기서 당신은 다음과 같이 반문할 수 있다. 우리의 상처와 관련해서 하나님의 약속의 말씀을 통해 위안을 삼으려고 할 때 그 시기는 언제가 적당한가?

일반적으로 하나님이 우리에게 말씀하시는 평강은 빨리 올 수도 있고 늦게 올 수도 있다. 전에 내가 말했던 것처럼 우리가 죄를 짓는 바로 그 순간 하나님은 즉시로 평강의 말씀을 주실 수도 있다. 이때 그 말씀은 저항할 수 없는 강력한 힘으로 임하기 때문에 영혼은 그 말씀 안에서 하나님의 뜻을 받아들이지 않을 수 없다.

이와 달리 때때로 하나님은 우리로 하여금 좀 더 오래 기다리게 하실 수도 있다. 그러나 하나님의 평강의 말씀이 빠르게 오든 천천히 오든 간에, 또는 죄를 짓는 상태에서 오든 아니면 회개할 때 오든 간에 일단 하나님이 말씀하시면 우리는 그 말씀을 받아들여야 한다. 하나님과의 교제에서 하나님이 가장 괴로워하시는 부분은 우리의 불신앙적인 두려움이다. 이 두려움은 하나님이 우리에게 주시고자 하는 강력한 위로의 말씀을 듣지 못하도록 방해한다.

| **세 번째 질문** | 당신은 또한 이렇게 질문할 수 있다. 우리의 현재는 과거와 연속성을 갖는다. 하나님이 평강하라고 말씀하실 때 우리가 그것을 받아들여야 하는 것은 너무나 당연하다. 하지만 하나님

이 말씀하실 때를 우리가 어떻게 알 수 있는가?

나는 하나님이 평강의 말씀을 주실 때 모든 사람이 그것을 확신하고 평강을 누리기를 진정으로 소원한다. 실로 이 평강을 받는 것은 우리의 의무이기도 하다. 하지만 그렇게 하기 위해서는 다음과 같은 사실을 고려해야 한다.

첫째, 하나님이 말씀하실 때 하나님의 목소리를 분별할 수 있는 것은 믿음 안에 있는 비밀스러운 본능이다. 동정녀 마리아가 엘리사벳을 찾아갔을 때 엘리사벳의 배 속에서 아이가 뛰었던 것처럼 마음 안에 있는 믿음은 그리스도께서 가까이 오실 때 그것을 알고 뛰게 된다. "나는 내 양을 알고 양도 나를 아는 것이"(요 10:14)라고 주님은 말씀하신다. 즉 그들은 주님의 목소리를 알고 그분의 목소리에 익숙하다는 뜻이다.

진실로 양된 자들은 주님이 언제 입을 열어 말씀하실지 알고 충만한 은혜를 받는다. 아가서 5장 2절에서 신부는 슬픈 모습으로 잠을 청하고 있었다. 하지만 그리스도께서 문을 두드리며 말씀하실 때 그녀는 "나의 사랑하는 자의 소리가 들리는구나"라고 외쳤다. 신부는 신랑의 목소리를 알고 신랑과 교제를 나눈 사이였기에 즉시 신랑을 알아보았던 것이다. 마찬가지로 당신이 주님을 알고 교제해 왔다면 당신은 그분의 목소리와 낯선 자의 목소리를 쉽게 분간할 수 있을 것이다.

그러므로 다음과 같은 기준을 항상 명심하라. 즉 주님이 말씀하실 때 그분은 절대 사람의 방식으로 말씀하시지 않는다는 사실이다. 주님의 말씀에는 능력이 있다. 그래서 제자들에게 하셨던 것처럼 주님이 말씀하실 때 당신의 마음은 뜨거움을 느끼게 된다. "그들이 서로 말하되 길에서 우리에게 말씀하시고 우리에게 성경을 풀어주실 때에 우리 속에서 마음이 뜨겁지 아니하더냐 하고"(눅 24:32). 또한 주님은 자신의 손을 문틈으로 내미는 것처럼 말씀하신다. "내 사랑하는 자가 문틈으로 손을 들이밀매 내 마음이 움직여서"(아 5:4). 그리고 그분의 영으로 당신을 사로잡기 위해 당신의 마음속으로 들어가신다. 그렇기에 항상 자신의 감각을 훈련하고, 선과 악을 분별하며, 그리스도께서 말씀하시는 방식, 성령의 역사, 그리고 그것이 가져다주는 효과들을 끊임없이 관찰하면서 판단력과 경험을 쌓아가는 사람은 확실히 주님이 말씀하시는 때를 온전히 잘 분별할 수 있게 된다.

둘째, 또한 주님은 자신의 말씀이 시기적으로 당신의 영혼에게 유익이 된다고 판단될 때 말씀하신다. 주님은 말씀을 통해 당신이 겸손해질 수 있고 정결해지며 순종과 함께 자신을 비울 수 있다고 여겨질 때, 그때를 놓치지 않고 말씀하신다. 이 문제들을 더는 자세히 논하지는 않겠다. 그것은 이 책의 주요 목적이 아니다. 하지만 이상에서 언급한 사항들을 숙지하지 않는다면 죄가 기회를 타서 당신의 마음을 강팍하게 만들 것이다.